dtv

Odile Kennel

Mit Blick auf See

Roman

dtv

Ausführliche Informationen über unsere Autoren und Bücher
www.dtv.de

MIX
Papier aus verantwortungsvollen Quellen
FSC® C083411

Originalausgabe 2017
dtv Verlagsgesellschaft mbH & Co. KG, München

Gesetzt aus der Electra 10,8/15,2˙
Satz: Greiner & Reichel, Köln
Druck und Bindung: CPI books GmbH
Gedruckt auf säurefreiem, chlorfrei gebleichtem Papier
Printed in Germany · ISBN 978-3-423-28113-3

Und wenn es so ist, dass man sich tatsächlich falsch erinnert? Ist das so undenkbar? Keine Erinnerung mehr an all das, was geschehen und was wirklich ist, während all das Unwirkliche, all das Irrelevante und Falsche sich stattdessen festgesetzt hat.

Steve Sem-Sandberg, Theres

Ah, sagte sie, Land. So, wie sie es aussprach, klang das Wort wie der kühle, metallene Ton eines Triangels.

Martina Hefter, Junge Hunde

1

Vestibül

Ich hätte nicht öffnen sollen. Hätte tun sollen, als wäre ich nicht zu Hause, hätte mich ein paar Minuten still verhalten sollen, bis die Schritte sich auf der Eingangstreppe und dem Kiesweg entfernt hätten (den ich zukünftig mit Feldsteinen auslegen will), bis ich das leichte Quietschen des Gartentors gehört hätte (das ich zukünftig entfernen möchte) und das Gartentor ins Schloss gefallen wäre. Das Klingeln hat mich überrascht, ihm ist kein Quietschen, kein Ins-Schloss-Fallen, kein Knirschen auf dem Kies vorangegangen, und da ich im Vestibül stand, als es klingelte (sofern es berechtigt ist, ein so herrschaftlich anmutendes Wort auf einen vier Quadratmeter großen Vorraum anzuwenden), da ich also im gefühlten Vestibül stand, habe ich die Tür ohne nachzudenken geöffnet,

Ich hätte tun sollen, als wäre ich nicht zu Hause, aber ich bin erst vor ein paar Tagen eingezogen, weshalb ich nicht einmal so tun kann, als wäre ich zu Hause: Ich bin es nicht, kein Weg, kein Sichsetzen, keine Geste ist selbstverständlich. Ich bin ein Fremdkörper zwischen kahlen Wänden, wie meine Möbel, für die ich noch nach dem richtigen Platz suche und die sich so wenig wie ich trauen, Raum einzunehmen im Haus, als müssten Entfernung und Winkel der Körper zueinander erst neu berechnet werden. Noch gehört die Mühle nur dem Papier nach mir, gehört, wo sie Spuren hinterlassen haben, den vorherigen Bewohnern, von denen ich kaum etwas weiß, aber was heißt überhaupt »gehört«? *Ich habe gehört, diese Mühle gehört jetzt Ihnen.* Eine Unterschrift unter einem Vertrag sagt nichts aus über das Eigenleben der Dinge, die sich störrisch auf sich selbst beziehen und sich nicht darum scheren, ob sie in meinen Gedanken einen festen Platz haben oder ob ich sie herumschiebe, ein Umzug ist auch ein Umzug im Kopf,

Gerade weil ich erst eingezogen bin, hätte ich das Quietschen, Ins-Schloss-Fallen, Knirschen, die Schritte auf der Eingangstreppe hören müssen, man überhört nur gewohnte Geräusche, aber es gibt hier keine gewohnten Geräusche, beim kleinsten Knacken zucke ich zusammen und halte die Luft an. Ich versuche, mich zu beruhigen, in einem alten Haus verziehen sich die Balken, sage ich mir, *Holz schwindet und quillt*, sagte mein Vater, der Architekt, wenn ich als Kind in dem *sanierungsbedürftigen* Bauernhaus, das wir bewohnten, bei einem besonders lauten Knacken zusammenfuhr,

Ich sollte mir einen Hund anschaffen, so allein in einer Mühle auf dem Land. Ein Hund hätte gebellt, und ich hätte Zeit gehabt, darüber nachzudenken, ob ich Post erwarte, oder ein Paket, und ob ich die Tür in diesem Moment öffnen will,

Vielleicht hätte der Hund aber auch gar nicht angeschlagen, nicht, weil ich mir nie einen Hund anschaffen würde, sondern weil ihm mein Besucher möglicherweise nicht unbekannt gewesen wäre, vielleicht hätte sich das Nasengedächtnis des Hundes an etwas erinnert, das ich vergessen habe, aber wie lange lebt ein Hund, wie weit muss etwas zurückliegen, damit ich es vergesse,

Vor der Tür hatte ein Mann gestanden, den ich auf etwa dreißig schätzte, jungenhaft schmal und kaum größer als ich.

»Alexander Vogler«, stellte er sich vor und streckte mir die Hand entgegen. »Béatrice Groß?«

Er sprach meinen Vornamen, Béatrice, richtig, also französisch und nicht italienisch aus, und *Groß* ist mein Mädchenname, den ich seit fast dreißig Jahren nicht mehr trage. Ich versuchte, nicht allzu überrascht zu wirken, offenbar besorgten auch Handelsvertreter sich ihre Daten inzwischen beim Einwohnermeldeamt – aber gab es noch Handelsvertreter in Zeiten des Internetshoppings? Oder war mein Besucher ein neugieriger Dorfbewohner, den die anderen als Vorhut entsandt hatten – woher wusste er dann meinen Mädchennamen?

Er streckte mir noch immer die Hand entgegen, und weil ich zur zweiten Variante neigte und meinen Einstand im Dorf nicht schon bei der ersten Begegnung vermasseln wollte, gab ich ihm meine. Ich bin auf dem Land groß geworden und weiß, dass die Erwartungen an Neuzugezogene hoch sind: Sie kommen in ein seit Generationen geordnetes Gefüge, in dem alle Plätze vergeben sind und jeder seine fest umrissene Aufgabe hat. Um einen Platz im Dorf muss man sich verdient machen, muss in den Augen der Dorfbewohner bestehen, muss sich im Gesangs- oder Sportverein engagieren, oder in der Freiwilligen Feuerwehr, muss an den Festen im Festzelt oder in der Mehrzweckhalle teilnehmen, Kuchen mitbringen oder beim Getränkeverkauf mitmachen. Und hat man bestanden, nach Jahren, gehört man doch nie ganz dazu, kann jederzeit über die unsichtbaren, zwischen den Eingesessenen gespannten Fäden stolpern, bleibt für immer diejenige, die zugezogen ist, wie in einer Familie, in die man *einheiratet*, oder in einem Land, in dem man wohnt, aber nicht aufgewachsen ist und nie ganz ankommt, nie ganz ankommen kann,

Jetzt lag meine Hand in der des unbekannten Besuchers, der sie drückte und halb fragte, halb feststellte: »Sie *sind* doch Béatrice Groß?! Es tut mir leid, dass ich einfach so hereinplatze.

Ich bin der Sohn von Helga Vogler.« In seiner Art, den Namen zu betonen, und in der darauffolgenden Pause lag eine Erwartung, als müsste ich den Namen kennen und würde ihn nun überrascht und freudig wiederholen. Helga Vogler, na klar, jetzt erinnere ich mich, das ist aber wirklich lange her, und Sie sind der Sohn? Wie geht es Helga? Kommen Sie rein, wollen Sie einen Kaffee? Alles noch etwas improvisiert hier, und ja, wir haben uns irgendwann aus den Augen verloren, ich weiß gar nicht warum,

»Helga Vogler«, wiederholte mein Besucher, »erinnern Sie sich? Es ist lange her, aber umso unglaublicher, dass ausgerechnet Sie in die Mühle gezogen sind. Meine Großmutter hat übrigens noch bis zu ihrem Tod hier gewohnt.«

Wie ein grammatikalisch unnötiges Wort einem Satz die eine oder andere Richtung weisen kann – *übrigens* bedeutete, dass mir die Grundaussage des Satzes, seine Großmutter habe hier gewohnt, bekannt war und nun durch eine zusätzliche, davon abgeleitete Information erweitert wurde. Er zweifelte nicht daran, dass mir seine Familienverhältnisse, zumindest die früheren, vertraut waren, und wenn dies, wie mir als dritte Variante durch den Kopf schoss, ein komplex angelegter Versuch war, sich Zugang zum Haus zu verschaffen, dann machte er seine Sache gut.

»Sie müssen mich verwechseln«, antwortete ich, »ich kenne weder Ihre Mutter noch Ihre Großmutter. Mein Name ist nicht Groß, sondern Sanders. Und dass ich in diese Mühle gezogen bin, hat mit Ihrer Familie nichts zu tun.« Weil ich aber immer noch dazu tendierte, ihn für einen Dorfbewohner zu halten, fügte ich hinzu: »Aber kommen Sie doch herein. Das Missverständnis lässt sich sicherlich klären. Alles noch etwas improvisiert hier, aber einen Kaffee kann ich Ihnen anbieten, wenn

Ihnen H-Milch nichts ausmacht … Zucker habe ich auch keinen …«

Mein Besucher wischte die Schuhe am nicht vorhandenen Vorleger ab und schüttelte sich, wie man sich schüttelt, wenn man aus der Kälte in eine beheizte Wohnung kommt. Dabei war es draußen nicht kalt, nicht für Februar. *Für die Jahreszeit zu warm*, sagten die Meteorologen und kündigten seit Tagen einen *Frosteinbruch* an. Ich hoffte, dass der See, der an das Grundstück grenzte, diesen Winter noch einmal zufrieren würde. Ich würde in meine alten, unbequemen Schlittschuhe schlüpfen, die ich bei jedem Umzug mitgenommen habe, weil sie ein Geschenk meiner Mutter zu meinem siebzehnten Geburtstag gewesen sind und ich es nicht übers Herz bringe, sie wegzuwerfen, und ich würde das erste Mal seit über dreißig Jahren Schlittschuh laufen. Ich habe sie nur einmal benutzt. Es war mir peinlich, weiße Schlittschuhe mit Pelzborte zu tragen, das weiß ich noch, aber auf welchem See bin ich damals Schlittschuh gelaufen? *Sah sich auf einen Weiher gehen, lief Schlittschuh.* Es gab keinen See in der Nähe meines Elternhauses, es gab eine Eissporthalle, die als die modernste im Land galt und der ganze Stolz der Region war. Eigentlich ist es wahrscheinlich, dass meine Mutter mir die Schlittschuhe für die Eishalle geschenkt hat, aber ich bin nie in der Eishalle gewesen. Ich erinnere mich an einen See, vielleicht haben meine Eltern mich auf einen Ausflug mitgenommen oder ich habe die Schlittschuhe erst später benutzt, nachdem ich von zu Hause ausgezogen war.

Ich schloss die Tür hinter meinem Besucher, wobei wir uns einen Moment in die Quere kamen und uns am Arm berührten, für ein paar Sekunden in diese gewisse Hektik verfielen, die unangemessene Nähe zwischen Fremden auslöst. *Sie zu-*

erst, nein, Sie zuerst … »Die können Sie anlassen«, kam ich Alexander Vogler zuvor, der sich hinunterbeugte, um die Schuhe auszuziehen. Ich wollte keinen Unbekannten in Socken bei mir im Hause haben. »In der Küche ist Steinboden, außerdem bin ich ja noch mit Einräumen beschäftigt und werde noch oft genug putzen müssen.« Ich registrierte, dass meine Erklärung die Vertraulichkeit, die ich vermeiden wollte, erst herstellte. Alexander Vogler ließ mich durch, ich schlüpfte vor ihm in den Flur und in die Küche. »Setzen Sie sich doch«, sagte ich mit einer Kopfbewegung zur Bank.

Mein Besucher schob sich hinter den Tisch und ließ sich auf der Bank nieder, mit einer, wie mir schien, eingespielten Bewegung, als wäre genau dieser Platz auf dieser Bank ihm vertraut.

»Man setzt sich immer auf denselben Platz«, sagte er. »Hier habe ich gesessen, wenn ich bei meiner Großmutter zu Besuch war. Versuchen Sie mal in einer Gruppe, selbst wenn sie erst einen Tag alt ist, sich plötzlich an einen anderen Platz zu setzen. Sie handeln sich Ärger ein!« Alexander Vogler lachte. Es war ein angenehmes Lachen, selbstvergessen, nicht auf einen Effekt aus.

Ich habe die Mühle einer jungen Familie abgekauft, die sie nur wenige Monate bewohnt hat und aus beruflichen Gründen wieder weggezogen ist. Davor gehörte das Haus einer Frau, die in ein Altersheim gekommen oder gestorben ist, Näheres hat mir der Makler, der nicht aus der Gegend stammt, nicht sagen können. Er hat einen Namen genannt, war es Vogler? Ja, es könnte Vogler gewesen sein, allerdings kann Alexander Voglers Großmutter genauso gut Hauser, Wozniak oder Fischer geheißen haben. Sobald ich mich eingerichtet habe, will ich nach der Geschichte der Mühle recherchieren. Wer sie erbaut hat. Wer dort wann gewohnt hat.

Mein unbekannter Besucher, dachte ich in dem Moment, würde mir etwas über die Mühle erzählen können, wenn es wirklich seine Großmutter gewesen war, die vor der Familie in der Mühle gelebt hatte. Das hätte tatsächlich für die zweite Variante gesprochen, Alexander Vogler, die neugierige Vorhut, was auf alle Fälle besser war als Variante drei, Alexander Vogler, der Betrüger. Ich nahm mir trotzdem vor, vorsichtig zu sein.

»Bis wann hat Ihre Großmutter in dem Haus gelebt?«, fragte ich, während ich den Kaffeekocher auseinanderschraubte.

»Bis vor zwei Jahren. Ich habe die Mühle geerbt und bin zurückgekommen, um sie zu verkaufen. Das ist mir ziemlich schnell gelungen, und zwar an die Familie, die vor Ihnen hier gewohnt hat. Eigentlich wollte ich längst wieder weg sein. Dann hätte ich nie erfahren, dass Sie hier einziehen, stellen Sie sich vor!«

Ich klopfte das Sieb in der Mülltüte aus, die am Griff eines der Küchenschränke hing, reinigte die einzelnen Teile der Maschine unter fließendem Wasser, füllte Wasser in den unteren Teil, ließ Kaffeepulver aus der mit der Hand aufgerissenen Packung ins Sieb rieseln. Ich führte diese Gesten bedächtig aus, um meine Verwirrung zu überspielen und Zeit zu gewinnen, weil das Gespräch mit seiner Einladung, mir etwas vorzustellen, das mir nichts sagte, eine viel zu persönliche Wendung nahm. Wäre er wie geplant schon weg gewesen (was auch immer er damit meinte), hätte er nicht erfahren, dass ich die Mühle gekauft hatte, und wir wären uns nie begegnet und so weiter und so fort.

Was ging mich das an, dass er eigentlich nicht in dieser Küche hätte sitzen sollen, er saß in meiner Küche, und ich wollte nur ein Missverständnis klären. Und wenn ich dabei etwas über die Mühle erfuhr, umso besser, von mir aus auch über seine Großmutter oder Mutter. Wer weiß, vielleicht hatte ich sie sogar gekannt und erinnerte mich nicht daran, das kann schon einmal vorkommen in einem fast fünfzigjährigen Leben, dass man jemanden vergisst. Ich setzte den Kaffee auf und wusste nicht, wie ich das Gespräch wieder aufnehmen sollte, ohne ihm Anlass zu geben, mich weiter in seine Geschichte zu verwickeln, und ohne ihn, den potenziellen Dorfmitbewohner, zu verärgern, indem ich ihm zeigte, dass ich ihm nicht glaubte, oder seine Aussagen zumindest anzweifelte. Und was hieß überhaupt Dorfbewohner, diese Variante war soeben weggefallen, er lebte offenbar nur vorübergehend im Dorf.

»Wieder weg sein? Sie wohnen gar nicht hier?«

Ich bemühte mich, meiner Stimme einen neutralen Ton zu verleihen, als wäre dies eine höfliche Nachfrage, eine Einladung zum Plaudern, ein punktuelles Interesse an Informationen, die man anschließend wieder vergisst. Doch Alexander Vogler ging auf meine Frage nicht ein, oder er hatte sie nicht gehört, weil er im Kopf schon weiter war, mich eingebaut hatte in seine Geschichte und es ihm nur noch darum ging, dass ich den mir zugewiesenen Platz einnahm.

»Wie gesagt, es tut mir wirklich leid, dass ich hier unangemeldet auftauche, wo Sie doch gerade erst eingezogen sind. Aber Sie können sich vorstellen, wie überrascht ich war, als ich erfahren habe, dass Sie es sind, die diese Mühle gekauft haben. Schade, dass meine Mutter das nicht mehr erlebt, ich glaube, Sie würde sich freuen. Vor allem hätte ich nicht gedacht, dass ich noch einmal jemanden treffe, der sie damals gekannt hat und mir etwas über sie erzählen kann.«

Es gab nicht nur einen Platz, den er mir zuwies, sondern auch eine Aufgabe.

»Ehrlich gesagt kann ich mir nicht vorstellen, wie überrascht

Sie waren. Weil ich nicht weiß, von wem Sie reden. Von welcher Zeit. Was heißt *damals*, und was heißt *glauben*? Sie glauben, dass es sie gefreut hätte, oder Sie wissen es?«

Alexander Vogler zuckte mit den Schultern.

»Ich kann sie ja nicht mehr fragen.«

Ich wartete darauf, dass Alexander Vogler den ersten Teil meiner Frage beantworten und ich erfahren würde, wann *damals* gewesen sein sollte, doch er schwieg. Ich merkte, dass ich nun doch ärgerlich wurde, weil das Missverständnis sich nicht so leicht auflösen ließ, wie ich es mir vorgestellt hatte, und weil mein Gegenüber bei mir hereingeplatzt war und mir meine Zeit mit verstiegenen, aber doch vage bleibenden Behauptungen stahl. Ich sah nicht ein, warum ich ihm, der meine Fragen, wenn sie ihm nicht passten, ignorierte, die Frage nach dem Verbleib oder Verstorbensein seiner Mutter stellen sollte, die bedeutungsvoll zwischen uns im Raum stand. Was tat ich hier überhaupt, an diesem grauen Februarnachmittag des Jahres 2007 in meiner Küche, inmitten von Kartons, ich hatte einen Wildfremden ins Haus gelassen und kochte Kaffee für ihn, hatte ich den Verstand verloren? Ich wollte kein verbrüderndes, verschwesterndes Kaffeetrinken, er würde seinen Kaffee allein trinken müssen. Ich war nicht aus meinem bisherigen Leben ausgezogen, um bereits in der ersten Woche in die Geschichten anderer Leute hineingezogen zu werden und Erwartungen zu erfüllen. Ich war nicht in ein Dorf mit seinen verstrickten Beziehungen gezogen, sondern in eine Mühle, in die ich mich verliebt hatte, ich kannte niemanden in der Gegend, die nächsten Nachbarn wohnten zweihundert Meter weit weg, und genau deswegen war der Umzug in die Mühle für mich überhaupt vorstellbar gewesen. Ich hatte ein Haus einzurichten, ein Buch zu schreiben, ein neues Leben zu beginnen, ich hatte keine Zeit für die Probleme eines Unbekannten namens Alexander Vogler.

Der Kaffee begann, in der Kanne zu kracheln und hielt mich davon ab, mich in meinen Ärger hineinzusteigern. Ich spülte die Tasse ab, die ich am Morgen benutzt hatte, und goss ein. Eine knallgelbe Tasse, ich hätte meinem Besucher lieber eine neutralere Tasse hingestellt, als sagte bereits die zufällige Farbe einer Tasse zu viel über mich selbst aus, jedenfalls mehr, als ich Alexander Vogler im Augenblick preisgeben wollte.

»Und Sie trinken selbst keinen Kaffee? Aber das war doch nicht nötig!« Alexander Vogler sah aus, als würde er am liebsten aufspringen, so unangenehm schien es ihm zu sein, dass ich eigens für ihn Kaffee gekocht hatte.

»Ich trinke nachmittags nach vierzehn Uhr keinen Kaffee mehr«, log ich, damit er sich besser fühlte, und fragte mich, warum ich das tat.

Alexander Vogler kippte den Espresso herunter und stand auf. Seine Bewegung hatte etwas Fahriges, Flattriges, er schob sich hinter dem Küchentisch hervor und hätte mit der einen Hand fast die Tasse umgestoßen. Er fasste hastig mit der anderen nach ihr, hielt beide Hände schützend um die Tasse. »Tut mir leid«, murmelte er und schien schnellstmöglich aus der Situation, in die er sich gebracht hatte, indem er bei mir klingelte, wieder herauskommen zu wollen. Seine plötzliche Unsicherheit, die Sorgfalt seiner Handbewegung rührten mich. Es gab keinen Grund, verärgert zu sein. Es gab keinen Grund, der Geschichte Bedeutung beizumessen. Ein Nachbar, ein Irrtum, nichts weiter.

»Ich fürchte wirklich, dass es sich um eine Verwechslung handelt. Ich kannte Ihre Mutter nicht. Ich werde Ihnen nicht weiterhelfen können.«

Alexander Vogler blickte mich mit dem ehrlichen Erstaunen eines Menschen an, für den die Gedankengänge seines Gegenübers so abwegig sind, dass er nie auf die Idee gekommen wäre, dass man sie überhaupt haben könnte.

»Nein, nein, ich irre mich nicht. Bestimmt haben Sie es nur vergessen, weil es so lange her ist. Sie hießen doch früher einmal Groß, oder nicht?«

Oder nicht, das ließ kaum eine andere Möglichkeit zu.

»Woher kennen Sie meinen Mädchennamen?«

Meine Gegenfrage war ein Eingeständnis, und über Alexander Voglers Gesicht huschte ein Lächeln, als hätte er nichts anderes erwartet.

»Ich gebe Ihnen meine Mail, wäre das in Ordnung? Und Sie melden sich, wenn es Ihnen passt? Ich kann mich ganz nach Ihnen richten. Also, außer abends, da arbeite ich. Ich bin Koch im Restaurant auf der anderen Seite des Sees, man kann es von Ihrem Grundstück aus nicht sehen, weil der See einen Knick macht. Kennen Sie die Gaststätte schon? Sehr empfehlenswerte Adresse, nicht weil …« – wieder wirkte er schüchtern, ungelenk – »… ich dort koche, ich bin nur die rechte Hand des Chefkochs, also, ich meine, die linke.« Er wedelte mit der linken Hand und lachte, sie betrachtend, sein selbstvergessenes Lachen. Seine Hände waren schmal, zart, ohne Behaarung, ich konnte mir nicht vorstellen, dass er mit ihnen große Küchenmesser handhabte.

»Man hat einen schönen Blick, und im Sommer kann man draußen essen. Ich empfehle Ihnen allerdings zu reservieren. Und montags ist Ruhetag.«

Also doch ein Vertreter, dachte ich, interessante Restaurantwerbung. Und eine weitere nicht beantwortete Frage. Das schien System zu haben, ich merkte, wie ein unkontrolliertes

Kichern in mir aufstieg, weil mir die Situation mit einem Mal surreal vorkam.

»Von dem Restaurant habe ich gehört.«

Ich sagte es schnell, um dem Kichern zuvorzukommen. In Wahrheit sagte mir das Restaurant nichts, aber auf Wahrheit kam es in diesem Moment offenbar nicht an. Ich hatte, als ich vor dem Kauf der Mühle mit meiner Tochter um den See spaziert war, ein Restaurant gesehen, aber es war geschlossen und sah nicht aus, als würde es je wieder öffnen. Offenbar war Montag gewesen, ja, ich war mir in dem Moment ziemlich sicher, dass ich mit Nelly an einem Montag hierhergekommen war. Ich spürte das Kichern wieder aufsteigen, und in einem Anfall von Übermut fügte ich hinzu: »Ihre Mailadresse brauchen Sie mir nicht zu geben. Kommen Sie vorbei, wann Sie wollen. Ich muss ja ab und zu eine Pause einlegen. Aber wie gesagt, ich glaube kaum, dass ich Ihnen weiterhelfen und Ihnen etwas über Ihre Mutter erzählen kann.« Alexander Vogler lächelte wieder, als wäre es eine Frage der Zeit, bis ich mich auch in dieser Sache einsichtig zeigte. Er öffnete die Eingangstür, machte die Andeutung einer Verbeugung und trottete die Treppe hinunter. Seine Schritte knirschten auf dem Kies. Ich wartete, bis er das Gartentor hinter sich zugezogen hatte, und schloss die Tür.

Ich stehe noch immer im Vestibül und bin verärgert, belustigt, verwirrt. Verärgert über die Hartnäckigkeit, mit der Alexander Vogler sich über meine Einwände hinweggesetzt und zugleich meine Fragen übergangen hat, belustigt über mich selbst, die ich mir Distanz zum Leben der Nachbarn vorgenommen hatte und einen Unbekannten einlade, einfach so wieder vorbeizukommen. Verwirrt, weil Alexander Voglers Oszillieren zwischen Überzeugung und Unsicherheit mich anrührt und ich sogar bereit bin, ihm etwas vorzumachen, so etwas wie, ich trinke keinen Kaffee nach zwei Uhr nachmittags, wo ich in Wirklichkeit auch um zwei Uhr morgens noch Kaffee trinken würde. Ich verstehe nicht, warum ich der ganzen Geschichte so viel Bedeutung beimesse und warum ich mich ärgere und verwirrt bin und übermütig Dinge tue, die ich nicht wirklich will.

Ich ziehe den Umzugskarton, den ich unter die Garderobe geschoben hatte, hervor, prüfe, ob er hält, und lasse mich darauf nieder. Vogler. Helga Vogler. Hieß so nicht die einzige Freundin meiner Mutter in dem Dorf, in dem wir lebten, eine alleinstehende Frau, eine Lehrerin, mit der meine Mutter Kaffee trank und sich über Bücher austauschte? Sie war jünger als meine Mutter, sie hatte kurze Haare, ich bewunderte sie und fand sie schön. Sie brachte mir und meinem Bruder immer eine Kleinigkeit mit, Gummitierchen, Pixi-Bücher, Buntstifte, und sie gehörte im Dorf, ohne dass ich es hätte benennen können, zu uns, auf unsere Seite, wahrscheinlich deshalb, weil sie wie wir nicht aus dem Dorf stammte. Oder weil sie ihr Geld für Bücher ausgab und keine Vorhänge an den Fenstern hatte. Irgendwann hat sie geheiratet und ist weggezogen, und ihre Besuche sind bald ausgeblieben. Jetzt fällt mir ihr Name wieder ein, Vogt, Hanne Vogt. Eine Helga Vogler kenne ich nicht, der Name sagt mir nichts. Ich spreche ihn mehrmals aus, als könnte er im akustischen Gedächtnis hängen geblieben und durch alle anderen Maschen gefallen sein, und verhaspele mich mit dem abwechselnden »lg« und »gl«. Ich stehe wieder auf und nehme mir vor, bei Alexander Voglers nächstem Besuch, so es ihn geben wird, genauso hartnäckig zu sein wie er. Er kann gerne ab und zu auf einen Kaffee vorbeikommen, ich meinerseits werde sicherlich früher oder später im Restaurant auf der anderen Seite des Sees essen gehen. Aber wir haben keine wie auch immer geartete gemeinsame Geschichte. Ich habe keine Ahnung, wer seine Mutter war. Vielleicht ist Alexander Vogler ja verrückt. Dass ich es mit jemandem zu tun habe, der nicht richtig tickt, ist eine vierte mögliche Variante.

2

Salon

Wie die Mühle meine Sprache verändert, ich sage Vestibül, *Salon*, als bewohnte ich ein Schloss, oder ist die französische Sprache, die ich nur als Kind und Jugendliche und nur mit meinen Großeltern gesprochen habe, auf den zahlreichen Treppen im Haus aus den tieferen Schichten des Hirns an die Oberfläche geklettert? Was so ein Haus ausmacht, was Treppen ausmachen, eine Eingangstreppe, eine Treppe in den Keller und eine wieder hinaus in den Garten, eine Treppe ins obere Stockwerk und von dort aus auf den Dachboden, ein geradezu labyrinthisches Treppengefüge für mich, die ich, seit ich von zu Hause ausgezogen bin, immer in Wohnungen gelebt habe. Ich sehe mich auf der Suche nach einer verlegten Winzigkeit stundenlang treppauf treppab hasten und schließlich erschöpft auf einem Treppenabsatz liegen bleiben, zusammenhangslose französische Wörter vor mich hin brabbelnd,

Sitze auf dem *Canapé*, um bei den Schlosswörtern zu bleiben, und genieße die Stille, die von jedem einzelnen Ding um mich herum ausgeht, geradezu ausstrahlt, sich um mich legt, bis ich selbst zum Ding werde oder meine, es zu werden, Stille ist nur Stille, wenn man allein in einer Wohnung, einem Haus ist, die bloße und nicht einmal vernehmbare Anwesenheit einer anderen Person in einem anderen Raum genügt, um sich den Menschen zugehörig zu fühlen und nicht den Dingen,

Ein Haus ist keine Wohnung, man verliert leicht den Kontakt zu dem Stockwerk, in dem man sich gerade nicht befindet, verliert die Kontrolle über die Herkunft der Stille, sie spitzt sich zu, wird zu einem Sirren, füllt sich in ihrem Verschwinden mit Knacken, Tapsen, Atmen, ich greife nach dem Laptop, den ich auf dem Couchtisch, oder sollte ich sagen, Canapétisch (klingt wie prophetisch), deponiert habe, solange mein Arbeitszimmer, oder sollte ich sagen, *Bureau*, noch nicht eingerichtet ist, und fahre ihn hoch. Windows detoniert mit seiner als Schulglocke getarnten Triumphmusik, ich habe vergessen, das Gerät nach der letzten Verwendung stumm zu schalten. *Letzte Verwendung* klingt bedeutungsvoll und war heute Morgen, ich habe keine Zeit zu verlieren, ich bin spät dran mit dem Manuskript, der Kauf der Mühle und der Umzug sind mir in die Quere gekommen, in den vergangenen Wochen habe ich sortiert, statt zu tippen. Bei jedem Umzug bildet man sich ein, dass etwas völlig Neues beginnt, man möchte alles Störende aus der Vergangenheit aussortieren, als wäre die eigene Geschichte ein leeres Regal, das man peu à peu mit neuen Gegenständen füllt. Deshalb habe ich meine Kartons selbst gepackt und werde sie auch selbst wieder auspacken. Ich wollte, was ich mitnahm, zuvor in der Hand gehalten haben, wollte entscheiden, ob es dafür in der Mühle Platz gibt oder nicht, und ich will beim Auspacken erneut jeden einzelnen Gegenstand in der Hand halten und den richtigen Platz für ihn finden. Ich musste unterschreiben, dass ich das Umzugsunternehmen für eventuelle Schäden nicht haftbar mache, wofür meine Tochter kein Verständnis hatte. »Du kannst doch auch aussortieren und sie dann einpacken lassen«, sagte sie. »Ansonsten ist es ein Freibrief für die Umzugsleute, die Kartons werden in einem unmöglichen Zustand ankommen. Außerdem ist es Zeitverschwendung. Was ist mit dem Buch, solltest du dich nicht besser um das Buch kümmern?«

Sie hatte diesen etwas altklugen Ton, den Kinder annehmen, wenn sie erwachsen werden und einen Sinn für Vernunft entwickeln, in dessen Licht die Entscheidungen der Eltern plötzlich unvernünftig erscheinen. Sie brauchen eine Projektionsfläche für ihren neuen Zustand, wollen sich rächen für all die Male, in denen sie zurechtgewiesen wurden, oder sie üben schon einmal für später, wenn die Eltern im hohen Alter selbst wieder zu Kindern werden. In Nellys Fall sind die Kartons und das Buch nicht ihre erste Sorge, aber sie sind eine Sorge, die sich in Worte fassen lässt. Nellys erste Sorge gilt der Tatsache, dass ihre Mutter von heute auf morgen ihr Leben auf den Kopf stellt, ihre Arbeit aufgibt und ohne konkrete Pläne für die Zukunft aufs Land zieht, in ihren Augen also ihr altes Leben einfach wegwirft. Und da sie zu diesem Leben gehört hat, fürchtet sie, selbst verstoßen zu werden. Da nützt es wenig, ihr zu versichern, dass ich sie liebe, dass sich zwischen uns nichts ändert, dass sie das Größte, Beste, Schönste in meinem Leben war und ist. Eltern haben eine Konstante zu sein, so etwas wie ein Monument, ein Monolith, der die eigene Kindheit einschließt. Wenn sie *sich verändern*, wackelt mit dem Monolith die Kindheit, und die Kinder befürchten, diese könne rückwirkend Schaden nehmen, sie fürchten sich davor, dass ihre Eltern in Wirklichkeit schon immer ganz anders gewesen sind und die Erinnerungen an ihr Leben als Kind dieser Eltern sich als falsch erweisen könnten.

Das Buch, von dem sie spricht, wurde mir vor anderthalb Jahren von Joachim, einem Freund aus Studienzeiten, angetragen, der Verleger eines kleinen Verlages ist und Titel »im Grenzgebiet zwischen Politik und Alltag« herausgibt, wie er mir erklärt hat. Wir haben uns vor zwei Jahrzehnten aus den Augen verloren, er hat nach mir im Netz gesucht, hat mich gefunden und mich kontaktiert. Ich halte nichts davon, eingeschlafene Freundschaften wiederzuerwecken, wären sie wichtig genug gewesen, hätte man sie nicht einschlafen lassen. Ich habe mich trotzdem mit Joachim auf einen Kaffee verabredet, aus Neugier und weil es ein milder Herbst war und man noch draußen sitzen konnte, aber auch, so denke ich heute, weil ich schon auf der Suche war und dankbar über jede Begegnung, die meinem Leben eine neue Richtung weisen könnte. Katharina hatte sich gerade von mir getrennt, Nelly hatte ihr Studium beendet und würde bald eigene Wege gehen, und die Begeisterung, mit der ich in der Ende der achtziger Jahre mit zwei Freundinnen gegründeten PR-Agentur gearbeitet hatte, war einer Nüchternheit gewichen, die mich ermüdete.

Ich habe also auf Joachims Mail geantwortet, wir haben uns in einem Café getroffen, und nachdem wir uns die wesentlichen Linien der vergangenen zwanzig Jahre unseres Lebens erzählt und geklärt hatten, wer mit wem von unseren früheren gemeinsamen Bekannten noch in Kontakt ist und was wer über wen weiß, fragte er mich, ob ich ein Buch für ihn machen wolle.

»Ich, ein Buch für dich? Wie du nun weißt und der Webseite unserer Agentur entnehmen kannst, schreibe ich Broschüren, keine Bücher«, habe ich geantwortet. »Oder willst du eine Kinderbuchreihe ins Leben rufen?«

Ich habe in den letzten zehn Jahren nebenbei drei Kinderbücher veröffentlicht, von denen eines sogar erfolgreich war, aber das hat aus mir noch lange keine Schriftstellerin gemacht. Ich habe mich immer als *Fachfrau für PR und Öffentlichkeitsarbeit* verstanden, fast zwanzig Jahre habe ich in diesem Beruf gearbeitet, zunächst ausschließlich für *alternative Projekte*, Sozialverbände und Umweltschutzinitiativen, später, als die Konkurrenz zunahm und die alternativen Projekte weniger wurden, auch für große Unternehmen. Als Joachim mich wegen des Buchs gefragt hat, spielte ich schon eine Weile mit dem Gedanken, beruflich etwas ganz anderes zu machen. Etwas, wofür ich keine *Businessmode* mehr tragen und freundlich sein müsste, ich wollte nicht mehr auf Empfängen und in den Kaffeepausen von Unternehmensveranstaltungen Smalltalk führen müssen über Kreativwirtschaft, Nachhaltigkeit, Kompetenzzentren und andere Dinge, an die ich nicht glaubte.

»Eine Kinderbuchreihe?« Joachim hat gelacht. »Warum nicht? Das können wir uns ja danach überlegen. Nein, nein, in dem Fall geht es um den Deutschen Herbst …«

Ich war mir sicher, Joachim hatte das nur zum Scherz gesagt und würde gleich mit dem eigentlichen Anliegen herausrücken. Ein Buch über semantische Veränderungen in der politischen Kultur, weil wir darüber gesprochen hatten, während die Herbstsonne uns mit der Kraft, die sie noch innehatte, das Gesicht wärmte, zwei Endvierziger, die zu verstehen versuchen, was aus der Welt, die sie geprägt hatte, geworden war, und wie es sein konnte, dass der Inhalt vertrauter Wörter sich so weit verschoben hatte, dass sie unbenutzbar geworden waren. *Revolution* war längst Sache eines Mobilfunkanbieters geworden, *mutig* war, wer offen aussprach, dass Arbeitsschutz gelockert werden müsse, und *nachhaltig* arbeiteten alle Unternehmen, für die meine Kolleginnen und ich Texte verfassten, alle hatten sie eine *Vision*. Glaubte man der Selbstdarstellung der Unternehmen, so engagierten sich die, gegen die wir früher protestiert hatten, inzwischen für die bessere Welt, für die wir gekämpft hatten.

Doch Joachim schwieg, schien auf eine Antwort zu warten. Ich ging im Kopf noch einmal die Details unseres Gesprächs durch. Irgendetwas, das ich gesagt hatte, musste ihn auf die Idee gebracht haben, ich könnte für ihn ein Buch zu diesem Thema schreiben.

»Den Deutschen Herbst? Wie kommst du darauf? Ich meine, wie kommst du ausgerechnet auf mich?«

»Ehrlich gesagt komme ich auf dich, weil wir uns gerade zwei Stunden unterhalten haben und ich plötzlich gedacht habe, du wärst die Richtige für das Projekt. Und je mehr ich darüber nachdenke, desto besser gefällt mir die Idee. Zumal ich aus dem Studium noch weiß, dass du Interviews führen kannst und zuverlässig bist. Ich habe an der Uni gern mit dir zusammengearbeitet. Weißt du noch, unsere gemeinsame Seminararbeit über *Rituale des Fernsehens*?«

Ich konnte mich an alles Mögliche erinnern, das wir zusammen getan hatten, nur nicht an eine Seminararbeit. Erst recht nicht an eine über Fernsehen. Meine Eltern hatten keinen Fernseher, und ich selbst habe später auch nie einen besessen. Ich kenne mich nicht aus mit Fernsehritualen. Fernsehen, das waren immer die anderen, das fand in den Häusern statt, in denen unsere Nachbarn wohnten, die eine in sich geschlossene Gemeinschaft zu bilden schienen, zu der unsere Familie nicht gehörte.

Das Bauernhaus, in das wir zogen, als ich drei war, war winzig und lag am Rande eines Dorfes, wo sich ab Mitte der sechziger Jahre eine Neubausiedlung ausbreitete. Ich teilte mit meinem Bruder ein Zimmer mit einem Doppelstockbett, und als ich elf wurde, trennte mein Vater mir auf dem Heuboden der Scheune eine Kammer ab. Dort saß ich abends und schaute hinüber auf die Siedlung, wo an heißen Sommerabenden aus den Fenstern die aufgeregten Fernsehstimmen zu mir heraufwehten. Im Herbst, wenn es dunkelte, betrachtete ich gebannt das rhythmische Zucken des Lichts in den Fenstern, den bläulichen, flackernden Schein, den ich mir als Blitz innerhäuslicher Gewitter vorstellte.

Wenn andere in meinem Alter über ihre Kindheit und Jugend erzählen, habe ich manchmal das Gefühl, in einem anderen Land groß geworden zu sein. Als wäre das Fehlen eines Fernsehers durch keine anderen gemeinsamen Anknüpfungspunkte wettzumachen. Ich kenne die Sendungen und Filme nicht, die sie geprägt haben, ich kenne die Werbung aus jener Zeit und viele der dazugehörigen Produkte nicht, ich kenne die Schlager nicht. Es geht mir oft so, dass etwas, das alle in meinem Alter zu kennen scheinen, an mir vorbeigegangen ist und keine Spuren hinterlassen hat. Als hätte meine Aufmerksamkeit ein anderes Gravitationszentrum gehabt.

»Fernsehen? Bist du sicher? Ich hatte nie einen Fernseher. Wie soll ich denn so eine Seminararbeit geschrieben haben?«

»Eben. Das war ja gerade das Surreale. Deshalb erinnere ich mich so gut daran.«

»Ich weiß nicht … das kommt jetzt ziemlich überraschend. Und was meinst du genau mit Interviews? Wieso fragst du nicht jemanden, der sich auskennt? Einen Experten, es gibt doch heutzutage Experten für alles, bestimmt gibt es auch RAF-Experten. Außerdem bin ich im April 1977 als Au-pair nach England gegangen und fast drei Jahre geblieben. Ich habe diese ganzen Monate, in denen sich das zugespitzt hat, und den Herbst selbst gar nicht in Deutschland erlebt.«

Um genau zu sein, saß ich in diesen Monaten in einem bürgerlichen Vorort von London fest, hütete ungezogene Kinder und langweilte mich darüber hinaus zu Tode. Ich durfte abends nicht weg, weil meine Gasteltern Angst hatten, dass mir etwas zustoßen könnte, und dann passierte mir genau deshalb etwas, ich schlief mit dem Nachbarsjungen und war plötzlich schwanger. Treibe ich ab oder nicht, und wenn ja, wo, und wie bringe ich das meinen Gasteltern bei, meinem Vater, das waren die Fragen, die mich beschäftigten. Abends saß ich mit meinen Gasteltern im Wohnzimmer vor den Fernsehnachrichten und bekam mit, was in Deutschland passierte, ich weiß noch, dass ich damals das in meinen Ohren mysteriös klingende Wort *hijacking* gelernt habe und dass meine Gasteltern, die sehr konservativ waren, mich verständnislos anschauten, als sie mitbekamen, dass ich mit den Terroristen sympathisierte, oder zumindest das Verhalten des Staates, in dem ich groß geworden war, ablehnte und daraus meine Parteinahme für die andere Seite legitimierte. In der Zeit, in der ich da war, zündete die IRA eine Bombe in einem Restaurant in Belfast und tötete zwölf Menschen, diese Zahl habe ich behalten, weil sie mir gigantisch vorkam und weil das alles einfach nur Restaurantgäste waren. Es hätten meine Gasteltern, es hätte ich sein können. In meiner Erinnerung wurde fast jeden Tag jemand von der einen oder anderen Seite erschossen.

Joachim war begeistert.

»Das ist ja noch besser, du warst gar nicht in Deutschland!«

Machte er sich über mich lustig? Besser, ich hätte seine Mail gleich gelöscht, wie es mein erster Impuls gewesen war. Joachim schien meine Überlegungen zu erahnen und sprach weiter, ohne mir die Chance einer Antwort zu lassen.

»Mich interessieren gerade die Erinnerungen derjenigen, die nicht dabei waren. Das mit dem Deutschen Herbst ist ja immer so eine Nabelschau. Kaum wird das Thema in der Öffentlichkeit angeschnitten, kochen die Emotionen hoch. Ein Pingpong der Positionen, man könnte meinen, es ist keine Zeit vergangen, man ist immer noch der einen oder anderen Seite

Rechenschaft schuldig. Kein Dazwischen, kein abwägendes Einerseits-Anderseits. Aber ich frage mich: Was denken die, die damals noch gar nicht gelebt haben oder Kinder waren? Was ist mit denen, die DDR-Bürger waren? Mit denen, die als Ausländer in der Bundesrepublik lebten oder später hierhergekommen sind? Der gemeinsame Punkt muss natürlich sein, dass die Befragten heute in Deutschland leben oder einen engen Bezug zum Land haben. Es geht mir sozusagen um den Innenblick von außen oder den inneren Außenblick, wie auch immer man das nennen will. Und ja, klar hat das etwas mit dem Jubiläum zu tun, 2007 sind es dreißig Jahre. Wenn ich mit meinem Verlag überleben will, muss ich mich nun mal am Jahrestagsrummel orientieren und auch mal einen halbwegs massentauglichen Titel bringen.«

Beim Wort *massentauglich* zog Joachim eine Grimasse und zuckte entschuldigend mit den Schultern. Er hatte schneller gesprochen, als hätte er Angst, ich könnte ihn unterbrechen. Jetzt holte er Luft und setzte neu an. »Aber es soll Niveau haben. Mit Interviews meine ich so etwas wie die Protokolle von Maxie Wander. Oder Erika Runge, aber die kennt heute keiner mehr. Wanders Protokolle sind übrigens 1977 herausgekommen, wusstest du das?«

Er schaute mich erwartungsvoll an.

Ich wusste es nicht und fragte mich, ob ich, falls ich Joachims Angebot annehmen sollte, überhaupt Zeit haben würde, neben der Agenturarbeit ein Buch zu verfassen, für das es sicherlich einen Abgabetermin gab, und vor allem, ob ich Lust hatte, gedanklich in eine Zeit zurückzukehren, die ich nicht in bester Erinnerung habe: gerade aus der Pubertät herausgekommen, gerade meine Mutter bei einem Autounfall verloren, auf der Suche nach dem, was ich mir als das eigentliche Leben vorstellte, das aber immer genau dort zu sein schien, wo ich nicht war.

»Also, ich denke nach wie vor, du solltest dir jemand anderen für das Buch suchen. Aber nehmen wir rein theoretisch an, ich hätte Interesse an dem Projekt – wann bräuchtest du das fertige Manuskript zurück?«

Joachim lächelte zufrieden, als hätte er mich bereits überzeugt.

»Sagen wir, Manuskriptabgabe Ende 2006? Schaffst du das in etwas mehr als einem Jahr? Das Vorwort würde ich selbst schreiben. Ich weiß, das ist knapp. Aber wenn der Jahrestag vorbei ist, interessiert sich keiner mehr für das Thema.«

Ich habe mir eine Woche Bedenkzeit erbeten, habe einen Tag lang gezögert, mit niemandem darüber gesprochen und am zweiten Tag zugesagt.

Das Klingeln des Telefons lässt mich zusammenfahren. Seltsam, der Ton meines alten Wählscheibentelefons im neuen Haus, ein vertrautes, aus dem Klangteppich meiner Wohnung herausgeschnittenes und in die neue Umgebung eingewobenes Detail. Aber es passt noch nicht, sticht heraus, wie ein Möbelstück am falschen Ort, klingt in dem noch fast leeren Raum scharfkantig, drakonisch, als würde es nicht aufhören, bevor ich nicht abgenommen habe. Bevor der Anrufbeantworter anspringt, greife ich zum Hörer. Es ist Nelly, die wissen möchte, wie es mir geht. Sie fragt vorsichtig, ihre Worte tasten sich durch die Leitung, als könnte eine zu grob gestellte Frage mich aus dem prekären Gleichgewicht bringen, in dem sie mich vermutet. Ich bin sicher, sie hat die Tage gezählt, bevor sie angerufen hat, hat den geeigneten Moment, in dem sie anrufen kann, ohne aufdringlich zu sein, genau ausgerechnet. Sie möchte

Nähe, aber sie möchte mir nicht zu nahe treten, das rührt und irritiert mich zugleich. Ich habe mir selbst immer Sorgen um meine Mutter gemacht und bilde mir ein, alles getan zu haben, damit es Nelly nicht so ergeht. Immerhin nehme ich keine Psychopharmaka und habe das Lebensalter meiner Mutter bereits um fast acht Jahre überschritten. Aber ich vermute, die Anlage zur Wiederholung liegt in der Bemühung selbst.

»Nelly«, sage ich, »es geht mir gut. Ich habe angefangen, die Kartons auszuräumen, und habe bisher nichts gefunden, das zu Bruch gegangen wäre.«

»Fühlst du dich nicht einsam? Kann ich dich besuchen kommen?«

Ich überlege, ob ich ihr von Alexander Vogler erzählen soll. Aber das würde sie nur noch mehr beunruhigen. Sie ist ein Stadtkind, für sie ist es unvorstellbar, in einem Haus auf dem Land zu leben. Sie braucht die Schritte der Nachbarn über ihrem Kopf und das Radio aus dem Fenster gegenüber, es gibt ihr ein Gefühl von Eingebettetsein, das Gefühl, dass ihr jemand zur Hilfe kommen würde, wenn sie es bräuchte. Ich sehne mich nach Nelly, aber ich möchte jetzt keinen Besuch. Wie bringe ich ihr das bei, ohne sie zu verletzen?

»Hier ist alles noch drunter und drüber«, sage ich, »ich hätte gar keine Muße, Zeit mit dir zu verbringen, und wenn du kommst, will ich ja etwas von dir haben. Und mir beim Einräumen helfen kannst du auch nicht. Das muss ich schon selbst machen, das war ja der Sinn der selbst gepackten Kartons. Gib mir noch ein paar Tage Zeit, wenigstens bis ich das Gästebett aufgebaut habe. Und dann, liebend gerne, und du kannst bleiben, solange du willst. Ich freue mich auf dich.«

Ich gehe zur Terrassentür und schaue hinaus in die Dunkelheit. Das Licht reicht über die Terrasse bis zum Anfang der leicht abschüssigen Grasfläche, die von einem schmutzigen Grün ist. Sie scheint ins Nichts zu führen, kein Restlicht des Tages, kein Mond zwischen Wolken lässt die Seeoberfläche schimmern. Der See liegt dort unten, das weiß ich, aber die Grasfläche könnte auch ein Hang sein, der weit hinunter ins Tal führt, oder auf einen Acker, ich würde morgen aufwachen und wäre in den Bergen, oder am Rande einer sich in der Weite verlierenden Ebene, und mein Wissen um die Existenz des Sees hätte nichts genützt,

Ja, ich sehne mich nach Nelly, sehe uns beide am Seeufer stehen, an einem sonnigen Tag Anfang Oktober im vergangenen Herbst. Nelly hat mich begleitet, als ich die Mühle vor der Vertragsunterzeichnung noch einmal mit einem befreundeten Architekten besichtigte. Die Blätter begannen gerade erst, sich zu färben, und über dem See hing noch der Geruch vom Spätsommer, leicht metallisch, braungrün, üppig, wie feuchte Grasbüschel am Ufer oder nasse Badekleidung, die man zu Hause im Waschbecken ausspült. Und ich begriff, dass ich gerade dabei war, etwas zu tun, was sonst nur die anderen tun: ein Wassergrundstück kaufen, in ein Haus aufs Land ziehen, am See leben. Das ist Wahnsinn, dachte ich, zu groß für mich. Wäre Nelly nicht gewesen und der Architekt, der sich eigens für mich und die Mühle Zeit genommen hatte, ich glaube, ich hätte meine Entscheidung rückgängig gemacht.

Weit draußen drehten ein paar Enten ab, kamen auf uns zugeschwommen, tuckerten wie von einem Bootsmotor angetrieben vor sich hin. Der Widerspruch zwischen dem behäbig gewölbten Hals, dem lächelnden Schnabel, der trägen Selbstzufriedenheit der Enten und der Entschlossenheit, mit der sie ihr Ziel ansteuern, hat mich immer verwirrt. Das helle »V« auf dem dunklen Wasser, das sich hinter ihnen öffnet und nicht wieder schließt, sie wissen genau, wohin sie wollen, interpretieren aus großer Entfernung eine Bewegung der Hand zum Rucksack als potenzielle Futterspende, und mit der gleichen Zielstrebigkeit verfolgen lächelnde Erpel in Gruppe die Entenweibchen noch unter den dichtesten Busch, um sie zu begatten.

In einiger Entfernung im Schilf kreischte ein Wasservogel. »Eine Ralle«, sagte Nelly, und ich war überrascht über die Präzision ihrer Aussage, *Teichhuhn* hätte ich den Vogel, wenn auch nach einigem Überlegen, genannt, aber Ralle, das klang nach Kenntnis, nach Ornithologie. Ich verspürte einen Stich, wie viel wusste ich von Nelly, und wie viel wusste ich nicht, in diesem Moment stand mir sehr deutlich vor Augen, dass der Anteil an Nichtwissen, nun, da wir an unterschiedliche Orte zogen, nur zunehmen würde.

Nelly malte sich ihren Urlaub bei mir im Garten am See aus, schwärmte von Liegestühlen und Sonnenschirmen und scherzte über die Cocktails, die ich ihr ans Ufer bringen müsste. Aber ich wusste, dass sie sich betrogen fühlte, weil ich aus Berlin wegziehen wollte, ihrer Heimatstadt, die sie selbst wegen einer Stelle in Düsseldorf aufgab. Sie könnte nicht mehr zurück und einfach in ihrem alten Zimmer wohnen, wäre ein Gast in ihrer Stadt.

Bis dahin hatte sie sich wie die meisten ihrer Freunde mit Praktika und schlecht bezahlten, kurzfristigen Jobs durchgeschlagen, war von mir finanziell unterstützt worden und hatte bei mir gewohnt. Was für meine Generation undenkbar gewesen wäre, ist heute üblich, und ich frage mich, ob es wirklich nur der schwierigen Lage auf dem Arbeitsmarkt geschuldet ist oder ob man sich einfach zu gut mit den Eltern versteht, um hinaus in die unbequeme Welt zu wollen. Ich meinerseits stellte Nellys Entscheidung nie infrage, genoss das Leben mit ihr in einer Art Zweier-WG auf Freundschaftsbasis mit leichter Abhängigheitsschräglage, mit der wir beide gut umgehen konnten. »Wenn du alt bist«, sagte Nelly, »ziehen wir wieder zusammen, und dann bist du diejenige, die von mir abhängig bist. Dann gleicht sich alles aus.«

Ein paar Tage bevor ich die Mühle entdeckte, hatte sie eine Stelle in Düsseldorf erhalten, und es war klar, dass sie wegziehen würde. Ich freute mich für sie, sie hatte viel Arbeit in die Bewerbung, in die Vorbereitung auf das Bewerbungsgespräch gesteckt, war mehrfach nach Düsseldorf gefahren, war Runde um Runde weitergekommen und schließlich als Einzige übrig geblieben. Ich war traurig, weil unser gemeinsamer Alltag zu Ende ging, aber, so stellte ich mit schlechtem Gewissen fest, ich fühlte mich frei, zum ersten Mal frei, seit sie vor achtundzwanzig Jahren zur Welt gekommen war. Natürlich ist das kein ausreichender Grund, eine Mühle zu kaufen. Man fällt Entscheidungen aus einer Vielzahl von Gründen, und dann gibt es diesen einen, nicht restlos erklärbaren Moment, in dem man *ja* sagt, oder *nein*, in dem man nach links abbiegt, obwohl man sich vorgenommen hatte, nach rechts abzubiegen, in dem man erstmals vom Fünfmeterbrett springt. Ich muss ungefähr zwölf gewesen sein, es war in einem Schwimmbad in Frankreich, ein oder zwei Jahre bevor meine Großmutter starb, ich stand lange oben, starrte hinunter, stellte mir vor, ich würde im nächsten Augenblick springen, ich stellte es mir körperlich vor, wie ich den Fuß nach vorne setzen und durch die Leere fliegen würde – und sprang nicht. Die Angst war zu groß, ich lief zurück zu der kleinen Plattform am Anfang des Bretts, ließ die anderen durch, stellte mich wieder an den Rand, starrte hinunter, holte Luft, jetzt! Und lief zurück. Bis ein viel jüngeres Mädchen die Plattform betrat und ohne innezuhalten an mir vorbeistapfte – sie ging nicht, sie rannte nicht, es war ein entschlossener Schritt, der kein Rückwärts zuließ – und am Ende des Bretts sprang. Sie war viel jünger als ich und hatte keine Angst, ich lief ans Ende des Bretts – und sprang. Das Mädchen mag der Auslöser gewesen sein, aber wäre sie es auch gewesen, wenn ich nicht zuvor bereits mehrmals am Rande des Sprungs gestanden hätte? Man geht, wenn man sich einmal entschlossen hat, blindlings durch das Spalier seiner Ängste, das ist das Entscheidende, das ist das Beängstigende, dass man ab diesem Moment nicht mehr nachdenkt, dass man, ohne zu denken und ohne handeln zu müssen, handelt. Als wäre man eine andere. Die sich plötzlich auf dem Land in einer Mühle wiederfindet und erst noch entscheiden muss, wie ihr zukünftiges Leben aussehen wird.

Vielleicht hat Alexander Vogler recht und ich bin in Wirklichkeit jemand ganz anderes. *Moi n'est jamais que provisoire.* Es scheint, als lockte die Mühle tatsächlich die französischen Worte aus ihrem Untergrund hervor.

Ich sollte die Interviews weiter abtippen, statt mich in Erinnerungen zu verlieren und Mutmaßungen über die Rolle des Zufalls anzustellen. Ich bin viel zu spät dran mit dem Buch, ich habe den ersten Abgabetermin bereits nicht eingehalten und einen späteren Termin ausgehandelt. Ende März ist wirklich der allerspäteste Zeitpunkt, hat Joachim gesagt, Jahrestage lassen sich nun mal nicht verschieben, oder nur im Fünf- oder Zehnjahresrhythmus.

Ich hätte das Abtippen an jemanden abgeben sollen, das wäre vernünftig gewesen, aber ich mag das Automatische daran, hören, tippen, zurückspulen, hören, das Getippte ergänzen, hören, tippen, zurückspulen. Es ist ein Hören, kein Zuhören, bleibt an der Oberfläche des Gesprochenen, bei den Worten, die ich von einem Klang in eine Buchstabenfolge verwandele und auf dem Papier aneinanderreihe. Ich kann einen Teil der Aufmerksamkeit auf einer anderen Spur weiterlaufen lassen oder das Denken abschalten. Ich setze mich zurück aufs Canapé, stöpsle die Kopfhörer ein, drücke auf *play*.

… Deutscher Herbst, das sagt mir was, hab ich schon mal gehört, aber was das genau ist, nee, weiß ich wirklich nicht …

*[Melanie, *1992]*

Es liegt nahe, dass jemand, der in den neunziger Jahren geboren wurde, nichts mehr über diese Zeit weiß. Erstens interessieren sich heute die wenigsten mit vierzehn schon für Politik und Geschichte, und zweitens wird in der Schule ein Thema, das die Bundesrepublik gespalten hat wie kaum ein anderes seit ihrer Gründung, offenbar nicht durchgenommen. Relevanz und Leere nebeneinander. Auch Nelly trug irgendwann einmal ein T-Shirt mit angedeutetem RAF-Logo, das muss Ende der Neunziger gewesen sein, sie war so um die zwanzig, und als ich sie fragte, ob sie wisse, was für ein T-Shirt sie da anhabe, zuckte sie mit den Schultern. »Ist doch längst vorbei, Mama. Ist doch cool.«

… Ich kenne die RAF-Leute ja nur aus Filmen, aber instinktiv bin ich auf ihrer Seite, klar. Auf Seiten der Außenseiter, die das System bekämpfen, der Revolutionäre. Und gefühlt würde ich sagen, was die damals bewegt hat, die Fragen, die stehen immer noch im Raum und sind nicht gelöst. Ich meine, zum Beispiel ökonomische Ungleichheit auf der Welt, also im Grunde

die Frage nach einer gerechteren Welt. Nur dass es heute nicht mehr so einfach ist, Revolutionär zu sein. Wo soll man denn da anfangen …

*[Nelly, *1978]*

Ich hatte nicht vor, Nelly zu interviewen, aber als sie gehört hat, um was es in meinen Interviews geht, wollte sie unbedingt dabei sein. »Wer kommt schon im Buch seiner Mutter vor«, hat sie gesagt. »Und es macht mir nichts aus, wenn ich erkannt werde, im Gegenteil. Ich gehe ja nicht in den Untergrund«, hat sie hinzugefügt und gegrinst.

Ich kann mich nicht konzentrieren. Woher kennt Alexander Vogler meinen Mädchennamen, ich gebe »Béatrice Groß« in die Suchmaschine ein und stoße auf eine Schulreformerin, eine Generalsekretärin, eine wissenschaftliche Mitarbeiterin und eine *kaufmännische Objektleiterin* (in Wirklichkeit die Leiterin einer Supermarktfiliale). Natürlich fehlt all diesen Béatricen der Accent auf dem »e«, und bei denjenigen, die einen Accent haben, schreibt sich der Nachname mit Doppel-s, nicht mit Eszett. Aber das sind Feinheiten, die man beim Aussprechen nicht hört, es gibt jede Menge Menschen mit meinem Namen, ganz zu schweigen von denen, die im Netz gar nicht erst auftauchen. Eine Verwechslung ist möglich, und mit etwas Beharrlichkeit, die Alexander Vogler erwiesenermaßen besitzt, mag man auch meinen Mädchennamen ausfindig machen, obwohl es noch kein Internet gab, als ich ihn trug. Irgendein Formular, das ich zu Papierzeiten ausgefüllt habe, wird sicherlich digitalisiert worden sein. Aber was suche ich eigentlich? Beweise dafür, dass ich bin, wer ich bin?

Ich gebe Helga Vogler ein, doch bevor ein Ergebnis auf dem

Bildschirm auftaucht, schließe ich die Seite wieder, ich kenne diese Frau nicht und will nichts über sie herausfinden. Nicht heute Abend. Heute Abend will ich auch nicht weiter transkribieren. Ich bekomme das schon hin mit der Abgabe, arbeite notfalls Tag und Nacht durch. Ich bin das gewöhnt von der Agentur. Ich stelle das Telefon auf stumm, um sicher zu sein, dass niemand in mein Alleinsein hereinplatzt, schalte mein Mobiltelefon aus und hole eine Rotweinflasche aus der Speisekammer, eine mit Schraubverschluss, weil ich keine Ahnung habe, in welchem der Küchenkartons sich der Korkenzieher befindet. Ich hätte viel lieber die Flasche, die Nelly mir geschenkt hat, geöffnet, es ist eine gute Flasche, eine würdige Flasche für einen Einzug, eine mit Korken, aber ich habe heute Abend nicht den Mut, in den Kartons zu wühlen. Ich entschuldige mich im Geiste bei meiner Tochter und verspreche, den *Vacqueyras* zu öffnen, sobald der Korkenzieher aufgetaucht ist. Ich bin mir nicht sicher, wie man *Vacqueyras* ausspricht, wie man mit dem komplizierten »cqu« umgeht und ob das »s« am Ende zu hören ist oder nicht. Ich habe von diesem Wein noch nie etwas gehört, Nelly kennt sich besser aus als ich. Ich packe das Weinglas aus, das mir vorgestern, als ich eine Kaffeetasse gesucht habe, in die Hände gefallen ist, und schenke ein. Die feine, glucksende Tonleiter des Weins, der sich ins Glas ergießt, ist, wie das Klingeln des Telefons, herausgeschnitten aus einem anderen Leben, das zufällig meins war, es ist vertraut, verheißt Alltag, Normalität. Ich balanciere das Glas zurück in den Salon. Gehe vor dem offenen Kamin in die Hocke, zerknülle Zeitungspapier, das mir meine Vorgänger freundlicherweise neben Kleinholz, ein paar Scheiten und Streichhölzern hinterlassen haben, und mache Feuer. Knisternd breiten sich die Flammen aus, ich hätte gleich darauf kommen sollen, Feuer zu machen.

Feuer im Kamin ist so etwas wie eine beruhigende Präsenz, das Tänzeln der Flammen, das Knistern und Knacken suggerieren einen Rhythmus, Gleichmaß. Gleich bei der ersten Besichtigung habe ich den Kaminfeuergeruch wahrgenommen, der mir vertraut ist von der Küche meiner Großeltern. Der große, offene Kamin faszinierte mich als Kind, seine rußgeschwärzten Wände, der massive Holzbalken, der ihn nach oben hin abgrenzte, die helle Öffnung, die ganz am Ende zu sehen war, wenn ich mich hineinbeugte und nach oben schaute, und die mit einer Drehung des gusseisernen Griffs verschlossen werden konnte. Wenn wir an dem langen, dunklen Holztisch saßen, hörte man in den Pausen zwischen den Gesprächen das leise Prasseln des Feuers, das mein Großvater hin und wieder mithilfe eines Blasebalgs neu belebte. Und jedes Mal, wenn ich nach einem Jahr die Küche wieder betrat, war ich von Neuem von dem harzigen, rauchigen Geruch überrascht, sog ihn tief ein, als stellte seine Einverleibung meine Rückkehr im folgenden Jahr sicher.

Ich bleibe noch einen Moment hocken und starre in die Flammen, bis mein Gesicht glüht. Bin das wirklich ich, vor dem Kamin, in einer alten Mühle, auf dem Land? Ist das jetzt wirklich mein Haus, wohne ich *in echt* am See? Oder bin ich nur zu Besuch?

Madame, wollen Sie nicht Platz nehmen auf dem Canapé? Sehr gerne, *au plaisir*, Sanders mein Name, wie anders, nur mit »S«. Aber Sie können mich gerne Béatrice nennen, genau, nennen Sie mich doch einfach Béatrice, Béatrice mit einem Accent auf dem »e«.

Das Knirschen der Kufen auf Eis, eisige Luft, die in den Lungen schmerzt, Runden drehen, erst bedächtig, dann kühner, bis nur noch der Takt zu hören ist, in dem die Füße aufsetzen, oder ist es der eigene Atem unter dem Schal, der lauter wird, anschwillt, von den Kufen nicht mehr zu unterscheiden ist,

Ich weiß nicht, wo ich bin, wo dieses ohrenzerreißende Krisseln herkommt, dieses von Fiepsen durchsetzte Rauschen. Habe ich gerade vom Schlittschuhlaufen geträumt? Ich schaue mich um, und die Dinge um mich herum nehmen allmählich eine vertraute Form an. Das noch leere Regal, Kisten, ein paar Stühle in einer Ecke, wo sie nicht hingehören. Umzug, genau, ich bin umgezogen, befinde mich in einem halb leeren Haus, in einer alten Mühle, in der die Möbel meiner viel kleineren vormaligen Wohnung verloren wirken, an einem See, auf dem ich, wenn er zufriert, Schlittschuh laufen werde. Ich bin auf dem Sofa, pardon, dem Canapé, eingeschlafen, ich habe geträumt, und das Geräusch ist eine Funkstörung und kommt aus dem Radio, dem altmodischen, analogen Radio, auf dem ich Jazz eingestellt hatte. Ruhiger Jazz und ein Glas Rotwein, das halb ausgetrunken auf dem Canapétisch steht, Rituale aus meinem früheren Leben, in dem ich abends nach der Arbeit von der Welt nichts mehr wissen, vor allem mit niemandem mehr sprechen wollte, nicht einmal mit Katharina, nicht einmal mit Nelly. Das Scheit im Kamin glüht leise schmauchend vor sich hin. Ich fühle mich angenehm benommen, würde jetzt gerne noch ein wenig vor dem Kamin lesen und dann ins Bett gehen. Aber zusammen mit mir ist die Befürchtung wieder erwacht, ich könnte nicht fertig werden mit dem Manuskript. Mir bleiben sieben Wochen. Hätte ich gewusst, dass ich umziehen würde, ich hätte Joachim abgesagt. Ich schaue auf die Uhr. Zwanzig Uhr fünfzehn. Eine Stunde mache ich noch weiter.

Klar habe ich als Jugendliche, als das alles noch ziemlich präsent war, allein durch die Plakate, also ich hab gesagt, Menschen umzubringen ändert nichts, aber ehrlich gesagt habe ich das damals eher nachgeplappert, um auf der sicheren Seite zu stehen. Wer sagt schon von sich, dass er bereit ist, Menschen zu töten? Obwohl das ja wahrscheinlich tatsächlich die eigentliche Grenze ist. Dass man illegale Sachen macht, weil man denkt, man kann so politisch etwas verändern, ist eines. Dass man aber dazu übergeht, Menschen zu töten, das ist schon noch mal etwas ganz anderes. Aber darüber will ja keiner so richtig nachdenken. Jedenfalls, die Terroristen haben mich beschäftigt, nicht von morgens bis abends, aber sie waren schon präsent, sie waren anders, ließen sich nichts vorschreiben. Und es waren viele Frauen dabei, das hat mich ganz besonders interessiert. Sie haben nicht dem damaligen und, das muss man ja auch sagen, teils noch heutigen Frauenbild entsprochen. Das war mir offenbar sympathisch, weil ich mich im klassischen Mädchen- und Frauenbild selbst auch überhaupt nicht wiedergefunden habe. Wer weiß, wäre ich früher geboren worden, ob das ein »Angebot« gewesen wäre, das mich interessiert hätte, Revolutionärin. Gut möglich. Irgendwann habe ich im ›Zeit-Magazin‹ ein Foto gesehen, da wurde eine Terroristin abgeführt, und sie hatte eine dieser riesigen Siebziger-Jahre-Sonnenbrillen auf und eine »Afrolook-Frisur«, wie das hieß. Und ich weiß noch, dass ich total enttäuscht war, weil ich das echt albern fand, dass sich weiße Frauen diese Locken machen lassen, ich hab natürlich nicht gesagt, »sie machen aus einem Symbol für einen Befreiungskampf eine Mode und noch dazu als Weiße«, diese Zusammenhänge waren mir nicht klar, aber es war eben so ein Gefühl, dass sie nicht das Recht dazu haben. Dass es außerdem entwürdigend ist, etwas sein zu wollen, das man nicht ist, irgendwie lächerlich. Ich fand sowieso, dass Frauen sich viel zu oft lächerlich machten. Und dann hatte diese Untergrundkämpferin so eine Frisur. So etwas Bürgerliches, wie irgendwelche Nachbarinnen, die Brigitte lesen. Das war echt ein Schock. Ich habe das Foto nie wieder anderswo gesehen, aber in meiner Erinnerung war es Gudrun Ensslin. Mit meinem heutigen Wissen denke ich, die Aufmachung hatte etwas mit Tarnung zu tun, damit, dass man sich im Untergrund an die Umgebung anpassen muss, aber damals war ich sehr enttäuscht. Mein Bild einer Revolutionärin war anders. Wie, keine Ahnung, jedenfalls nicht lächerlich, nicht angepasst. Wahrscheinlich mit kurzen Haaren. Obwohl … Übrigens dachte ich lange, Baader und Meinhof wären ein Paar. Es klang ja im Grunde wie ein Name mit Bindestrich dazwischen. Ich frage mich, wie man auf Baader-Meinhof gekommen ist. Wenn, dann hätte es doch Baader-Ensslin heißen müssen, oder Baader-Ensslin-Meinhof, oder? Wie Ensslin das wohl fand, die ganze Chose mit Baader initiiert zu haben und nicht erwähnt zu werden?

*[Anja, *1966]*

Woher weiß Alexander Vogler, wie man meinen Vornamen ausspricht, mit Betonung auf dem »i«, nicht auf dem »e«? Woher weiß er, dass ich hier eingezogen bin? Hat er mich beobachtet? Hat er mein Auto gesehen, das, deutlich sichtbar, in einer Einbuchtung am Weg zum See gegenüber der Mühle steht und sich die letzten Tage nicht bewegt hat? Hat er mit den Dorfbewohnern gesprochen oder mit den nächsten Nachbarn, die in Sichtweite wohnen und die er sicherlich kennt? Hat er sie über mich ausgefragt? Aber meine Nachbarn wissen nichts über mich, das hoffe ich zumindest, jedenfalls nicht meinen Mädchennamen. Und warum arbeitet er in dem Restaurant, wenn er eigentlich nicht hier wohnt und längst wieder weg sein wollte? Warum ist er nicht selbst in die Mühle gezogen? Und wo soll ich seine Mutter kennengelernt haben? Und wann? Ich werde ihn das alles fragen. Werde es nicht zulassen, dass er meine Fragen übergeht, werde nachhaken. Sofern Alexander noch einmal vorbeikommt.

Zwanzig Uhr fünfundfünfzig. Noch zwanzig Minuten, dann mache ich Feierabend.

Na ja, plötzlich sind ja überall, noch in den kleinsten Ortschaften, diese Plakate mit den vielen Porträts und den Namen drunter aufgetaucht. Erschreckend war für mich der Name: »Bande«, »Baader-Meinhof-Bande«. Ich habe mir die Gesichter auf diesen eher schlecht gedruckten Schwarz-Weiß-Plakaten als Heranwachsende oft angeschaut. Und das Neue daran war, dass es hier nicht um »böse Männer« ging, vor denen man sich hüten musste, sondern dass da jede Menge Frauen dabei waren. Und dann wurden die Namen dieser Leute auch regelmäßig im Fernsehen genannt und bekamen einen Klang. Es war ein Ensemble-Klang, der sich tief einprägte. Ich glaube, ich wusste lange nicht so genau, warum diese »Bandenmitglieder« sich so benahmen, und fand es auch schwer, die Namen mit der Vorstellung von bösen Taten zu verbinden. Ich weiß noch, dass es mir »Christian Klar« angetan hatte. Ich meinte in meiner Einfalt tatsächlich, jemand mit einem so starken, schönen Namen müsste doch mit dem Leben zufrieden sein! »Jan-Carl Raspe« fand ich wegen der Assonanz, die ich noch nicht benennen konnte, bemerkenswert, aber schon gefährlicher, eben wie »Raspel«, und »Brigitte Mohnhaupt« klang viel zu barock oder biedermeierlich für eine gefährliche Frau.

*[Bettina, *1961]*

Bevor ich den Computer herunterfahre, stelle ich das Telefon wieder laut und schaue noch einmal in meine Mails. Nelly wünscht mir eine gute Nacht. Schreibt, dass sie es kaum erwarten kann, mich zu besuchen. Und entschuldigt sich dafür, dass sie es schreibt. Ich setze dazu an, ihr zu antworten, und verwerfe die Mail, noch bevor ich mit dem Formulieren beginne. Ich werde ihr morgen schreiben.

3
Bad

Ich habe mir ein Bad eingelassen, anstatt ins Bett zu gehen, habe Schaumbad ins Wasser gegeben und mir einen Stapel Bücher auf einen Hocker neben die Wanne gestellt. Nun liege ich unter dem Schaum in der Wanne und denke an Alexander Voglers Großmutter, der dieses Haus einmal gehört hat. Seltsam, in der Badewanne zu liegen und an die unbekannte Großmutter eines Fremden zu denken. Seltsam, sich vorzustellen, dass auch sie in dieser Wanne gelegen haben könnte und vielleicht an die unbekannte Großmutter eines Fremden gedacht hat, dass sie, eine faltige alte Frau, unter dem Schaum gelegen hat und sich kein bisschen anders gefühlt hat als vor zwanzig Jahren. Das Innere und das Äußere driften mit fortschreitendem Alter auseinander, nicht zuletzt, weil die Vorstellung, die man sich von einem alternden Körper macht, auf dem beruht, was in unserer Kindheit eine alte Frau kennzeichnete, leichter lila Ton im weißen Haar, Dutt oder Dauerwelle, zeitlos beigefarbenes Kleid, Einkaufstrolley, Äußerlichkeiten, die der Realität des Altseins in dieser privilegierten Gegend der Welt längst nicht mehr entsprechen. Und weil Gefühle, Lüste, Begehren und Begehrtwerden-Wollen nicht nachlassen (so hoffe ich zumindest), im Blick der anderen sich jedoch jemand anderes spiegelt, als die, für die man sich hält.

Sie ist alt geworden, lesen wir irgendwann im Blick einer Freundin, die wir lange nicht gesehen haben, als wäre das eine

Enttäuschung, als hätte man eine Erwartung nicht erfüllt. Mit neunundvierzig, bald fünfzig Jahren stehe ich an der Kippe zu dem Moment, in dem man mich nicht mehr für zehn Jahre jünger halten wird. Das weiß ich, weil ich die Veränderungen an anderen beobachte und weil ich mein Gesicht auf Bildern von heute mit dem auf Bildern von vor fünf Jahren vergleiche. Fotos haben kein Erbarmen. Sie zeigen jede Falte, jede Furche, die das Auge vor dem Spiegel wegretuschiert. Noch sind es minimale Veränderungen, die ich an mir beobachte. Dass das Fleisch, schaut man genau hin, an den Rändern zu hängen beginnt und die Haut sich an den Unterarmen kräuselt, morgendliche Tränensäcke, Falten, die beginnen, sich ins Gesicht zu graben. Die Lesebrille seit ein paar Jahren. Nur eine Ahnung dessen, was kommt, noch habe ich keine Anzeichen von Wechseljahren, keine grauen Haare. Werde ich in dieser Mühle das Altwerden meines Körpers über die Jahre beobachten? Werde ich in der Wanne liegen, mir über Arme, Brüste und Bauch streichen und mit den Fingerspitzen registrieren, wie die Haut schlaffer wird, seltsam papieren, krisselig, und mich kein bisschen älter fühlen als vor zwanzig Jahren? Werde ich meine vor mir ausgestreckten, runzeligen Beine betrachten und mich voller Befremden fragen, ob das wirklich meine Beine sind, weil sie im Kopf noch so glatt sind, wie sie es fünfzig Jahre lang waren?

Nimmt man im Alter noch Wannenbäder? Ist das nicht viel zu gefährlich, das Aussteigen, Abtrocknen? Wann beginnt »im Alter«? *Altersgerecht* ist die Mühle nicht eingerichtet, und der Boiler stammt noch aus den Achtzigern, oder sogar aus den siebziger Jahren. Genau das hat mir gefallen an der Mühle, dass sie zwar gut erhalten ist, aber nicht mit der für die in den letzten Jahren üblichen Perfektion zu einem luxuriösen, in Sachen *Energieeffizienz* unfehlbaren Museumsstück saniert wurde, *zu gut konstruiert, zu gut durchdacht, ohne den geringsten Makel.*

Ich bewege mit der Hand die Wasseroberfläche, verursache ein Kräuseln, Wogen, Schwappen. Wie bizarr, in ein paar Metern Luftlinie Entfernung vom See in dieser Wanne zu liegen und noch kein einziges Mal baden gewesen zu sein. Dabei war der See einer der Gründe, warum ich von der Autobahn abgefahren bin. Es war ein warmer Tag Ende September, ich hatte für die Agentur einen neuen Kunden im Süden der Republik *akquiriert* und hatte auf der Rückfahrt den See entdeckt, winzig auf der Autokarte, die dazu dient, Straßen zu finden, nicht Landschaft. Dort, so nahm ich mir vor, würde ich eine Pause einlegen, das mitgebrachte Sandwich essen, ein wenig in der Sonne lesen, vielleicht Mittagsschlaf halten. Aber vor allem das letzte Mal im Jahr schwimmen gehen. Ich war in dieser euphorischen Stimmung, die mich überkommt, wenn für ein paar Augenblicke im Leben alles an der richtigen Stelle zu sein scheint und ich das Gefühl habe, die Gegenwart anfassen zu können, ich spüre regelrecht, wie sie durch meinen Körper hindurchfährt, wie mein Körper sich an seinen Rändern auflöst, seine Grenze auflöst zugunsten einer vibrierenden, elektrisch aufgeladenen Linie, und es gibt keine Vergangenheit mehr, keine Zukunft, keine Zeit,

In diesem euphorisierten Zustand konnten mir auch die Dörfer nichts anhaben mit ihrem verkleideten Fachwerk, ihren in der Dorfmitte anstelle von Scheunen und Fachwerkhäusern gesetzten klobigen Zweifamilienhäusern, ihren mit Verbundsteinen gepflasterten Höfen und Gehwegen, ihren Kunststofffenstern und Rollläden (zwei Wörter mit Dreifachkonsonanten), ihrer Aufgeräumtheit, die ihnen den Charme einer Vorstadt verlieh. Ich wohnte hier nicht, musste mich nicht der körperlichen Beklemmung aussetzen, die ich als Kind empfand, wenn wir von den Sommerferien bei meinen Großeltern auf dem Land in Frankreich in die Aufgeräumtheit unseres Dorfes nach Deutschland zurückkehrten. Die geputzt wirkenden Felder, die in Reih und Glied stehenden Obstbäume, Zäune und Hecken um Gärten, in denen nichts dem Zufall überlassen war – die Ordnung der Landschaft und des Dorfes empfand ich jedes Mal von Neuem als körperlichen Angriff, so, als erwartete man von meinem Körper, genauso ordentlich und leblos zu werden wie seine Umgebung.

Das Dorf, an dem der See laut Karte liegen musste, hieß Plauktal, und ich fragte mich, wo das Tal in dieser bestenfalls welligen Landschaft sein sollte. Aber der Name war hübsch, hübscher als das Dorf, das sich von den anderen nicht unterschied, außer dass man den Teer am Kirchplatz wieder durch Kopfstein ersetzt hatte, durch industriell hergestellte Quader, die in ihrer Akkuratesse dem Verbundstein näher standen als dem Kopfstein. Am Ortseingang befand sich ein Hinweisschild auf einen Schreinerbetrieb, im Dorf eines auf einen Versicherungsmakler, aber, soweit ich sah, gab es keinen Laden, keine Gaststätte. Auch hier, wie überall im Land, die leicht verblichenen Deutschlandfahnen vom Vorjahr an den Fensterbrüstungen, an die ich mich nicht gewöhnen kann, weil ich nie gedacht hätte, dass in Deutschland irgendwann wieder deutsche Flaggen aus Fenstern hängen könnten, und weil die viel beschworene Normalisierung im Verhältnis zum eigenen Land in meinen Augen vor allem dem Bedürfnis geschuldet ist, dessen Geschichte zu normalisieren und zu relativieren.

Ich bog im Dorfkern in die Richtung ab, in der ich den See vermutete, und fand mich in einem Neubaugebiet wieder, das an diesem späten Vormittag mitten in der Woche unbewohnt wirkte, regelrecht unheimlich, als hätte es eine Katastrophe gegeben und nur ich hätte es nicht mitbekommen. Dabei war mir der Asphalt, der jede freie Fläche zwischen den Häusern ausfüllte, vertraut, ich bin oft Rollschuh gelaufen auf solchen Straßen, auf denen noch kaum Autos zirkulierten. Ich kenne die Beschaffenheit des Asphalts auf meiner Haut, die Hitze, die er im Sommer ausstrahlt, seinen schwindelerregenden Geruch nach Lack oder schmelzendem Plastik, kenne die Betonkanten der Gehwege, aus deren Ritzen jeder Ansatz von Gras samstags entfernt wurde, kenne die in regelmäßigen Abständen eingesetzten Gullys, die in eine unheimliche Tiefe führen, die Kanaldeckel mit ihren kreisförmig angeordneten Löchern, von denen wir mit Packpapier Frottagen anfertigten.

Ich fuhr durch die Straßen, ohne jemandem zu begegnen, und fand mich vor einem Sackgassenschild wieder, das ich ignorierte, da ich am Ende der Straße den See vermutete. Und dann sah ich die Mühle, von der ich noch nicht wusste, dass sie einmal eine Mühle gewesen war, ein für die Gegend typisches Fachwerkhaus, gut erhalten, aber nicht putzig, wie Fachwerkhäuser manchmal wirken können, und wie die Mühle da im Septemberlicht stand, sah sie verwegen aus, genau dieses Wort fiel mir ein, stolz und verwegen, sie hatte standgehalten, war weder abgerissen noch verputzt noch von Einfamilienhäusern umzingelt worden, und es ist gut möglich, dass ich mich in diesem Moment bereits in sie verliebt habe. Die Straße endete bei der Mühle, ich parkte das Auto in einer Einbuchtung am Straßenrand und stieg aus. Entdeckte das etwas schief stehende, orange Schild »zu verkaufen« mit einer handschriftlichen Telefonnummer darunter. Starrte auf die Schrift, auf die Ziffern, als gäbe es dahinter einen verborgenen Sinn zu entdecken, blickte zum Haus auf und hatte plötzlich den schwindelerregenden Gedanken, dass ich, Béatrice Sanders, die Käuferin dieser *Immobilie* sein könnte. Der Gedanke fühlte sich an wie etwas Verbotenes, und mir fielen jede Menge Argumente ein, warum ich ihn nicht zu Ende denken durfte: Bestimmt war das Haus bereits verkauft, und wenn nicht, war es unerschwinglich teuer, aber das Entscheidende war, ich wollte nicht aufs Land ziehen, schon gar nicht in ein Dorf wie dieses, das mich viel zu sehr an meine Jugend erinnerte. Nicht in ein Dorf, das obendrein im *Einzugsgebiet* der Universitätsstadt lag, in der ich mein erstes Semester verbracht hatte, was mir erst bewusst geworden war, als der Name der Stadt an einer Autobahnabfahrt auftauchte. Ich habe es immer vermieden, an Orte, an denen ich gelebt habe, zurückzukehren. Man redet sich ein, man kehre aus Neugier zurück, weil man wissen will, was aus dem Ort, den Leuten und, gemessen an ihnen, aus einem selbst geworden ist, aber dann schleicht sich Nostalgie ein mit ihrer weichzeichnenden Milde, und es stellt sich heraus, dass das Bedürfnis nach Versöhnung mit der eigenen Geschichte der eigentliche Grund für die Rückkehr war.

Wenn ich je mit dem Gedanken gespielt habe, ein Haus auf dem Land zu kaufen, dann habe ich an ein Ferienhaus gedacht, ein Steinhaus an der Südküste Englands, oder in der Umgebung von Berlin, in einem dieser leicht schäbigen, aber gerade deshalb charmanten brandenburgischen Straßendörfern mit Sandwegen, Lindenalleen, Gärten voller Stockrosen und einem See in der Nähe. In der Nähe des Wassers zu leben ist immer mein Traum gewesen, den Gedanken an ein Ferien- oder Wochenendhaus hatte ich zu dem Zeitpunkt, als ich die Mühle entdeckte, allerdings schon wieder verworfen. Die Kosten, die Verantwortung, die Bindung an den Ort, vielleicht hatte ich auch nur nicht das Richtige gefunden (ich hatte nicht ernsthaft gesucht), es gab viele Gründe, die gegen ein Haus sprachen, und dieses hier stand nicht in einer Gegend, in der ich meine Ferien hätte verbringen wollen. Da ich aber nun schon einmal ausgestiegen war, konnte ich es mir auch ansehen. Ich überquerte die Brücke über den schmalen, schilfgesäumten Bach, der an dem Haus vorbeiführte und vermutlich die Plauk war, schob das Gartentor auf und hoffte, niemand würde mich beobachten und, wie ich es mir auf dem Dorf vorstellte, gleich die Polizei benachrichtigen.

Ich umrundete das Haus und sah den See, lang gestreckt und schimmernd lag er vor mir, mit waldbewachsenem Ufer, Schilfgürtel und Buchten. Ich war überrascht, hatte nicht damit gerechnet, dass das Grundstück an den See grenzte. Ich ging durch den Garten und den flachen Hang zum Ufer hinunter und hielt die Hand ins Wasser, ich stellte mir vor, wie es wäre, hier zu wohnen und morgens mittags abends, wann immer Wetter und Wassertemperatur es zuließen, eine Runde schwimmen zu gehen. Ich verwarf den Gedanken gleich wieder, weil ich sowieso nicht in dieses Haus ziehen würde, beschloss aber, gleich noch ein Stück am Ufer entlang bis zu einer der Buchten zu spazieren und dort tatsächlich mein letztes Bad des Jahres zu nehmen. Ich drehte mich um, betrachtete das Haus vom Ufer aus. Terrasse zum See, ein paar Bäume im Garten, aber nicht zu viele, also sonnig, ein Schuppen und, ich traute meinen Augen nicht, eine Lorbeerhecke. Ich bin nicht besonders gut in Botanik, aber eine der wenigen Pflanzen, die ich erkenne und auch nicht mit dem falschen Lorbeer (von dessen Existenz ich immerhin weiß) verwechsle, ist der Lorbeer. Und ich weiß, dass er in unseren Breitengraden nicht im Freien wächst, außer vielleicht am Bodensee. Im Garten meiner Großeltern stand ein riesiger Lorbeerbusch, zumindest kam er mir als Kind riesig vor, und meine Großmutter schickte mich, wenn sie in der Küche stand und kochte, hinaus in den Garten, um ihr Lorbeerblätter zu bringen. Ich liebte den leicht pfeffrigen Geruch, der sich im Rachenraum ausbreitete, und die ledrige Beschaffenheit der Blätter. Als meine Großmutter starb, stellte ich mir vor, auf ihrem Grab müsste ein Lorbeerbaum stehen, und war enttäuscht, bei der Beerdigung nur ein Loch vorzufinden.

Dieser Lorbeer hier war vermutlich durch die Hauswand vor Frost geschützt, und überhaupt wuchsen im Süden Deutschlands dank Klimaerwärmung längst ganz andere Pflanzen als früher. Hatte ich auf meiner Durchfahrt in den Gärten nicht auch Yuccas und Bananenstauden (oder was ich dafür hielt) gesehen? Hatte sich die *ländliche Landschaft* nicht auch ganz allgemein verändert, wirkte nicht mehr so aufgeräumt? Holte sich nicht das Unkraut sein Recht zurück, stand hoch an Straßenrändern und unter Obstbäumen, durchsetzte Felder, breitete sich zu Wiesen aus? Ich sog den Geruch von Wasser, Erde und erstem Herbstlaub ein und war auf einmal aufgeregt. Und wenn ich den Gedanken ans Kaufen doch zuließ? Oder wenigstens so tat, als beabsichtigte ich, das Haus zu kaufen? Aber wie spielte man die Rolle einer Hauskäuferin? Welche Fragen würde ich stellen müssen, falls ich die auf dem orangen Schild angegebene Nummer wählte? Ich zog das Handy aus der Tasche. Käuferin wurde man erst, wenn man einen Vertrag unterzeichnete, bis dahin konnte ich jederzeit aussteigen.

Ich war die erste Interessentin, der Makler hatte das Schild gerade aufgestellt. »Wir müssen uns gekreuzt haben«, sagte er. »Und die Anzeige erscheint erst morgen. Wenn Sie kurz warten könnten? Ich wende, und Sie können sich die Mühle gleich ansehen.«

Ich habe mit klopfendem Herzen auf den Makler gewartet und versucht, das Wort »Haus« in meinem Kopf durch »Mühle« zu ersetzen. Ich bin auf dem Weg vor der kleinen Brücke hin- und hergelaufen, wie die nervöse Protagonistin eines Films. Habe immer wieder einen verstohlenen Blick auf das Haus geworfen, wie auf eine Liebe, die man nie haben wird, und es gefiel mir, gefiel mir immer besser. Häuser und Städte haben Persönlichkeiten, man geht mit ihnen Beziehungen ein wie mit Menschen, und wie in den Beziehungen mit Menschen gibt es große und kleine Lieben, Anziehung, Affären, Dauer. Ich habe vorsichtig begonnen, mir auszumalen, wie es wäre, mich auf dieses Haus einzulassen, habe zwischen Warten und Wegfahren geschwankt, weil eine Bindung dieser Art mich erschreckte und weil es unmöglich ich sein konnte, die den Makler angerufen und *Interesse signalisiert* hatte. Es war nicht ich, die dem Makler die Hand schüttelte, als er fünfzehn Minuten später aus seinem hinter meinem Wagen geparkten Wagen stieg, es war nicht ich, die ihm ins Haus, nein, in die Mühle folgte, Fragen stellte, zuhörte und sich am Ende zum Kauf entschloss.

Der Schaum auf dem Badewasser knistert, beginnt zu zerfallen. An jenem Nachmittag habe ich sogar vergessen, schwimmen zu gehen. Als ich anderthalb Wochen später mit Nelly und dem Architekten zurückkam, hatte es bereits erste Nachtfröste gegeben, und das Wasser war schon zu kühl. Wenn ich länger hier wohne, werde ich mich daran gewöhnen, bis spät in den Herbst hinein schwimmen zu gehen. Und in nur wenigen Monaten, spätestens Anfang Mai, wird es möglich sein anzubaden. Im Grunde kann es mir recht sein, dass noch Winter ist. Bei schönem Wetter würde es mir noch schwerer fallen zu arbeiten, das Haus einzurichten.

Ich lasse noch heißes Wasser ein, lasse mich tiefer sinken. Als Kind habe ich samstags mit meiner Mutter gebadet, in einer alten Wanne aus weißer Emaille mit gebogenen Füßen, die mein Vater, weil meine Mutter nicht ohne Badewanne sein wollte, in der Küche aufgestellt hatte. Wir erhitzten das Wasser in allen verfügbaren Töpfen auf der Kochmaschine, und dann badeten wir, und meine Mutter erzählte mir Geschichten aus ihrer Kindheit. Ich hörte zu und betrachtete dabei ihren Körper, ihre Brüste, die leichte Wölbung ihres Bauches, das geheimnisvolle dunkle Dreieck aus Haaren zwischen ihren Beinen und ihr Gesicht, das mir zugewandt war, mit mir sprach und lächelte und doch nie ganz anwesend schien, als lauschte sie innerlich auf etwas, das sich anderswo abspielte. Mir kommt es vor, als wäre ich diesem unerreichbaren, nicht greifbaren Ort, der ihre Aufmerksamkeit immer öfter beanspruchte, nie so nah gekommen wie in den Momenten unseres gemeinsamen Badens in der Wanne.

Später habe ich gedacht, dass ich wohl eines der wenigen Kinder im Dorf war, die ihre Mutter nackt gesehen haben. Später ist mir auch aufgefallen, dass der Bruder meiner Mutter in ihren Geschichten nie auftauchte. Deshalb bin ich mir nicht sicher, ob sie diese Geschichten nicht erfunden hat. Kann man seine Geschichte wie ein Foto retuschieren und Personen daraus verschwinden lassen? Vielleicht, wenn man sie nicht in der Sprache erzählt, in der man sie erlebt hat. Vielleicht lassen sich Geschichten, die man nicht in seiner Muttersprache erzählt, tatsächlich leichter retuschieren.

Als mein Bruder groß genug war, um selbst in einer Wanne zu sitzen, hat das gemeinsame Baden mit meiner Mutter aufgehört, ich badete stattdessen mit meinem Bruder. Und als wäre die Frage »Erzählst du mir etwas aus deiner Kindheit?«

Teil einer intimen Abmachung gewesen, die mit der Veränderung der Gewohnheiten aufgekündigt worden war, stellte ich sie nicht mehr. Ich kann mich nicht einmal erinnern, meine Mutter von da an in der Wanne gesehen zu haben. Mit ihrem Tod ist die Wanne endgültig ausgetrocknet, obwohl wir sie noch benutzt haben müssen, sie wirkte wie das ausgebleichte Innere einer Muschel, die lange auf trockenem Sand in der Sonne gelegen hat.

Es irritiert mich, wenn gleichaltrige Freunde beiläufig von ihren Müttern sprechen, auch wenn ich weiß, dass es normal ist. Meine Mutter ist so lange schon aus meinem Alltag, meinen alltäglichen Gedanken verschwunden, dass ich vergesse, dass man in meinem Alter eine noch lebende Mutter haben kann, mit der man Eis essen geht oder ins Theater. Früher, als Nelly noch klein war, hätte ich mir gewünscht, meine Mutter um Rat fragen zu können, wenn ich nicht weiterwusste oder mir unsicher war, wie ich dieses oder jene Problem im Alltag mit Kind lösen sollte. Ich war wütend auf sie, weil sie mich allein ließ mit meinem Muttersein, dabei bezweifle ich, dass sie mir eine große Hilfe gewesen wäre. Und dann war sie noch einmal sehr präsent, als ich das Alter erreichte, in dem sie gestorben war. Ich stellte fest, dass ein Teil von mir nicht damit gerechnet hatte, älter zu werden als meine Mutter. Älter werden zu können. Als handelte es sich um ein Naturgesetz, dabei war sie bei einem Unfall ums Leben gekommen. Ich war zweiundvierzig, so alt, wie sie geworden war, und fürchtete, von nun an würde ich alles, was ich tat, zum letzten Mal tun. Ich fürchtete mich vor meinem dreiundvierzigsten Geburtstag, war mir sicher, ich würde spätestens an diesem Tag überfahren werden, an einem Aneurysma sterben, an irgendetwas völlig Unerwartetem, das zu verhindern nicht in meiner Hand läge. Ich bin an dem Tag nicht auf die Straße gegangen. Katharina konnte meine Ängste noch so überzeugend als unbegründet entlarven, ich ging lieber auf Nummer sicher, wollte auf keinen Fall das Schicksal herausfordern. Angst lässt sich nicht durch Argumente auflösen. Und dann ist mein dreiundvierzigster Geburtstag gekommen, vorbeigegangen, und nichts ist passiert, ich bin vierundvierzig geworden, fünfundvierzig und habe die Vorstellung zugelassen, dass ich älter als meine Mutter werden könnte, sogar viel älter. So etwas wie achtzig. Oder neunzig.

Manchmal überlege ich, wie alt sie jetzt wäre und wie sie wohl aussähe. Eine runzelige dreiundsiebzigjährige Frau in einer Wanne. Vielleicht mache ich mir etwas vor, aber es hat etwas Beruhigendes, ja Tröstliches, dass ich einmal genauso runzelig werde, wie sie es hätte werden können, und dass Nelly irgendwann einmal so runzelig wird, wie ich es sein werde. Das hat nichts mit Häme zu tun, sondern mit Beständigkeit, mit einem verlässlichen Gang der Dinge. Ich sehe mich in einer langen Linie runzeliger Frauen, die vor mir gelebt haben und nach mir leben werden, und so unterschiedlich ihre Leben gewesen sind, ihre Körper haben alle die gleichen Metamorphosen durchlebt.

Als ich im Herbst 1976 anfing zu studieren, lag der Tod meiner Mutter gerade einmal sieben Monate zurück. »Deshalb«, habe ich Nelly erklärt, als wir auf dem Weg zur Mühlenbegehung von der Autobahn in Richtung Universitätsstadt abfuhren, »konnte ich die Übersichtlichkeit dieser Stadt und Universität gut gebrauchen. Sie lag weit genug weg von zu Hause, man brauchte mit dem Zug fast vier Stunden, aber sie war übersichtlich, fast dörflich.« Nelly hätte sich nie vorstellen können, anderswo als in Berlin zu studieren. Ich frage mich, wie sie es in Düsseldorf aushalten wird.

Als wäre ihr erst in diesem Augenblick klar geworden, zu welchem Zeitpunkt in meinem Leben meine Mutter gestorben ist, schaute sie mich erschrocken an. »So früh? Wenn ich du wäre und du deine, also meine Mutter wärst, wärst du seit zehn Jahren oder so tot?« Ich bin selbst erschrocken über ihr Erschrecken. Ich dachte bis dahin, ich hätte ihr alles erzählt, was es aus meinem Leben zu erzählen gibt, ruhig und rational. Ich wollte nie ein Drama daraus machen, dass meine Mutter gestorben ist, als ich achtzehn war, denn letztlich war sie schon viel früher nicht mehr wirklich für mich da gewesen. Sie ist an einem Sonntagmorgen zu schnell in eine gefährliche Kurve gefahren, in die gefährlichste Kurve der Umgebung, an der bereits zwei Kreuze am Straßenrand standen. Wenn wir in unserem R4 daran vorbeifuhren, presste ich noch als Jugendliche die Augen, so fest ich konnte, zusammen, weil ich fürchtete, allein der Anblick der Kreuze würde mein Schicksal mit dem der dort Umgekommenen verbinden. Vielleicht, dachte ich nach ihrem Tod, hat meine Mutter die Augen nicht fest genug zusammengepresst, wenn sie auf dem Beifahrersitz saß, hat versehentlich zu den Kreuzen hinübergeschaut, wenn sie selbst fuhr, und ist deshalb in dieser Kurve gestorben. In Wirklichkeit war ich alt genug, um zu wissen, dass das kindlicher Aberglauben war, dass es in Wirklichkeit ich war, die den Unfall verursacht hatte mit meiner Bockigkeit und Ungeduld. Ich hatte nicht genug Rücksicht auf meine Mutter genommen, hatte meinen Eltern noch am Vorabend vorgehalten, sie brächten nie etwas zu Ende, setzten keinen ihrer Pläne um, weder die Renovierung des Hauses, in dem wir wohnten, noch das Vorhaben, aus dem Dorf wegzuziehen, möglicherweise sogar nach Frankreich, über das sie manchmal sprachen. Ich hatte Tür zuschlagend die Küche verlassen und war in meine Kammer hochgeklettert, nicht ohne vorher meine Wut in den Scheunenraum, in dessen Ecke sich das Atelier meiner Mutter befand, geschleudert zu haben. »Und deine bescheuerten Bilder«, habe ich gesagt, wohl wissend, dass man meine Worte durch die Tür hören konnte, »kann ich nicht mehr sehen. Wer will denn so etwas kaufen. Ich hasse deine Bilder!«

Ich wollte Nelly auf keinen Fall das Gefühl geben, sie müsste Rücksicht auf mich nehmen oder, noch schlimmer, sie müsste wegen irgendetwas mir gegenüber Schuldgefühle haben, weshalb ich ihr die Geschichte mit meiner Mutter erzählt habe, als handelte es sich um eine touristische Information. Ich habe ihr zu verstehen gegeben, dass das alles belanglos ist, keiner Frage wert, und deshalb ist es meine Schuld, dass sie nie nachgefragt hat.

Ein Bekannter meiner Eltern erzählte mir von einem Studienfach, das sich Kulturwissenschaft nannte, und weil ich keine klaren Vorstellungen über meine Zukunft hatte, außer dass ich weg vom Dorf, von der Kleinstadt wollte, in der ich aufs Gymnasium gegangen war, habe ich mich für dieses Studienfach eingeschrieben, für Kulturwissenschaft und Politikwissenschaft. Ich habe ein kleines, überteuertes Studentenzimmer in einem baufälligen Fachwerkhaus in der Altstadt bezogen, in dem es kein heißes Wasser gab und Glühlampen an Lüsterklemmen baumelten und wo es jedes Mal, wenn die Besitzer zu Besuch kamen, um nach dem Rechten zu sehen oder einem neuen Mieter den Schlüssel zu übergeben, Diskussionen darüber gab, dass ich die spitzengesäumte Untergardine entfernt hatte. Ich vermutete, dass meine Vermieter in meiner Abwesenheit in meinem Zimmer herumschnüffelten, von dem sie, selbstverständlich nur für den Notfall, einen Schlüssel besaßen. Ich hatte von einer Wohngemeinschaft geträumt, aber meine Mitbewohnerinnen waren selten da, wir wechselten hin und wieder ein paar unverbindliche Sätze in der Küche, in der jede ihr Kühlschrankfach hatte und die Milchtüten mit Namen versehen waren.

Wenn ich die mächtigen Gebäude der Universität betrat, fühlte ich mich winzig, haltlos zwischen den Wänden, es war, als würde sich mein Körper von mir lösen, sich auflösen im Raum, und ich mit ihm verschwinden. Ich hatte das Gefühl, dass auf nichts, was ich in der Provinz gelernt hatte, Verlass war, dass ich alles erst neu erlernen musste, die Körpersprache, die Verhaltensregeln, die Sprache. Abends begann mein Herz in der Stille des Zimmers, in der man nur den Ölofen bollern hörte, zu rasen, und ich legte schnell eine Musikkassette in den Rekorder, den mir mein Vater zum Auszug geschenkt hatte, Marvin Gaye, Aretha Franklin, ich hatte immer ein Faible für Soul, und ich bilde mir ein, schon David Bowie gehört zu haben, aber das kann auch später gewesen sein, als ich aus England zurückkam. Was ich vermied und lange vermieden habe, war die Musik, die meine Eltern gehört hatten und mit der ich groß geworden war, Brassens, Barbara, Moustaki, Ferrat.

Ich kannte niemanden in der Stadt, die wenigen aus meiner Klasse, die studierten, waren an andere Universitäten gegangen. Und um endlich mit dem eigentlichen Leben zu beginnen, das, so war mir klar, mit dem Engagement für die richtige Sache einherging, die mich ganz und gar erfüllen, alle Zweifel beseitigen und mich mit den anderen, die genauso dachten, verschmelzen lassen würde, trat ich der Fachschaft bei, ging in eine Anti-AKW-Gruppe und in eine Chile-Solidarität-Gruppe, aus heutiger Sicht ziemlich wahllos, davon abhängig, wen ich gerade getroffen hatte. Aber ich war auf der Suche und leicht zu beeinflussen, ich hätte mich schon damals gegen den § 218 engagieren können (ich kann mich nicht erinnern, warum ich es nicht tat), in einer Gruppe gegen Berufsverbote (dort bin ich einmal gewesen, aber dann fingen die Streiks an und nahmen meine Zeit und Aufmerksamkeit in Anspruch) oder bei der Roten Hilfe (aber dann stritt ich mich mit der Kommilitonin, die mich zu einem Treffen hatte mitnehmen wollen). Diskussionen, Demonstrationen, Feten, es war genau, wie ich es mir vorgestellt hatte, nur dass das große Gefühl der Gemeinsamkeit, das mich retten würde, sich nicht einstellte. Ich machte mit, dachte nach, redete, handelte und fühlte mich wie hinter einer Glasscheibe, die allerdings nur ich zu bemerken schien. Jedenfalls unterhielten sich die anderen mit mir, als wäre da kein Hindernis, als wäre das wirklich ich, die vor ihnen stand. Wir liefen eingehängt auf Demonstrationen gegen die Abschaffung des Asta (glaube ich) (oder gegen die Erhebung von Studiengebühren?) und schrien Parolen, aber ein Teil von mir beobachtete den anderen Teil von mir, der schrie, sich aufregte, mit den anderen im Rhythmus zu springen begann, und hätte am liebsten geheult.

Ich fühlte mich schuldig, meinen Vater und Bruder im Stich gelassen zu haben, und schuldig, weil ich erleichtert war, der beklemmenden Atmosphäre von zu Hause entkommen zu sein, wo mein Vater, der früher die Stille liebte, stundenlang bei laufendem Radio am Küchentisch Zeitschriften durchblätterte, die er früher nie gekauft hätte, und Kreuzworträtsel löste. Einmal, als ich dachte, ich halte es nicht mehr aus, habe ich das Radio ausgeschaltet, um zu sehen, ob er es bemerkt. Er hat aufgeschaut und mich mit leerem Blick angesehen, hat nicht reagiert, und ich dachte an Fliegen im Winter, die noch an der Wand hängen, als wären sie eben erst gelandet und würden, wenn man sich ihnen nähert, auffliegen, aber dann berührt man sie, sie fallen zu Boden und sind tot.

Habe ich in dieser Zeit eine Helga Vogler kennengelernt? Wenn ich noch länger darüber nachdenke, wird mir der Name am Ende bekannt vorkommen, ich werde zu dem Schluss kommen, dass ich sie tatsächlich gekannt habe, werde mich an Momente oder Geschichten erinnern, die es nicht gegeben hat. Ich muss aufhören, darüber nachzudenken, ich hatte überhaupt nicht vor, mich in der Wanne in Erinnerungen verwickeln zu lassen, ich will mich nicht in Erinnerungen verwickeln lassen von irgendeinem jungen Mann, den ich nicht kenne. Ich wollte abschalten, an nichts denken, außer an das Ziehen des heißen Wassers auf der Haut, wollte eines der Bücher anfangen, die Nelly mir zum Umzug geschenkt hat und die ich deshalb nicht zu den anderen Büchern in die Kisten gepackt habe. Bücher, in denen Mühlen eine Rolle spielen, Daudet, Raabe, Bobrowski, Eliot. Ich bin gerührt über diese Geste, über die Größe, die sie beweist, indem sie meine Entscheidung anerkennt, obwohl sie sie nicht gutheißt. Die Bücher stapeln sich unberührt auf dem Hocker neben der Wanne, das Wasser ist längst unangenehm lau und meine Haut an den Händen aufgequollen. Ich sollte aus der Wanne steigen, vorsichtig, auch schon in meinem Alter, sollte die Bücher mit nach oben ins Bett nehmen und dort noch lesen, eintauchen in eine andere Welt und Alexander und die Interviews vergessen.

4
Küche

Nouvelle cuisine kündigt die Webseite des Restaurants an, in dem Alexander Vogler arbeitet, und ich sitze in meiner neuen Küche vor der Tasse, vor der mein Besucher gestern gesessen hat. Seinen Namen suche ich vergeblich auf der Seite, das Lokal rühmt sich nur für seinen Chefkoch, trotzdem glaube ich nicht, dass Alexander Vogler gelogen hat. Ich glaube an Zufall, an einen unglaublichen Zufall der Namen und Gegebenheiten, glaube an die gebrauchte, leuchtend gelbe Tasse vor mir, die ich gleich abspülen werde, auch wenn sie nichts beweist. Ich könnte mir einreden, dass ich sie selbst habe stehen lassen, dass ich Alexander Voglers Besuch geträumt habe, dass heute gestern ist, seit ich hier eingezogen bin, der gleiche, unbeweglich graue Himmel, da können schon mal Tage abhandenkommen, Begebenheiten verrutschen,

Dabei habe ich mich heute Morgen ausgeschlafen gefühlt. Nach dem Bad gestern bin ich, noch bevor ich *Die Mühle am Floss* aufgeschlagen hatte, mit dem Buch auf der Brust eingeschlafen, bin später noch einmal wach geworden, habe das Buch beiseitegelegt, das Licht gelöscht und traumlos geschlafen, zumindest erinnere ich mich an keinen Traum. Beim Aufstehen war noch ein winziger Rest Glut im Kamin, ich habe Äste und Scheite nachgelegt, das Feuer belebt, und während die Flammen sich ausbreiteten, habe ich gedacht, heute verwende ich den ganzen Tag auf die Interviews, heute schreibe ich Nelly, heute begegne ich Alexander, falls er wiederkommt, gelassen und bestimmt,

Doch von der Unbeweglichkeit draußen geht etwas Lähmendes aus, als wäre die Zeit selbst von der Unbeweglichkeit erfasst. Vor wie vielen Tagen bin ich eingezogen, am vergangenen Samstag, aber welcher Tag ist heute? Der Himmel ist ein grauer Deckel, der die Temperatur nicht über sechs Grad klettern lässt, nicht warm genug für einen Vorfrühling, nicht kalt genug für einen richtigen Winter. Wenn ich aufstehe, sehe ich von der Küchenbank aus durchs Fenster den See, dunkles Wasser mit hellen Flächen Himmel und darin verschwommene Bäume, zum Rand hin scharf, ein Schwarz-Weiß-Foto, in den Rahmen eines Fensters gespannt, ohne Menschen. Ich habe, bevor ich eingezogen bin, versucht, mir vorzustellen, wie es sein würde, tatsächlich am Wasser zu leben, nicht nur davon zu träumen, wie es wäre, jeden Tag aufs Wasser zu blicken, am Ufer zu spazieren, im Sommer schwimmen zu gehen, im Winter Schlittschuh zu laufen. Ich würde ein Ruderboot kaufen, eines, auf dem man es sich bequem machen kann, ich würde auf dem Wasser treibend lesen, und alle Ängste, Befürchtungen, Ungewissheiten, so sagte ich mir, würden angesichts dieses Glücks an Bedeutung verlieren. Ich habe noch keinen Spaziergang gemacht, habe nicht einmal am See gestanden und einfach nur aufs Wasser geschaut, ich habe meine Schlittschuhe nicht ausgepackt und mich nicht erkundigt, wo man ein Ruderboot erstehen kann. Aber das ist normal, ich bin vor ein paar Tagen erst angekommen, ich möchte nichts übereilen, mir Zeit lassen mit dem Einrichten, und das Manuskript hat Priorität, auch vor Alexander Vogler und seinen Geschichten, das muss ich ihm sagen, wenn er vorbeikommt, dass ich erst mein Manuskript abgeben muss, bevor ich über Helga Vogler nachdenken kann. Ich muss ihm sagen, dass das Abtippen sogar Priorität hat vor dem Auspacken, er möge die Unordnung entschuldigen, die weiterhin in der Mühle herrscht. Auch Nelly wird Verständnis haben für die Unordnung im Haus, wenn ich ihr erkläre, dass ich in erster Linie getippt habe, nur das Gästebett muss ich aufbauen, damit sie mich besuchen kann. Überhaupt werde ich nachher Nelly antworten, sonst macht sie sich Sorgen, aber dieses eine Interview gebe ich vorher noch ein.

Ich hatte beruflich in der Stuttgarter Gegend zu tun, da habe ich gedacht, das ist jetzt die Gelegenheit, mir mal Stammheim anzuschauen, damals war ich ja noch ein Kind, ich kenne das nur aus den Medien. Ich meine, das ist ja ein quasi mythischer Name. Irgendwo bei Stuttgart, das wusste ich. Und ich war völlig überrascht, als ich festgestellt habe, dass das der Name einer Ortschaft ist, oder ist das sogar ein Stadtviertel von Stuttgart? Jedenfalls, die Ortschaft hat dem Gefängnis seinen Namen gegeben und nicht umgekehrt. Hat der Name die Ortswahl für das Gefängnis beeinflusst? »Stammheim«, das klingt so mächtig, wer da einmal einsitzt, stammt von dort, kommt nie wieder weg. Hätte man ein Gefängnis an einen Ort namens, was weiß ich, »Bienenheide« gebaut? Obwohl, wahrscheinlich schon, an schönen Namen für viel schrecklichere Orte als diesen hat es in der deutschen Geschichte ja nicht gemangelt. Jedenfalls war ich überrascht, dass man »Stammheim« als Adresse haben kann, mit Postleitzahl und allem drum und dran. Ich bin von der Straßenbahnhaltestelle die Hauptstraße entlang zum Ortsrand gelaufen, es war kalt, bewölkt, grau, es war Sonntag und um die Mittagszeit, und mit jedem Schritt habe ich gemerkt, wie die Beklemmung größer wird. Nicht wegen des Gefängnisses. Sondern weil ich mir plötz-

lich nicht sicher war, ob es hinter oder vor der Gefängnismauer toter ist. In diesem Ort hat genau die gleiche bedrückende Stille geherrscht, die gleiche Leblosigkeit wie an den Sonntagen meiner Kindheit und Jugend Ende der Siebziger, Anfang der Achtziger. Kein Grashalm zu viel, alles aseptisch und funktional. Geteerte Höfe. Der untere Teil des Hauses gefliest, aber mit hässlichen Fliesen, damit man ihn besser abspritzen kann. Solche Sachen. Und diese Sonntagsstarre, die hat mich schon als Kind fertiggemacht. Das war etwas sehr Körperliches, ein Sich-unendlich-verlassen-Fühlen, das ich da auf einmal wieder empfunden habe. Jahrelang war ich sonntags wie auf Knopfdruck schlecht gelaunt deswegen. Ich bin an dem Tag durch den Ort gelaufen und hatte den Eindruck, es hat sich seit den siebziger Jahren nichts verändert. Ich habe irgendwo gelesen, dass es Überlegungen gibt, Stammheim, also das Gefängnis, einfach abzureißen, weil die Sanierung zu teuer käme. Und das wäre echt skurril, wenn man das abreißen würde. Als würde man einen Teil aus dem Bild herausschneiden, und der Rest bleibt stehen wie diese unverwüstlichen Prilblümchen an den Fliesen in den Siebziger-Jahre-Küchen, die man nie wieder wegbekommt. Wenn, dann müsste man das ganze Bild ausschneiden, man müsste alles abreißen, habe ich gedacht.

*[Michael, *1968]*

Ich wäre während meiner Schulzeit einmal fast nach Stammheim gefahren, zu einer Protestdemonstration ein paar Tage nach Ulrike Meinhofs Tod, und ich erinnere mich an mein Gefühl, dass von meiner persönlichen Teilnahme an diesem Protest der Lauf der Welt abhinge, ich erinnere mich, dass ich mich in diesem Moment wichtig fühlte, als Teil einer größeren Bewegung, die zwar weit weg war von meinem Alltag, in der aber ein Platz auf mich wartete, den ich mit der Zeit einnehmen würde, wenn ich endlich aus der Provinz heraus wäre. Ein Mitschüler aus der Dreizehnten wollte das Auto seiner Eltern ausleihen und mich abholen, wir hatten einen Treffpunkt in der Stadt abgemacht, in der wir zur Schule gingen, damit unsere Eltern keinen Verdacht schöpften. Doch er kam nicht, ich wartete und wartete und überlegte zu trampen. Bei der Vorstellung, ganz allein, ohne jemanden zu kennen, auf diese Demonstration zu gehen, verließ mich jedoch der Mut, und ich ging an dem Tag doch noch zur Schule.

Bei einem Stuttgart-Besuch mit Katharina vor ein paar Jahren bin ich dann tatsächlich in Stammheim gewesen, und als wir auf dem kleinen, betonierten Weg das Gefängnisgelände umrundeten, rief jemand uns von einem der Zellenfenster weit oben etwas zu. Ein Mann zeichnete sich undeutlich hinter den Gittern ab (waren es wirklich Gitter?), wir blieben stehen, schrien zurück, wir hätten ihn nicht verstanden, und der Mann wiederholte, vermutlich an Katharina gewandt: »Du da, bist du ein Mann oder eine Frau?«

Ich höre den Knall der Briefkastenklappe durch den Kopfhörer hindurch und zucke zusammen. Ist es meine umzugsbedingte Anspannung, oder liegt es daran, dass ich gerade dieses Interview über die Dörfer der siebziger Jahre abgetippt habe, ich denke unvermittelt an einen anonymen Brief, den ein erboster Nachbar eingeworfen hat. Aber einen anonymen Brief würde man unter der Tür durchschieben, weil man ein Klappern ja gerade vermeiden will, und warum sollte jemand erbost über mich sein? Niemand kennt mich hier, ich hatte noch keine Gelegenheit, am Sonntag den Rasen zu mähen oder den Müll falsch zu sortieren, oder worüber regt man sich 2007 in einem Dorf auf, worüber regt man sich 2007 überhaupt auf? Anderseits, braucht es einen Grund für Erbostheit?

Ich beuge mich hinunter und hebe das Werbeprospekt eines Discounters in der Umgebung vom Boden auf, unappetitliche Abbildungen von Fleisch und Wurst leuchten in unwirklichen Farben, als handelte es sich um eine Kunstaktion, mit der Werbung durch Überzeichnung kritisiert werden soll. Man weiß, dass die Mühle wieder bewohnt ist, sonst würde man keine Prospekte einwerfen, oder ich hätte einen Haufen Prospekte vorgefunden, als ich eingezogen bin. Ich muss einen Aufkleber mit »Bitte keine Werbung« anbringen. Ich muss dringend einkaufen, ich habe nichts Vernünftiges zu essen mehr im Haus, aber das kann ich heute Nachmittag noch erledigen, jetzt muss ich weitertippen. Wenigstens ein Interview noch.

Hm, also, ich habe nur nebulöse Erinnerungen, wenn überhaupt, ich war ja erst sieben. Keine Ahnung, ob ich die Bilder, die ich gleich im Kopf habe, verwüstete Autos auf einer Straße und vor allem der Schleyer mit dem Schild, also keine Ahnung, ob ich die Bilder noch von damals in Erinnerung habe oder weil das bei jedem Jubiläum aufgekocht wird und man immer dieselben Bilder gezeigt bekommt. Und an etwas anderes, Direkteres, nein, da kann ich mich an nichts erinnern, wieso sollte ich mit sieben etwas damit zu tun gehabt haben? Ehrlich gesagt hat mich das mit den Terroristen nie besonders interessiert, eher genervt. Nicht als Kind natürlich, da hatte ich es sowieso nicht auf dem Schirm, aber in den letzten Jahren. Hab gedacht, nicht schon wieder! Du siehst, ich bin nicht besonders politisch. Muss ja vielleicht auch nicht jeder sein. Aber warum soll ich dazu eine Meinung haben? Das war einfach mal vor meiner Zeit. Ich bin ja dann eher so die Kohl-Generation. »Jute statt Plastik«, statt Revolution … Obwohl, ich erinnere mich daran, dass der Mitbewohner einer Kommilitonin verschwunden war und dass das Gerücht herumging, er sei untergetaucht. Das war Ende der Achtziger. Und es hat mich irritiert, es gehörte in ein anderes Jahrzehnt. Aber wie gesagt, das hat mich ansonsten nicht beschäftigt.

*[Manfred, *1970]*

Genau, ich gehöre einem anderen Jahrzehnt an, einem untergegangenen Land, einer von heute aus betrachtet nicht mehr verständlichen Zeit. Wie soll ich Nelly erklären, was die Jugendlichen, die jungen Erwachsenen damals antrieb? Ich bewundere ihre Gelassenheit vielen Dingen gegenüber, ihre ironische Distanz. Egal was auf der Welt passiert, ihr fällt eine flapsige Bemerkung dazu ein, über die ich lachen muss, aber es ist mir auch unheimlich: Wo ist das Pathos (das ich verabscheue) hingegangen, wohin der absolute Glauben an eine Sache (den ich für tödlich halte), sind sie nicht so etwas wie ein Fegefeuer, durch die man als Jugendlicher, als junger Erwachsener gehen muss? Sind heute die jungen, religiösen Fanatiker die Einzigen, die dieses Feuer in sich tragen und deshalb solch eine Anziehungskraft ausüben? Und gibt es einen Weg zwischen Absolutheit und Ironie?

Es ist ja schon erstaunlich, dass die Selbstmorde, oder sagen wir, die geduldeten Selbstmorde, das trifft es für mich am ehesten, nicht zu einer erneuten Eskalation geführt haben. Im Gegenteil, man hat die drei beerdigt, und dann fiel das alles in sich zusammen wie ein Luftballon, in den man eine Nadel gestochen hat. Diese letzte Szene in Deutschland im Herbst, *die ist für mich das Sinnbild dafür. Die Hippiemutter mit ihrem Kind auf dem Nachhauseweg zu Fuß in die Stadt hinunter, dieser triste graue Tag und dann dieses Lied von Joan Baez. Etwas geht zu Ende, das groß begonnen hatte, mit Inhalten, Forderungen, Hoffnun-*

gen … Traurig. Ich könnte jedes Mal heulen bei der Szene. Aber offenbar ist man auch erleichtert gewesen, sich endlich anderen Dingen zuwenden zu können. So sieht es für mich von heute aus gesehen zumindest aus. Plötzlich sind andere Sachen wichtig gewesen: Brokdorf, Gorleben, und dann später Wackersdorf, Startbahn West, wenn ich das so sage, denke ich, wir sind plötzlich nur noch gegen Bauvorhaben gewesen, als bräuchte es nach all den Jahren endlich etwas Konkretes, Handfestes, und was ist handfester als ein Bauvorhaben? Oder nein, der Nato-Doppelbeschluss war kein Bauvorhaben, Mittelstreckenraketen aber wiederum auch etwas Konkretes, gegen das man sein konnte. Und dann ging das los mit den Bürgerinitiativen, auch so ein Wort, das aus dem Sprachgebrauch wieder verschwunden ist, Bürgerinitiativen statt Klassenkampf. Die Bürgerinitiativen wurden ja auch oft belächelt ob ihres Eifers, aber letztlich hat das die heutige Form der Zivilgesellschaft begründet.

*[Jens, *1965]*

Etwas ging zu Ende, nur dass ich das erst jetzt zu verstehen beginne. Damals, als ich aus England zurückkam, mein Studium wieder aufnahm, mich in der Frauenbewegung engagierte, schien mir das alles einer Logik zu folgen, die Achtundsechziger, die unterschiedlichen linken Gruppierungen der siebziger Jahre waren unsere Bezugspunkte, unser Erbe, auf das wir aufbauten, weiter kämpften. Aber aus heutiger Sicht bin ich mir nicht mehr sicher. Aus heutiger Sicht ist etwas gekippt in diesen Jahren, und der *Marsch durch die Institutionen* und wieder zurück in die Gesellschaft ist vermutlich gleichermaßen Errungenschaft wie Bestechlichkeit gewesen. Man hat sich mit der aktuellen Gesellschaftsform arrangiert, es gibt keine Utopie mehr am Horizont, nichts, wofür es sich lohnen würde, das Bestehende infrage zu stellen, nur Ratlosigkeit und ein System, das sich als alternativlos darstellt. Als wäre die Behauptung von Alternativlosigkeit nicht wiederum Ideologie.

Diesmal ist es der blecherne, absteigende Dreiklang der Klingel, der durch meinen Kopfhörer dringt und mich aus meinen Gedanken holt, er passt nicht in die Mühle, passt zu schmiedeeisernen Treppengeländern, Aluminiumfenstern, weißen, geäderten Fliesen. Ich werde die Klingel austauschen lassen, sobald ich die Zeit dafür finde, aber erst einmal muss ich entscheiden, ob ich jetzt mit Alexander Vogler reden will, oder mit der Nachbarin, die vielleicht mit einem Teller mit Kuchen in der Hand vor der Tür steht und mit Blick auf das Klingelschild, auf dem noch nichts zu lesen ist, sagt: Frau Sanders, so ist doch Ihr Name? Frau Sanders, ich habe gebacken und dachte, eine kleine Stärkung hat noch niemandem geschadet. Und wenn Sie im Frühjahr Tipps für den Garten brauchen, sagen Sie ruhig Bescheid, mein Mann und ich helfen gerne. Ob ich einen Alexander Vogler kenne? Nein, nie gehört, ich glaube nicht, dass hier jemand so heißt,

Ich merke, dass ich gereizt bin über die Störung, ein unbekannter junger Mann, Werbung, Nachbarn, es reicht schon, wenn ich mich selbst ablenken lasse und in Gedanken abschweife. Aber vielleicht ist es das, woran ich mich gewöhnen muss: dass man auf dem Land keine private Person mehr ist, sondern zu einer Dorfgemeinschaft gehört, die ein Anrecht hat auf meine Aufmerksamkeit,

Ich reiße die Tür etwas zu heftig auf und stehe vor Alexander Vogler. Er streckt mir eine blaue Hyazinthe in einem Plastiktöpfchen entgegen. »Bei dem Wetter kann man etwas Farbe gebrauchen, dachte ich, außerdem wollte ich mich für meinen Überfall gestern entschuldigen. Wenn sie verblüht ist und es nicht mehr friert, können Sie sie im Garten einpflanzen. Hyazinthen sind Zwiebelpflanzen, die kommen jedes Jahr wieder.«

Woher weiß Alexander Vogler, dass Hyazinthen zu meinen Lieblingsblumen gehören? *Change-moi d'odeur et de couleur comme tu as changé Hyacinthe en fleur.* Meine Mutter schrieb mir manchmal Gedichte auf Zettel, die sie auf dem Küchentisch liegen ließ und die ich, so gut es mein Alltagsfranzösisch zuließ, zu übersetzen versuchte. Ich bewahrte die Zettel in einer leeren Pralinenkiste auf und las sie immer wieder, bis ich sie auswendig konnte. Ich dachte, irgendwann würde ich die geheime Botschaft verstehen, die sich dahinter verbarg und die meine Mutter mir auf diesem Wege hatte mitteilen wollen, weil es für sie anders nicht möglich war. Es musste eine Botschaft geben, warum sonst hätte sie mir die Zettel hinterlassen? Sie sprach ansonsten kein Französisch mit mir, jedenfalls nicht, soweit ich mich erinnern kann, aber vielleicht bin auch ich es, die sich als kleines Kind geweigert hat, Französisch zu antworten. Ich habe meiner Mutter nicht erzählt, dass ich die Zettel behalten und auswendig gelernt habe. Die Botschaften, die sich möglicherweise hinter den Gedichten verbargen, habe ich dennoch nicht verstanden. Wo ist die Pralinenkiste mit den Zetteln hingekommen? Eingepackt habe ich sie nicht, sie muss irgendwann verloren gegangen sein.

Alexander Vogler steht noch immer vor mir und ist entwaffnend, wie er mich anstrahlt und mir den kleinen Plastiktopf entgegenstreckt, als handelte es sich um ein wertvolles Geschenk. Meine Gereiztheit verpufft angesichts seiner Geste.

»Oh, vielen Dank! Sie brauchen sich doch nicht zu entschuldigen! Aber das ist eine gute Idee, mit dem Garten, ich meine, mit der Hyazinthe. Ich mag Hyazinthen.« Ich komme mir vor wie eine Lehrerin. Oder eine Mutter. Ich nehme ihm das Töpfchen ab, gehe voraus in die Küche, stelle es auf den Tisch. »Kaffee? Schwarz, ohne Zucker?«, frage ich und registriere meine vorauseilende Komplizenhaftigkeit. Alexander Vogler macht es einem leicht, vertraulich zu werden.

Er betritt die Küche, ohne die Schuhe auszuziehen. Schon hat die Gewohnheit eine Verbindung geschaffen, kleine Gesten, die in ihrer Wiederholung Vertrautheit bezeugen. Obwohl Alexander Vogler vermutlich behaupten würde, die Vertrautheit beruhe darauf, dass wir uns früher schon begegnet seien. Ich habe ja immer noch keine Ahnung, in welcher Zeit ich mit seiner Mutter zu tun gehabt haben soll.

Er hat wie gestern auf der Bank Platz genommen, eine weitere, einen Tag alte Gewohnheit zwischen uns. Ich wiederum koche, um der nächsten zuvorzukommen, einen Espresso für mich mit. Krame in einem Karton, wickle etwas aus, das eine Tasse sein könnte, aber es ist ein hitzebeständiges Glas, ich stelle es neben die Tasse auf die Ablage neben der Spüle.

»Die Küchenschränke sind noch von meiner Großmutter«, sagt Alexander Vogler und sieht sich um, als versuchte er zu erfassen, was sich in der Küche verändert hat. Nichts hat sich seit gestern verändert, nichts hat sich verändert, seit ich eingezogen bin, ich habe Nelly gestern Abend angelogen. Ich weiß nicht, ob etwas zu Bruch gegangen ist oder nicht, ich habe bisher nur das Allernötigste aus den Kartons ausgeräumt, den Espressokocher, den Toaster, einen Topf, eine Tasse, ein Weinglas, einen Teller und Besteck für eine Person, zwei Pullover, Socken, Unterhosen, BHs, eine Jeans. Keine Bilder, keine Fotos, ich will mir Zeit lassen, will nicht von vorneherein festlegen, wie es in der Mühle auszusehen hat, ihr nicht einfach mein früheres Leben überstülpen und Bilder nur deshalb aufhängen, weil sie bereits in meiner Stadtwohnung an der Wand gehangen haben.

»Sie hat sie maßanfertigen lassen, und Ihre Vorgänger haben sie zum Glück übernommen. Ich kann mir diese Küche gar nicht anders vorstellen. Sie vermutlich auch nicht. Oder existierten diese Schränke noch gar nicht, als Sie meine Mutter hier besucht haben?«

Es klingt abgerundet, fertig, unumstößlich. Er macht weiter, wo er gestern aufgehört hat.

»Ich habe Ihre Mutter nicht besucht. Weder hier noch anderswo. Weil ich Ihre Mutter nicht kenne. Diese Küchenschränke habe ich zum ersten Mal letzten September gesehen, bei der Besichtigung der Mühle. Sie haben mir gefallen, man sah ihnen an, dass sie eigens für diese Küche angefertigt worden waren, ich habe also keinen Grund gesehen, warum ich sie nicht übernehmen sollte, und das Gleiche gilt für den Tisch und die Bank.«

Ich gieße Kaffee ein und setze mich wie gestern auf einen Stuhl ihm gegenüber. Ich wünschte, er würde wie gestern seinen Kaffee hinunterkippen und wieder gehen, diese Form der Gewohnheit wäre mir noch am liebsten. Doch Alexander Vogler schweigt. Wenn er gekränkt ist über meine Ruppigkeit, kann mir das recht sein.

Ich erinnere mich, dass ich gestern Fragen an Alexander Vogler hatte, eine Liste an Fragen, die ich ihm stellen wollte. Jetzt wäre der Moment dafür gekommen, ich könnte ihn regelrecht verhören und innerhalb kürzester Zeit alle Zweifel beseitigen. Aber das Schweigen hüllt mich ein, füllt mein Hirn aus, macht sich in meinem Körper breit, ein angenehm wattiges Gefühl, dem ich mich hingebe. Fragen, Zweifel haben keine Bedeutung, vielleicht bin ich bereits in Alexander Voglers Geschichte und habe keine mir bekannte Vergangenheit mehr, alles muss erst noch erzählt werden, aber nicht jetzt, irgendwann, es besteht kein Grund zur Eile,

»Es ist merkwürdig, hier zu sitzen«, höre ich Alexander sagen und lasse mich widerwillig zurückholen in die Küche, an den Tisch, auf den Stuhl. »Als hätte es die letzten Jahre nicht gegeben. Solange Ihre Küche noch nicht eingeräumt ist, kann ich mir einbilden … Nicht dass die Küche meiner Großmutter so leer gewesen wäre wie Ihre gerade noch …«

Er lässt nicht locker. Ich reiße mich zusammen, entreiße mich dem Zustand der Benommenheit, krame im Gedächtnis nach den Fragen von gestern Abend.

»Warum leben Sie nicht in der Mühle?« Die Frage klingt schroffer als beabsichtigt. Aber Alexander Vogler scheint sich von Schroffheit nicht verunsichern zu lassen.

»Sie sind nicht die Einzige, die mich das gefragt hat. Aber es stand für mich nie zur Debatte. Mein Leben ist anderswo, und es interessiert mich nicht, ein Haus zu besitzen. Zu viel Verantwortung, zu viel Ärger. Schon gar nicht in dieser Gegend, ich bin hier aufgewachsen, ich finde, das reicht.«

Ich nicke wissend und frage nicht, worauf sich *schon gar nicht* bezieht und wo sein Leben ist, wenn er nicht hier ist. Sonst müsste ich auch all die anderen nützlichen Fragen stellen, deren einziger Sinn darin besteht, herauszufinden, ob und unter welchen Umständen ich etwas mit Alexanders Mutter zu tun gehabt haben könnte, und wenn ja, ob das für mein Leben eine Bedeutung hat. Alexander hat auf meine Frage bereitwillig und nachvollziehbar geantwortet. Es gibt sicherlich eine Erklärung für alles. Bestimmt wird Alexander auf weitere Fragen genauso bereitwillig und nachvollziehbar antworten wie eben. Er ist ja selbst interessiert daran, dass alles sich klärt.

Das wattige Gefühl, die Trägheit erfassen mich wieder. Ich will jetzt keine nützlichen Informationen. Ich will keine Erklärung. Ich will mich dem Ungefähren überlassen, der Faszination, die dieser Situation anhaftet. Was, wenn ich tatsächlich schon in dieser Mühle gewesen wäre und Helga Vogler kennen würde, welche Konsequenzen hätte das für mein Leben, welche verpassten Gelegenheiten könnte ich in der Erinnerung daran im Nachhinein ergreifen, wo würde mich das wiederum hinführen? Ich säße in diesem Augenblick anderswo, sicherlich nicht in dieser Küche, sicherlich nicht vor Alexander. Obwohl, vielleicht genau in dieser Küche, genau vor Alexander, nur die Grundlage des Szenarios wäre eine andere, weil ich ihn bereits kennen würde, und ganz sicher könnte ich ihm etwas über seine Mutter erzählen, aber das wäre ja nicht nötig, denn ich hätte es längst getan, sofern ich nicht ganz anderswo gelandet wäre und den Kontakt zu ihm verloren hätte, zu ihm und seiner Mutter, ich könnte in England, Frankreich, Brasilien sein, oder als Mutter von vier Kindern in den Schweizer Alpen, oder in Brandenburg, oder, wer weiß, in der Psychiatrie, im Gefängnis,

Alexander Vogler schaut aus dem Fenster, so wie man aus dem Fenster schaut, nur weil ein Fenster da ist.

»Obwohl ich gezögert habe. Mir vorgestellt habe, wie es wäre, sesshaft zu sein, nicht, weil ich mich insgeheim danach sehne, sondern weil der Zeitpunkt günstig war. Ich hätte nur einziehen und im Restaurant weiterarbeiten brauchen.«

Keine Fragen stellen. Warten, was Alexander zu sagen hat. Warten, bis ich für die Dinge aus den Kartons einen Platz gefunden habe. Warten, bis ich mich daran gewöhnt habe, wieder auf dem Land zu leben,

»Aber ich habe lange auf Schiffen gearbeitet, als Koch. Auf Kreuzschiffen, Privatjachten, Handelsschiffen, ich konnte jederzeit beschließen, aufzuhören und anderswo anzufangen. An so eine Freiheit gewöhnt man sich, ich hatte nicht vor zu bleiben und habe es nach wie vor nicht. Aber ich wollte mir Zeit lassen mit dem Sortieren der Sachen meiner Großmutter, ich habe das, was ich nicht gleich weggeschmissen habe, in Kisten gepackt und nach Feierabend im Gartenhaus sortiert, in dem ich untergebracht bin. Ich meine, wenn ich hier weggehe, gibt es außer der Erinnerung nichts mehr, was mit meiner Kindheit, meiner Familie zu tun hat. Und ich bin tatsächlich auf ein paar Sachen meiner Mutter gestoßen. Worauf ich gehofft hatte, ohne wirklich daran zu glauben. Bestimmt hatte meine Großmutter die Existenz dieser Sachen vergessen. Sonst hätte sie sie doch meiner Mutter zurückgegeben. Oder mir, nach deren Tod. Obwohl …«

Warten, bis alles an seinen Platz gerückt ist. Bis ich mich in einer ganz anderen Geschichte wiederfinde als der, die ich von mir kenne. In der Alexander vertraut ist, ein alter Freund. Ein Bruder. Fast schon ein eigenes Kind,

»Jedenfalls, als ich gehört habe, dass Sie in das Haus ziehen, habe ich meine Kündigung zurückgezogen. Meine Chefin hatte nichts dagegen, so musste sie niemand Neues suchen …«

»Sie haben das *gehört.*«

Das war nicht ich, die Alexander mit einer als Feststellung getarnten Frage unterbrochen hat, das war mein Verstand. Immerhin funktioniert mein Verstand noch. Mein Körper würde gerne in diesem angenehm trägen Zustand bleiben, in dem ich alle Verantwortung für mein Leben, auch für mein vergangenes, abgegeben habe. Mein Verstand diktiert mir, dass ich aufstehen, dass ich räumliche Distanz zwischen Alexander und mich bringen sollte, doch mein Körper ist ungeschickt, der Stuhl bleibt an einer Ritze zwischen zwei Steinplatten hängen, ich stoße mit den Oberschenkeln von unten an den Tisch, der Kaffee schwankt in den Tassen, ich falle zurück auf meinen Stuhl. Alexander springt auf, macht eine Geste, als wollte er den Computer, der mit leichtem Surren aus seinem Energiesparmodus hochfährt, vor dem überschwappenden Kaffee und mich vor dem Umfallen oder vor weiterem Übel bewahren. Er streift die Hyazinthe, die ein Stück über die Tischplatte rutscht. Die Situation ist unfreiwillig komisch. Ich muss lachen.

»Alles in Ordnung?«, fragt Alexander besorgt, »haben Sie sich wehgetan?«

»Nein, nein, alles in Ordnung.« Ich sehe mir dabei zu, wie ich mich im Beziehungsgeflecht der höflichen Unwahrheiten verstricke. Immerhin hat der Schmerz an den Oberschenkeln mich wieder zur Besinnung gebracht. Ich sitze im Februar 2007 mit einem Unbekannten namens Alexander Vogler in der Küche meiner neu bezogenen Mühle, und es gibt einiges zu klären in unserer seit gestern währenden Beziehung.

»Was heißt, Sie haben gehört, dass ich hier einziehe? Von wem?«

»Das kann ich Ihnen nicht mehr sagen.« Alexander Vogler setzt sich wieder. »Wissen Sie, in so einem Dorf spricht sich alles herum. Jeder kennt jeden, Geheimnisse gibt es hier keine.«

Ich denke an die Entfernung zum nächsten Haus. Wahrscheinlich schaue ich skeptisch, oder entsetzt.

»Nein, das war nicht ernst gemeint.« Alexander Vogler macht eine beschwichtigende Geste. »Obwohl es genau so ist oder zumindest war, aber in diesem Fall ist der Ortsvorsteher zum Essen ins Restaurant gekommen, und da er weiß, wer ich bin, hat er mir erzählt, dass sich eine neue Käuferin für die Mühle gefunden hat. Er ist etwas geschwätzig, macht sich gerne wichtig. Ich gebe zu, ich habe das ausgenutzt und habe ihn gefragt, ob er den Namen der Käuferin kennt. Klar, hat er gesagt und betont, dass er mir das nicht erzählen dürfe, und dann erinnerte er sich zuerst doch nicht an Ihren Vornamen, irgendwas Ausländisches, mit einem Strich drauf, hat er gemeint, so ein unaussprechbarer Name, mit einem Nasal.«

»Und woher wissen Sie meinen Mädchennamen?«

Da sind die Fragen wieder, bereit, abgerufen zu werden. Diese hier hatte ich bei unserer ersten Begegnung schon einmal gestellt, nun kann ich sie von der Liste streichen.

Diese eine muss ein weiteres Mal auf der Liste bleiben, denn Alexander Vogler schweigt.

»Wissen Sie«, sage ich, »eigentlich interessiert mich das gar nicht. Ich bin nicht die, für die Sie mich halten. Ich weiß nichts über Sie und Ihre Mutter und will auch nichts wissen. Oder nichts, was über die unmittelbare Geschichte der Mühle hinausgeht. Über die Mühle können Sie mir gerne etwas erzählen. Und wenn Sie länger bleiben und es sich ergibt, lernen wir uns als Nachbarn näher kennen. Dann bleibt immer noch Zeit für persönliche Gespräche. Aber gerade sehe ich keinen Sinn darin. Oder halte es für besser, dass man *nicht* alles weiß von seinen Nachbarn. Es tut mir wirklich leid, wie Sie sehen, habe ich zu tun.« Ich deute auf die Kartons. »Außerdem habe ich Ende März ein Manuskript abzugeben.«

Schluss mit der Höflichkeit. Der Ärger tut gut, vertreibt die Trägheit. Wenn Alexander jetzt zerknirscht schaut, schmeiße ich ihn raus. Nebst der Hyazinthe.

»Es gibt bei den Sachen, die ich gefunden habe, auch ein Foto von Ihnen, hier im Garten. Von 1977.«

Er hat den Satz wie ein Beweisstück zwischen uns gestellt. Für einen Moment wird mir schwindelig. Wo bin ich hier hineingeraten, vielleicht gibt es neben den bisherigen vier möglichen Varianten – Handelsvertreter, Dorfbewohner, Betrüger, Verrückter – noch eine fünfte, »Alexander der Erpresser«? Der mich mit einem Wissen über mein Leben, das nicht einmal ich selbst besitze, unter Druck setzen will? Das Einzige, was hilft, ist, sich nicht darauf einzulassen. Keine Zweifel durchschimmern zu lassen.

»Es kann kein Foto von mir in diesem Garten geben. Ich war, bevor ich die Mühle besichtigt habe, nie in diesem Garten. Weder 1977 noch sonst irgendwann.«

Dieses Mal bin ich vorsichtiger beim Aufstehen, nehme Tasse und Glas vom Tisch und stelle sie in die Spüle. Eine abgerundete, fertige, unumstößliche Geste. »Und jetzt muss ich wirklich weitermachen.«

»Ich bringe Ihnen das Foto das nächste Mal mit. Eigentlich sind es sogar zwei. Auf dem zweiten sieht man Sie mit Nelson, Helgas Bruder.«

Er ist verrückt. So sehr kann doch niemand insistieren, der nicht verrückt ist. Jetzt kommt auch noch ein Bruder ins Spiel. Wie weit wird er noch gehen?

Ich begleite Alexander Vogler nicht hinaus. Die Tür fällt ins Schloss, und ich lasse mich auf die Bank fallen, dorthin, wo er gerade noch gesessen hat.

Ein Foto von mir in diesem Garten, 1977. Zwei Fotos. Das ist kompletter Wahnsinn. Sollte ich in diesem einen Semester, in dem ich vergeblich versucht habe, an der Uni, in meinem Erwachsenenleben Fuß zu fassen, sollte ich also in diesen wenigen Monaten ausgerechnet in dieses Dorf, in diese Mühle gekommen sein? Dreißig Kilometer sind ohne Auto nicht so ohne Weiteres zu erreichen, und ich wüsste nicht, dass ich Fahrradausflüge in die Umgebung der Stadt unternommen hätte. Fotos von mir, hier, die müsste ich kennen. Alexander blufft, das ist klar, er kann keine Fotos von mir besitzen.

Aber hatte ich nicht ein Déjà-vu-Gefühl, als ich das erste Mal durchs Dorf fuhr? Oder bilde ich mir das im Nachhinein ein? Das Dorf muss sich in dreißig Jahren verändert haben, es sind Neubaugebiete hinzugekommen, Häuser abgerissen, Straßen *begradigt* worden. Oder die Plauk war schon begradigt und wurde inzwischen *renaturiert*. Es gibt viele Gründe, warum ich das Dorf nicht erkannt haben könnte. Zumal wenn die Begegnung mit Helga Vogler, nein, die eventuelle Begegnung mit Helga Vogler, für mich keine Bedeutung gehabt hätte. Eine Bekanntschaft am Rande einer Fete, zu der mich jemand mit dem Auto mitgenommen hat. Es war Winter und bereits dunkel, als wir losfuhren, dunkel, als wir zurückgefahren sind, das ist vielleicht eine Erklärung, so muss es gewesen sein. Deshalb sagen mir Dorf und Mühle nichts. Interieurs bleiben nur dank der Dinge in Erinnerung, die sich in ihnen befinden. Die Küchenmöbel hat Alexander Voglers Großmutter später anfertigen lassen, außerdem würde man sich wohl kaum an Küchenmöbel erinnern. Und den See habe ich im Dunkeln nicht bemerkt, weil es zu kalt war, um nach draußen zu gehen.

Genau, Helga muss mir flüchtig begegnet sein, vielleicht habe ich mich sogar länger mit ihr unterhalten, vielleicht sind wir uns auf einer späteren Fete noch einmal begegnet, und schon hat Helga unsere kaum existierende Beziehung zu einer Freundschaft idealisiert. Wenn man jung ist, tritt einem die Welt in anderen Dimensionen entgegen. Oder in einer Absolutheit, die sie später nicht mehr hat.

Aber Fotos schießt man bei Tageslicht. Fotos in diesem Garten kann es von mir nicht geben.

Was ist das gerade für eine Trägheit gewesen, der ich mich hingegeben habe und die mich beinahe dazu gebracht hätte, in Alexander Voglers Geschichte einzuwilligen? Ein Zustand, aus dem ich mich nur retten konnte, indem ich meinen Besucher hinausgeworfen habe. Von einem Extrem ins andere, doch schon der Beginn der Wechseljahre? Wahrscheinlich hat Nelly recht, und ich bin in letzter Zeit etwas labil. Zerbreche mir den Kopf über eine Fremde, die ein Fremder in mein Leben einzuschleusen versucht, statt mich mit konkreten Dingen zu beschäftigen. Kisten auspacken. Aber vor allem: Interviews abtippen.

Obwohl ich noch ein Kind war, würde ich schon sagen, dass ich Erinnerungen an den Deutschen Herbst habe. Wobei ich betonen muss, dass wir keinen Fernseher hatten, die Erinnerungen müssen auf das zurückgehen, was meine Eltern gesagt haben, auf Fotos in der Zeitung, auf das, was ich in der Schule mitbekommen habe. Sogar in der Schule hingen ja die Fahndungsplakate mit den kleinen, grimmigen Gesichtern, den »Verbrecherfotos«. Ich stand immer davor und hab versucht, hinter die Fotos, hinter die verschlossenen Gesichter zu blicken, hab mich gefragt, was das für Menschen sind, ob sie mir »in echt« sympathisch wären. Mir war offenbar klar, dass auf Fahndungsplakaten wohl kaum nett dreinblickende Menschen abgebildet werden. Und manchmal war da einfach jemand durchgestrichen, mit Kugelschreiber. Das hat mich sehr verwirrt. Genügte es, ein Kreuz zu machen, um jemanden auszulöschen? Wie bei »Schiffe versenken«? Ich hatte keine Erfahrung mit dem Tod, aber dass es etwas Großes ist, das begreift man schon als Kind. So etwas Großes und so ein lapidares Kugelschreiberkreuz, das ging in meinem Kopf nicht zusammen. Ich hab mir vor Kurzem mal wieder diese Fahndungs-

plakate im Internet angeschaut, und es ist gar nicht so einfach, das richtige zu finden, also »meine Generation« der Fahndungsplakate. Mir war nicht klar, wie viele unterschiedliche es gegeben hat. Ich habe eine genaue Vorstellung, wer wo abgebildet war. In der untersten Reihe Christian Klar. Brigitte Mohnhaupt muss drauf sein und Frederike Krabbe. Weil das Namen sind, die ich so oft gelesen habe, dass ich sie später wiedererkannt habe. Das Plakat muss einen weißen Hintergrund und diesen roten Rahmen haben. Und es sind viele Gesichter abgebildet, zwanzig, würde ich sagen. Aber es gab kein Plakat, bei dem ich hätte sagen können, das ist es, genau das war »meins«. Trotzdem sind mir einzelne Fotos, einzelne Gesichter total vertraut, fast wie alte Bekannte, ich muss da echt oft davorgestanden haben. Es waren viele Frauen, und ich hab mir vor allem die Frauen angeschaut, klar hab ich mich mit denen identifiziert, irgendwie waren das Rebellinnen für mich. Und dann habe ich eine Erinnerung an die Lorenz-Entführung, mehr als an die Schleyer-Entführung konkret, obwohl die ja früher war. Aber wahrscheinlich wurde später auch nochmals darüber berichtet, nach fünf Jahren oder eben 1977. Jedenfalls habe ich mir irgendwie vorgestellt, Lorenz sei in einer Kiste eingesperrt gewesen. Und ich habe mich gefragt, wie das ist, in so einer Kiste zu sitzen. Die Dunkelheit und das Licht danach. Ich weiß nicht, ob das überhaupt so war, mit der Kiste. Abgesehen davon, dass das ja gar nicht die RAF war, mit Lorenz. Irgendwie schmeißt man das alles zusammen, und es wird ja auch so dargestellt, so reduziert, als hätte es nur die RAF gegeben und auch da nur ein paar wenige Namen. Und im Grunde auch nur ein paar Wochen. Indem man Deutscher Herbst sagt, reduziert man ja letztlich die Bedeutung der Attentate, die schon im Frühling und Sommer stattgefunden haben. Und erst recht alles, was davor, was danach kam. Wahrschein-

lich macht die Reduzierung es übersichtlicher, besser greifbar. Ein paar wenige Verrückte. Ein paar Wochen. Der Staat hat damit schon gar nichts zu tun. Als »Nachgeborene« ist es jedenfalls ziemlich schwer zu verstehen, wer da wann und was und warum und mit welchen Folgen gemacht hat. Es gab so viele Gruppen, die irgendwie etwas miteinander zu tun hatten, aber dann doch in Konkurrenz standen oder eine andere Richtung vertraten. Ach so, und an was ich mich auch erinnere, ist, dass in meiner Studienzeit Ende der Achtziger schon noch die Frage diskutiert wurde, ob es Selbstmord war, in Stammheim, oder Mord. Und dass es für mich außer Frage stand, dass es Mord gewesen war.

*[Katrin, *1967]*

Ich hoffe, Alexander wird nie mit einem Foto hier auftauchen, auf dem ich zu sehen bin. Warum sollte er auch. Er kann das nicht ernst gemeint haben. Ganz sicher ist Variante vier die richtige, und ich habe es mit einem Verrückten zu tun. Man schaut nicht einfach so vorbei und bringt eine Blume mit, wenn man sich einmal kurz mit jemandem unterhalten hat. Anderseits, aus seinem Blickwinkel heraus gehöre ich sozusagen zur Familie. In seiner Vorstellung hat das alles seine Richtigkeit.

Oder bin ich es, die verrückt wird, nach nur ein paar Tagen auf dem Land?

5

Garten

Ich werde für die Hyazinthe einen geeigneten Platz im Garten suchen. Im Haus wird sie bald anfangen, schlecht zu riechen, oder ich vergesse, sie zu gießen, und sie vertrocknet. Ich schlüpfe in den Anorak und sehe durch das Fenster des Vestibüls eine Frau in meine Richtung kommen. Sie weiß nicht, dass ich sie beobachte, läuft zielstrebig den Weg entlang, mustert die Mühle, sucht die Fassade mit den Augen ab. Wenige Meter vor der Brücke zögert sie. Womöglich spürt sie, dass sie beobachtet wird, sie fährt noch einmal verunsichert mit dem Blick über die Fenster, betritt die Brücke und drückt den Griff des Gartentors herunter (das ich wirklich entfernen muss). Sie ist jünger als ich, schätzungsweise Ende dreißig, sie trägt eine leuchtend grüne Jacke, und ich ertappe mich dabei, dass ich überrascht bin über die Farbe, als würden sich poppige Farben und Dorfleben ausschließen, als müsste hier Gedecktheit herrschen, schlechter Geschmack. Ich ertappe mich dabei, dass ich mir wünsche, es wäre Alexander, der vorbeischaut, wenn ich schon Besuch bekomme, obwohl er erst heute Morgen da war und ich ihn hinausgebeten habe, er würde die angekündigten Fotos mitbringen, wir würden sie gemeinsam ansehen und einsehen, dass nicht ich darauf abgebildet bin, dass nicht ich es sein kann, die seine Mutter gekannt hat, wir würden einen weiteren Kaffee trinken und uns über ganz andere Dinge unterhalten, über Sesshaftigkeit und über Boote, übers Kochen, über das Dorf,

Mit gesenktem Kopf, als blickte ich auf meine Schuhe, öffne ich die Tür, trete hinaus, ziehe die Tür hinter mir zu und hebe scheinbar überrascht den Kopf.

»Hallo«, beeilt sich die Frau zu sagen und bleibt auf dem Kiesweg stehen (den ich wirklich mit Feldsteinen auslegen muss). »Ich dachte …« Sie wirkt verlegen. »Neulich war ja der Umzugslaster da, und Ihr Auto steht schon die ganzen letzten Tage hier, also habe ich gedacht, Sie sind jetzt eingezogen, und da ich gerade ein wenig Zeit hatte, stelle ich mich einfach mal vor. Wir sind ja, nehme ich an, Nachbarn, ich meine, Nachbarinnen, jedenfalls …« Sie räuspert sich, strafft sich, streckt mir feierlich die Hand entgegen. »Baumann mein Name. Melanie Baumann. Ich wohne da drüben.« Sie zeigt auf das Haus, das jenseits des Feldes eine Hecke überragt, die um diese Jahreszeit ohne Blätter ist. »Willkommen in Plauktal.«

Einen Augenblick denke ich, sie meint nicht mich. Weil ich den Namen des Dorfes nicht mit mir in Verbindung bringe. Ich bin keine Plauktalerin. Ich habe es bisher vermieden, das Dorf bei seinem Namen zu nennen. Als könnte ich damit Abstand halten. Wenn ich *das Dorf* sage, bin ich immer noch die, die spielt, dass sie eine Mühle gekauft hat. Oder die die Mühle gekauft hat, als gäbe es das Dorf nicht.

Warum ist sich Melanie Baumann so sicher, dass wir Nachbarinnen sind? Ich könnte bei Frau Sanders zu Besuch sein, könnte die Schwester, Freundin, Frau sein, die beim Umzug geholfen hat. Bestimmt hat sie mich beobachtet, meinen Einzug, meine Wege in den Garten, Alexander Voglers Besuch. Ich komme ihr die Stufen der Eingangstreppe entgegen, wir geben uns die Hand. »Ah, Sie sind also Frau Baumann von nebenan. Genau, wir sind jetzt Nachbarinnen, ich bin gerade hier eingezogen. Sanders mein Name. Schön, Sie kennenzulernen.« Ich kann so etwas auch, die Hand ausstrecken und mit *also* andeuten, dass ich im Bilde bin.

Melanie Baumann schielt auf die Eingangstür, wahrscheinlich wäre sie lieber hineingebeten worden, hätte gerne gewusst, was sich hinter der Tür verbirgt.

»Eine Hyazinthe! Wollen Sie die etwa rausstellen? Ich will mich ja nicht einmischen, aber der Winter ist noch nicht vorbei! Es soll noch einmal richtig kalt werden!« Sie lacht, eigentlich wirkt sie nicht unsympathisch, trotzdem fühle ich mich gemaßregelt, oder entlarvt, ich bin auf dem Land aufgewachsen und habe vom Gärtnern keine Ahnung. Der Garten meiner Eltern war verwildert, ich kann mich nicht erinnern, meine Eltern darin arbeiten gesehen zu haben. Obwohl sie die Wiese gemäht und im Sommer gegossen haben müssen. *Und übersieh mir nicht zwischen den Blumen das Unkraut, das auch Durst hat.* Wird eine ungemähte Wiese heute auf Dauer toleriert? Ein fehlendes Gartentor?

»Jedenfalls sollten Sie sie nicht vom Warmen übergangslos nach draußen stellen. Sie können sie ja erst einmal in der Garage unterbringen. Oder in Ihrem Fall im Schuppen.«

Ich muss sie gar nicht in meine Wohnung bitten. Sie weiß sowieso, wie es hier aussieht, weiß, dass ich keine Garage habe, weiß vermutlich alles.

Natürlich weiß sie, wie es hier aussieht. Sie ist meine Nachbarin. Wäre ich sie, wüsste ich genauso Bescheid.

Ich nicke, schon milder gestimmt. »Sie haben recht. Ich muss zugeben, ich kenne mich nicht aus mit Gärtnern.«

»Mein Mann und ich geben Ihnen gerne Tipps, wenn es soweit ist. Sie können jederzeit fragen. Wollen Sie einfach mal an einem der nächsten Samstage zum Kaffeetrinken rüberkommen? Dann lernt man sich als Nachbarn ein wenig kennen.«

Ich sehe mich beklommen in der *guten Stube* einer spiegelblank geputzten Wohnung sitzen, vor dem guten Kaffeegeschirr, das man nur zu diesem Zwecke nutzt. Das Gespräch stockt, man hat sich nichts zu sagen, das Wetter ist schnell ausgereizt, und beim Thema Klima ist man schon bei der Politik, die man lieber vermeidet. Endlich findet man den Garten als Thema, während die halbwüchsigen Kinder schmollend am Tisch sitzen, weil sie keine Lust haben auf die Nachbarin, auf Gespräche übers Wetter oder über den Garten, es ist Samstagnachmittag, sie wollen mit ihren Kumpels Mofa fahren oder am selten benutzten, etwas heruntergekommenen Kinderspielplatz herumhängen,

Meine Nachbarin meint es gut, und ich habe keine Ahnung, wie es bei ihr im Haus aussieht, die *gute Stube* gibt es längst nicht mehr, sie ist dem Wohnzimmer, Esszimmer, Fernsehzimmer gewichen, außerdem weiß ich nicht einmal, ob sie Kinder hat, ich weiß so gut wie gar nichts über sie,

»Gerne, das ist sehr nett«, höre ich mich antworten. »Aber es wird noch eine Weile dauern, bis ich wirklich die Ruhe dazu habe. Das Auspacken, das Einrichten, das macht eine Menge Arbeit.« Ich zeichne mit der Hand einen vagen Halbkreis hinter mir in die Luft.

Melanie Baumann winkt ab, wirkt jetzt souverän in ihrer Funktion als bereits eingerichtete Nachbarin.

»Ach, das hat keine Eile. Lassen Sie sich ruhig Zeit. Und wenn Sie irgendetwas brauchen, Werkzeug, einen Ratschlag, Mehl, einfach klingeln. Dafür sind Nachbarn ja schließlich da.«

Sie ist wirklich sehr *nett*, denke ich und fühle mich bedrängt. Ich würde gerne wissen, ob sie mitbekommen hat, dass Alexander Vogler hier gewesen ist. Ob sie ihn kennt. Seine Großmutter kannte. Seine Mutter, wenn schon.

»Ich weiß das sehr zu schätzen«, sage ich und überlege, wie ich unauffällig an die Informationen gelangen kann, die mich interessieren. Am besten über ihre Rolle als hilfsbereite Einheimische. »Aber vielleicht können Sie mir ja eine Frage beantworten, die mich beschäftigt. Wissen Sie zufällig, wer vor der Familie Schmidt in der Mühle gewohnt hat? Der Makler sagte etwas von einer alten Frau, und ich dachte, wenn sie ins Altersheim gekommen ist, kann ich sie ja mal besuchen.«

Ich kneife innerlich die Augen zusammen vor so viel Schamlosigkeit. Warum frage ich nicht direkt, ob sie etwas von einem Enkel der alten Frau weiß, ob sie seinen Namen kennt, womöglich seine Mutter?

»Die alte Frau? Nein, nein, die ist gestorben. Na ja, was heißt alte Frau, sie war eher eine Dame, immer etepetete gekleidet, hat zwar gegrüßt, aber so richtig warm geworden sind wir mit ihr nicht. Obwohl mir das auch gefallen hat, wie sie sich gepflegt hat, in ihrem Alter. Aber sie wollte nichts mit uns zu tun haben. Mit niemandem aus dem Dorf. Zum Glück sind Sie offenbar nicht so.«

Das ist vielleicht das Schwierigste daran, wenn man in ein Dorf zieht, als Großstädterin und *Studierte*, man muss ständig beweisen, dass man sich nicht für etwas Besseres hält, man muss beweisen, dass die Dorfbewohner in Ordnung sind, dass ihre Lebensweise in Ordnung ist, weil sie es selbst nicht glauben, und man muss diesen Beweis immer von Neuem erbringen. Ich weiß noch, dass die Jungs in unserem Dorf aufhörten, mit mir zu spielen, als ich als Einzige aufs Gymnasium wechselte, sie legten plötzlich eine seltsame Scheu an den Tag, eine Verlegenheit, als wüssten sie nicht mehr, wie mit mir umgehen, dabei hatten wir ein paar Wochen zuvor noch zusammen gekickt, gerauft und waren auf Bäume geklettert. Heute denke ich, sie wussten bereits, was ich noch nicht sehen konnte oder wollte, waren damit groß geworden, dass unsere Welten unvereinbar waren, noch bevor sie es tatsächlich waren.

Aber das ist vierzig Jahre her, heute gehen Dorfkinder aufs Gymnasium, gehen in die Stadt, kehren zurück, Stadt, Land, das spielt keine Rolle mehr, und ich bin nicht hierhergezogen, weil ich aus der Stadt wegwollte, sondern wegen der Mühle.

»Wissen Sie, ob die alte Frau Familie hatte? Nur weil es mich wundert, dass so ein schönes Anwesen verkauft wird. Dass sich ihre Kinder, ihre Enkel nicht dafür interessieren … Und warum wollte niemand aus dem Dorf die Mühle kaufen?«

Wenn sie mitbekommen hat, dass Alexander Vogler da war, dann wird sie es jetzt erwähnen, und ich muss erklären, warum ich trotzdem nach den Kindern und Enkeln der Alten frage.

»Na, das war keine Frage des Wollens! Stellen Sie sich vor, die Alte hatte in ihrem Testament festgelegt, dass die Mühle auf keinen Fall an jemanden aus der Gemeinde verkauft werden darf. Ich frage mich, ob das überhaupt legal ist. Ich meine, mein Mann und ich hatten sogar mal überlegt … statt zu bauen …« Sie schlägt die Hand vor den Mund. »Nein, nein, wir haben ihr nicht den Tod gewünscht, wirklich nicht, sie war einfach alt, sie hätte sowieso nicht ewig in der Mühle wohnen können, und da kann man sich solche Fragen schon mal stellen. Und abgesehen davon können Sie ja nichts dafür …«

Es gibt eine Großmutter, eine Tochter, einen Enkel. Dieser Teil von Alexander Voglers Geschichte jedenfalls scheint wahr zu sein. Ich bin erleichtert. Obwohl damit die Wahrscheinlichkeit, dass seine Behauptung stimmt, ebenfalls steigt. Ich merke, dass ich möchte, dass Alexander ehrlich ist. Dass die Varianten von Alexander dem Betrüger, Erpresser, Verrückten nicht wahr sein mögen.

»Aber warum? Warum wollte sie nicht, dass jemand aus dem Dorf die Mühle kauft?«

Meine Nachbarin hebt abwehrend die Hände.

»Also, da fragen Sie besser meinen Mann, der kann Ihnen das erzählen, der ist hier groß geworden. Ich bin ja nicht von hier, sondern aus Neuenweiler. Ich weiß nicht, ob Sie sich schon auskennen, aber das ist ungefähr zehn Kilometer von hier entfernt, ein hübsches Dorf, es lohnt einen Besuch.«

Ich hatte vergessen, dass man auf dem Land von Nachbargemeinden spricht, als handelte es sich um fremde Länder. Wer in der einen Gemeinde aufgewachsen ist und in eine andere heiratet, überschreitet eine Art Landesgrenze und spricht fortan von seinem Heimatdorf wie von einem für immer zurückgelassenen, fernen Ort.

»Es geht so. Nein, ich kenne mich nicht wirklich aus.«

»Man kann sehr schöne Radtouren hier machen. Es gibt viele Wirtschaftswege und auch zunehmend Fahrradwege.«

Wirtschaftsweg. Wie lange habe ich das Wort nicht mehr gehört. Ich lächle und hoffe, sie wird mich nicht zu einer Radtour einladen.

»Wie gesagt, ich bin keine echte Plauktalerin, ich bin erst hergezogen, als wir geheiratet haben. Erst haben wir noch bei den Eltern meines Mannes in der Einliegerwohnung gewohnt, aber als mein Zweiter gekommen ist, wurde es zu eng. Deshalb haben wir an die Mühle gedacht. Na ja, dann wurde hier ein neues Baugebiet erschlossen, und wir haben gebaut.«

Wirtschaftsweg. Einliegerwohnung. Baugebiet. Gibt es ein Wörterbuch des Landlebens? Auch das Wort *Ortsvorsteher* würde dort hineingehören, das Alexander heute Morgen verwendet hat.

»Deshalb kann ich Ihnen gar nicht viel erzählen. Da fragen

Sie besser die Einheimischen.« Sie lacht. »Die alte Dame war nicht besonders beliebt, aber das ist ja auch kein Wunder. Wissen Sie, hier muss man mit den Leuten reden. Ich meine, in so einem Dorf, da kennt jeder jeden, das geht doch nicht, dass man nicht miteinander redet. Es ist doch immer besser, wenn man miteinander redet, oder?«

Sie hält in Erwartung meiner Bestätigung inne. Ich beeile mich zu nicken. Zeigen, dass ich mich nicht für etwas Besseres halte.

»Zum Beispiel gab es immer Ärger mit … Also …«

Sie wirkt wieder verlegen, zögert.

»Also, ich sage es Ihnen lieber gleich. Es gab Ärger mit dem Auto. Sie hat ihr Auto immer dort hingestellt, wo die Angler parken.« Sie dreht sich um, weist auf mein Auto in der Einbuchtung am Weg zum See. »Ganz ehrlich, mir ist es egal, aber der Platz, wo Ihr Auto steht, das ist nun mal genau der Platz, an dem die Angler parken. Das wird nicht gern gesehen, wenn sich da jemand anderes hinstellt. Das klingt jetzt wahrscheinlich komisch, erst recht um diese Jahreszeit, wo sowieso keiner angelt, und abgesehen davon kann man genauso gut mit dem Fahrrad herkommen …« Es ist meiner Nachbarin sichtlich peinlich, mich in diese Art von Dorfgepflogenheiten einzuweihen. »Wie gesagt, mir wäre es egal, aber bevor Sie Ärger bekommen … Das war eben immer ein Streitpunkt mit der alten Dame, bis zuletzt. Das habe ich gemeint damit, dass man nicht mit ihr reden konnte. Ein Stellplatz auf dem Grundstück wäre doch auch eine Möglichkeit gewesen. Wir hätten ihr sogar dabei geholfen, das ist ja schnell gemacht. Ich meine, der Weg ist nun mal öffentliches Land. Aber sie hat nur gesagt, ›ihr parkt doch auch alle Gehwege im Dorf zu, das ist auch öffentliches Land‹. Und klar, sie hatte recht damit, aber … Sie hat beschlossen, ihr Auto dort hinzustellen, und Punkt. Sie hat es provoziert, dass man sie nicht mochte. Deshalb dachte ich, es ist besser, ich sage Ihnen Bescheid, und Sie machen es von vorneherein anders. Sie könnten Ihr Auto in den Schuppen stellen, er ist ja groß genug. Ich weiß ja, dass es ein wenig umständlich ist … Also, das mit dem Stellplatz wäre vielleicht wirklich eine Möglichkeit … Die Schmidts waren zu kurz da, sie kamen nicht mehr dazu. Na, egal. Ich dachte, besser, ich sage es Ihnen, bevor es jemand anderes tut.« Melanie Baumann atmet hörbar aus, als hätte sie eine unangenehme Aufgabe hinter sich gebracht. Hat man sie hergeschickt, um mir mitzuteilen, ich solle mein Auto umstellen? Immerhin weiß ich jetzt, dass der See zum Angeln genutzt wird. Spaziergänger habe ich noch keine gesehen. Wo sitzen im Sommer die Angler? In den Buchten mit grasbewachsenem Ufer? Werde ich auf meiner Terrasse unter der Beobachtung regloser alter Männer sitzen?

»Nett von Ihnen, dass Sie mich warnen. Wenn ich das Auto mal länger nicht brauche, kann ich es gerne in den Schuppen stellen, aber sonst …«

»Na ja, warnen ist jetzt etwas übertrieben. Ich wollte es nur gesagt haben. Aber lassen Sie sich nicht abschrecken. Die Leute sind ansonsten gar nicht so. Und wenn Sie mehr über die alte Dame wissen wollen, schicke ich Ihnen gerne mal meinen Mann rüber. Dann können Sie auch gleich mal erste Gartenfragen klären.«

Sie meint es wirklich gut. Zu gut. Ich bin mir sicher, morgen steht ihr Mann vor der Tür.

»Sehr gerne. Aber jetzt ist ja noch Winter. Und die Geschichten laufen nicht weg.«

»Im Garten gibt es immer etwas zu tun. Sie haben ja auch Obstbäume. Die müssen im Februar geschnitten werden. Die

Alte hat das immer selbst gemacht.« In ihrer Stimme schwingt Achtung mit. »Aber mein Mann hat sicher nichts dagegen, die paar Bäume für Sie mitzuschneiden.«

Im Dorf dazuzugehören, heißt auch, den Jahresablauf zu teilen. Im Februar schneidet man Obstbäume. Es zu vergessen, weil es einem nicht wichtig ist, wie viel Obst an den Bäumen hängt, weil man die Bäume einfach nur gerne anschaut, würde auf Unverständnis stoßen, die Dorfbewohner würden es sofort als Kritik an ihrem eigenen Tun auffassen. Ich kann die Bäume nicht verkommen lassen, nur weil ich meine Ruhe haben will. Das wäre ein schlechter Anfang.

»Im Februar? Ja dann wäre das wirklich hilfreich. Dann lasse ich es mir erklären, und nächstes Jahr kann ich es selbst machen.«

Sie nickt. »Ich will Sie jetzt nicht länger aufhalten. Ach so, eine Sache noch. Falls Manuel, mein Ältester, mal bei Ihnen im Garten steht, dann wundern Sie sich nicht. Er ist ein ziemlicher Stromer. Ich habe ihm gesagt, dass er in fremden Gärten nichts zu suchen hat, aber Kinder kann man ja schlecht festbinden … Er ist gerade erst sechs. Wenn es Sie stört, dann schicken Sie ihn weg.«

Stromer. Das kommt mit ins Wörterbuch des Landlebens.

»Das stört mich gar nicht, im Gegenteil.«

Sie hat Kinder, kleine Kinder. Also keine Halbwüchsigen auf frisierten Mofas. Gibt es heute noch Mofas? Auch *Mofa* kommt in mein Wörterbuch, und *frisiert*.

»Da bin ich aber erleichtert«, sagt sie, »es gibt ja genügend Leute, die Kinder nicht leiden können. Aber jetzt überlasse ich Sie Ihrem Schicksal. Wie man so sagt. Und kommen Sie rüber, wenn Sie etwas brauchen!«

Sie zieht das Gartentor hinter sich zu, hebt noch einmal grüßend die Hand und entfernt sich mit dem etwas zu bemüht lockeren Gang von Menschen, die wissen, dass sie beobachtet werden.

Ich stehe noch immer auf dem Kiesweg mit der Hyazinthe in der Hand und sehe ihr nach. Was sie wohl über unser Gespräch gedacht hat? Was denkt sie über mich? Und wie bin ich auf die Idee gekommen, man könnte ein Haus beziehen, ohne zugleich in ein Dorf, eine Nachbarschaft, eine Gegend zu ziehen?

Aber was mache ich nun mit der Hyazinthe? Ich umrunde das Haus, am Gemüsegarten vorbei, in dem ein paar Lauchstängel aus der Erde ragen, sie sehen lädiert aus, ob man sie noch ernten kann? Der Gemüsegarten grenzt an die Wiese mit den Obstbäumen, die im Februar geschnitten werden müssen und die ich erst werde benennen können, wenn sie im Sommer Früchte tragen. An den Schuppen gelehnt ein Stapel Holz, der nur noch aus wenigen Lagen besteht. Statt zu versuchen, etwas über Alexander Voglers Familie zu erfahren, hätte ich Frau Baumann fragen sollen, wo ich neues Holz herbekommen kann und welches sich am besten für Kaminfeuer eignet.

In den Schuppen habe ich bei der Besichtigung der Mühle einen Blick geworfen. Er war leer, bis auf ein paar alte Gartengeräte in einer Ecke und einem Paar abgenutzter Holzgaloschen, die ich in die Wohnung geholt und neben die Terrassentür gestellt habe. Ich habe noch nicht darüber nachgedacht, was ich mit dem Schuppen anstelle. Wahrscheinlich die Gartenmöbel im Winter darin unterbringen. Dann passt allerdings das Auto nicht mehr hinein. Soll ich die Pflanze in den Schuppen stellen? Ins Dunkle? Wo ich auf jeden Fall vergesse, sie zu gießen? Oder auf die Terrasse an die Wand, wo sie hoffentlich vor Frost geschützt ist? Warum mache ich mir so viele Gedanken um diese Hyazinthe? Die Natur ist zäh, ich stelle sie an den Fuß der Lorbeerhecke, die Pflanze wird schon überleben. Nach ein paar Schritten überlege ich es mir anders und nehme das Töpfchen wieder mit in die Wohnung.

Dass Melanie Baumann nicht angedeutet hat, dass sie über Alexander Voglers Besuche Bescheid weiß, heißt nicht, dass sie sie nicht mitbekommen hat. Wahrscheinlich ist sie diskret, nichts in unserer Unterhaltung hat darauf hingedeutet, dass sie sich gerne in Klatsch verwickeln lässt. Ich hätte einfach direkt fragen sollen. Nach Alexander. Nach Alexanders Onkel. Wie war noch mal sein Name? Nelson? Womöglich ist es eine Frage des Blickwinkels. Ich suche in meinen Erinnerungen nach Helga, sollte mich aber stattdessen auf den Bruder konzentrieren, den Alexander erwähnt hat. Warum erzählt ihm sein Onkel nichts über seine Mutter?

Ich suche in den Küchenkartons nach einem Unterteller und stoße auf den, der zur gelben Tasse passt. Ich zögere, dann stelle ich ihn unter das Hyazinthentöpfchen und das Hyazinthentöpfchen nebst Unterteller neben die Tasse, gelb blau gelb, etwas Farbe für die Jahreszeit, hat Alexander Vogler gesagt, und ich sollte darüber nachdenken, ob ich seinen Onkel gekannt habe.

Der Junge war ihr aufgefallen, weil er zitronengelbe Clogs trug. Er trug sie bis in den Winter hinein, und sie machte es sich zur Gewohnheit, nach den zitronengelben Flecken Ausschau zu halten. Sie setzte sich in der Mensa neben die Glasfront mit Blick auf die Büchertische, bei denen er meistens stand, Spielbein Standbein, die Zigarette lässig in der Linken, mit der Rechten strich er sich ab und zu eine Haarsträhne hinters Ohr. Bei allen anderen hatte sie das Gefühl, sie ahmten eine Haltung nach, die sie für lässig hielten, konnten aber nicht verbergen, dass sie in der Provinz groß geworden waren, wo Posen, Moden, Songs immer etwas verspätet ankommen, schon durch viele Hände gegangen sind, weshalb eine Unsicherheit in Bezug auf das Original bleibt, eine minimale Verzögerung, ein Zaudern im Ablauf der Gesten. Der Junge jedoch ahmte niemanden nach, höchstens sich selbst, und das gab ihm etwas Ironisches, Herablassendes der Welt gegenüber, als nähme er nichts, nicht einmal sich selbst ernst.

Ihn einfach so, ohne Grund, anzusprechen, dazu war sie zu schüchtern, und da ihr kein Grund einfiel, der das Ansprechen gerechtfertigt hätte, beschränkte sie sich aufs Beobachten. Als er eines Mittags an ihrem Tisch stand, kam es ihr vor, als hätte sie nur kurz weggeschaut, sie war so verblüfft, dass sie hinunter zu den Büchertischen schielte, ob er vielleicht noch dort stand und der Junge vor ihr eine Verwechslung war.

Er trug einen Mantel, den sie an ihm noch nicht gesehen hatte, dunkelblau und mit doppelter Knopfleiste, einer von diesen Mänteln, die sie aus Frankreich kannte und gerne selbst gehabt hätte, deren Name ihr aber gerade nicht einfiel.

Du beobachtest mich, stellte er fest und setzte sich mit seinem Tablett an ihren Tisch.

Sie war überrascht, dass er ein klein wenig stotterte, oder zumindest schien es ihr so, als hätte er für das erste Wort Anlauf genommen, als wäre da eine kaum wahrnehmbare Pause gewesen vor dem Aussprechen. Sie kannte das von ihrem Bruder.

Quatsch, sagte sie. Wie kommst du darauf?

Weil ich dich beobachtet habe.

Nein, sie hatte sich wohl geirrt mit dem Stottern.

Quatsch, sagte sie noch einmal, was soll es bei mir zu beobachten geben?

Und bei mir?

Gelbe Clogs.

Siehst du, wusste ich's doch.

Sie hatte sich nicht geirrt. Man bemerkte es weniger als bei ihrem Bruder, aber es war vernehmbar, war vertraut. Wie hieß noch mal dieser Mantel, der jetzt hinter ihm auf dem Stuhl hing, sie hätte den Jungen fragen können, aber damit hätte sie sich lächerlich gemacht, dass sie etwas nicht wusste, was sie hätte wissen müssen. Sie suchte nach einem Gesprächsthema, das wichtig genug war, um es in diesem Moment anzuschneiden, eines, das sie hätte klug und überlegen wirken lassen, aber ihr fiel, wie immer in solchen Momenten, nichts ein.

Er fragte sie nach ihrem Namen, warum war sie nicht selbst draufgekommen, auf so etwas Einfaches und Grundsätzliches wie die Frage nach dem Namen?

Béa, sagte sie. Mit Betonung auf dem *a*.

Bist du irgendwie Französin, oder so?

Sie zuckte mit den Schultern.

Irgendwie schon. Meine Mutter war Französin. Aber ich hab nicht viel damit zu tun.

Sie registrierte die Vergangenheitsform, die sie benutzt hatte, sie klang wie ein Fremdkörper in ihren Ohren, in ihrem Satz.

Er schaute sie mit gerunzelter Stirn an, zog eine Augenbraue hoch, überlegte wohl, ob er nachhaken sollte, sagte aber dann nur: Ich heiße Nelson. Wie der Admiral. Kommst du raus, eine rauchen?

Mir ist nach einer Zigarette. Eigentlich rauche ich seit langem nicht mehr, schnorre nur ab und zu noch eine. Nach einem guten Abendessen mit Freunden. Bei einer Party auf dem Balkon. Ich hätte Alexander Vogler anschnorren sollen, wer auf

Schiffen arbeitet, raucht. Mir fällt ein, dass der Freund meiner Tochter seine angebrochene Packung hat liegen lassen, als er neulich bei mir in der Wohnung war. Ich wiederum habe die Zigaretten in einen der Kartons gepackt, in einen der Küchenkartons, nehme ich an, ich sehe Nellys Freund am offenen Küchenfenster meiner Wohnung stehen und rauchen. Ich wühle halbherzig in den Kartons herum, vergeblich.

In Wirklichkeit hat Clogs natürlich gesagt, ich heiße Clogs. Wenn ich ihn hier anders nenne, dann nur, um auszuprobieren, wie es sich anfühlt, wenn Clogs Nelson gewesen wäre. Alexander zuliebe. Ich habe keine Ahnung, wie Clogs in Wirklichkeit hieß. Das war damals nicht wichtig. Wichtig waren Namen wie Bunti, Rauner, Stutz, in so einer Reihung regelrecht obszön klingende Namen, die ihren Trägern jedoch eine Autorität verliehen, indem sie eine Geschichte hinter dem Namen andeuteten, die man nicht immer kannte, die aber wichtig genug war, einen eigenen, unverwechselbaren Namen, so etwas wie einen Kriegsnamen tragen zu dürfen.

Falls mir Clogs seinen eigentlichen Namen genannt hat, habe ich ihn mir nicht gemerkt. Insofern kann es nicht Nelson gewesen sein, denn Nelson hätte ich nicht vergessen. Tauscht man freiwillig den Namen Nelson gegen den Spitznamen Clogs? Und was ist mit Nelly? Könnte es einen Zusammenhang zwischen Nelly und Nelson geben? Ich schüttle heftig den Kopf, wie auf eine unerhörte Frage. Es ist Zufall, dass meine Tochter Nelly heißt. Ich habe einfach nur einen Namen gesucht, der auf Deutsch *und* Französisch aussprechbar ist, als Hommage an meine Mutter, obwohl ich mir nicht sicher bin, dass es ihr wichtig gewesen wäre.

Spitzname, Klarname, Deckname, Neckname, Clogs hatte eine Schwester, und die wurde, fällt mir ein, einfach nur Hah genannt, Hah wie Hedda. Ich bin mir sicher, dass ich Clogs dann doch gefragt habe, was sich hinter Hah verbirgt, weil es ein ungewöhnlicher Spitzname war oder eine Abkürzung für irgendwas. Und Clogs hat geantwortet, sie heißt Hedda, aber nenn sie bloß nicht so, wenn du sie mal triffst. Ich bin mir sicher, dass es Hedda war, weil mir *verheddern* durch den Kopf gegangen ist. Nein, in Wirklichkeit weiß ich natürlich nicht, was mir durch den Kopf gegangen ist, aber jetzt geht es mir durch den Kopf. Ich verheddere mich, obwohl ich noch nicht einmal weiß, wie alt Helga und Nelson waren, als ich ihnen begegnet sein soll, also nicht weiß, ob Clogs Nelson sein könnte und Hedda Helga,

Er roch gut, nach Rauch, Kernseife und ein wenig nach Holz. Sie gingen nicht in ihre Seminare zurück, sondern zu ihm ins Studentenwohnheim, dieser Ansammlung von Hochhäusern oben auf dem Berg. Von seinem Zimmer aus sah man hinunter ins Tal, über die Altstadt hinweg auf die Häuser der Burschenschaften auf der anderen Seite des Tals. Weiter hinten, in der Ferne, hob sich die Silhouette der Berge ab, und darüber türmte sich der Himmel. Ich würde mich verlieren in diesem Himmel, dieser Weite, dachte sie, sprach es aber nicht aus. Sie wollte nicht, dass er sie für romantisch hielt.

Sie hatte erwartet, dass er sie auf dem Zimmer küssen würde. Nicht wegen des Blicks oder der Romantik, sondern weil das der Grund war, warum man jemanden noch fast Unbekannten auf sein Zimmer einlud. Stattdessen las er ihr Gedichte vor, keine eigenen, oder jedenfalls behauptete er das. Sie kannte die Namen, die er nannte, sowieso nicht, mochte aber den Rhythmus, den Rhythmus der Texte und den Takt, den das Stottern gab, diese x-tel Sekunde, die manche Wörter länger brauchten, bevor die erste Silbe da war. Einen Moment vermisste sie ihren Bruder so sehr, dass sie die Sehnsucht als Ziehen in ihrem Körper fühlte.

Ich würde mich verlieren hier oben, sagte sie nun doch. Dieser Himmel, diese Weite.

Wenn er ihr Gedichte vorlas, konnte sie auch über den Himmel sprechen. Er lächelte und schlug einen Spaziergang vor. Eine dünne Schicht Schnee lag auf den Feldern, und etwas weiter weg weidete eine Schafherde. Sie standen gebannt vor den wolligen Leibern, die sich mit erhobenen Köpfen, als schnappten sie nach Luft, aneinanderdrängten oder kauend aus der zertrampelten Mischung aus Erde und Schnee Grashalme zupften. Wenn ein Schaf sich von der Herde entfernte, wurde es von den Hunden zurückgetrieben. Ein paar Lämmer schienen zwischen den erwachsenen Tieren Fangen zu spielen. Ihr Treiben ähnelte so sehr einem Kinderspiel, dass sie lachen mussten.

Der Schäfer stand auf der anderen Seite der Herde neben einem Holzverschlag und winkte sie heran. Sie waren sich nicht sicher, ob sie gemeint waren oder ob er sie zurechtwies, weil sie zu nah an die Herde herangetreten waren, doch er wiederholte seine einladende Geste, und beim zweiten Mal gab es keinen Zweifel, dass er sie einlud, näher zu kommen.

Sie stakten über das gefrorene Feld. Etwas abseits der Herde, neben dem Schäfer, lag ein Schaf halb auf der Seite, ein riesiger Euter schien regelrecht aus ihm herauszuquellen. Der Schäfer legte den Finger auf die Lippen und bedeutete ihnen, still zu sein.

Wollt ihr zusehen, wie ein Lamm geboren wird, sagte er leise und wies auf das liegende Schaf. Wenn ihr still seid, könnt ihr zusehen.

Nelson und sie sahen sich ratlos an, mit so einer Frage hatten sie nicht gerechnet.

Klar, warum nicht, flüsterte Béa.

Klar, flüsterte Nelson.

Das Schaf stand jetzt auf, tat ein paar Schritte. Eine mit gelber Flüssigkeit gefüllte Blase baumelte aus seinem Hinterteil, unruhig lief es im Kreis, legte sich wieder hin, presste, grunzte. Béa war hin und her gerissen zwischen Widerwille und Faszination, weil sie sich wie eine Voyeurin vorkam, die die Intimität des Schafes verletzte, und weil das pressende, grunzende Schaf sie gleichermaßen abstieß wie erregte und diese Erregung ihr wiederum unangenehm war, auf jeden Fall zu intim, um sie auf einer Wiese mit einem Schäfer und einem noch unbekannten Jungen zu teilen. Aus der leuchtend rosa Scheide kam etwas Schwarzes zum Vorschein, eine Schnauze, die auf Vorderbeinen lag, und dann war das Lamm da, unter einer gelben Schleimschicht weißer leuchtend als der Schnee rundherum, weiß wie ein frisch gewaschenes Laken. Es fing sofort an zu zappeln, und das Mutterschaf stand auf und begann, es zu lecken, während die Blase, die immer noch aus der Scheide hing, sich dunkler färbte, herunterfiel, im Schnee zerplatzte. Es sah aus, als hätte ein Fuchs das Lamm gerissen, die schleimigen, blutigen Fetzen, die Blutspuren auf dem Schnee. Béa erinnerte sich daran, dass sie gehört hatte, Krähen würden sich auf frisch geborene Lämmer stürzen und ihnen bei lebendigem Leibe die Augen aushacken, sie sah unvermittelt in den Himmel und sagte leise: Ich glaube, ich würde jetzt gerne gehen.

Nelson sah sie erstaunt an. Aber warum?

Sie zuckte mit den Schultern.

Der Schäfer kniete neben dem Schaf und redete ihm leise

zu, er schien ihre Anwesenheit vergessen zu haben, beachtete sie nicht mehr.

Na gut, wenn du meinst, sagte Nelson.

Danke, sagte er zu dem Schäfer, dass wir dabei sein durften. Der Schäfer schaute kurz auf und nickte, und sie entfernten sich vorsichtig, umgingen die Herde, die Hunde.

Zurück auf dem asphaltierten Weg zog Nelson einen Joint aus der Innentasche seines Mantels. Sie rauchten schweigend, und in der Stille, in der man nur das ferne Rauschen einer Straße vernahm, kam Béa das Klacken seiner Schuhe auf dem Asphalt sehr laut vor. Sie verspürte noch immer die Erregung von eben, konnte ihre Bahnen minutiös im Körper verfolgen, ein aderartiges Geflecht, das sich von ihrem Schritt aus in alle Richtungen ausbreitete, sich verzweigte, filigraner wurde, bis unter der Oberfläche der Haut nur noch ein Vibrieren übrig war, eine wie elektrisch aufgeladene Empfindlichkeit, die sich bei der kleinsten Berührung entladen würde. Es kam ihr vor, als wären sie den ganzen Nachmittag in Schleifen gegangen, die sich immer wieder kreuzten, lauter Achten, Achten der Vermeidung des Berührens, des Küssens. Ihr war schwindelig davon, oder kam es vom Kiffen, klar kam es vom Kiffen, aber Nelsons Kussvermeidungsstrategie irritierte sie, vielleicht traute er sich nicht wegen des Stotterns, das aber doch kaum zu bemerken war, sie war schon wieder nicht sicher, ob sie es sich nicht eingebildet hatte. Sie betrachtete ihn von der Seite, seine dunklen halb langen Haare, sein Gesicht, das sich noch nicht zwischen Junge und Mann entscheiden konnte, seinen schlaksigen Gang, den hochgeschlagenen Kragen seines Caban – so hieß dieser Mantel, es war ihr wieder eingefallen –, und sie schlüpfte mit der Hand in den Kragen, schob die Hand unter die Haare und auf seinen Nacken. Sie waren auf dem

Weg nach unten in die Stadt gewesen, machten kehrt, kletterten den Berg wieder hinauf in einer weiteren, schwindelerregenden Schleife, zurück in sein Zimmer, und als sie später nebeneinander auf dem Bett lagen und rauchten, erwähnte er zum ersten Mal seine Schwester. Sie würde dir gefallen, sagte er, und als sie ihn fragte, warum, antwortete er, keine Ahnung. Einfach so.

Das Telefon klingelt. Ich lasse es klingeln, höre, wie die Töne sich dehnen, in der Leere nachhallen und wie erschöpft in sich zusammenfallen. Der Anrufbeantworter im Wohnzimmer springt an. Durch die Küchentür erkenne ich Joachims Stimme, ich verstehe nicht, was er sagt, dazu steht der Anrufbeantworter zu weit weg, soll ich aufspringen und den Anrufbeantworter unterbrechen?

Aber was soll ich Joachim erzählen? Ich bin noch immer spät dran, aber du bekommst das fertige Manuskript bis Ende März. Ich tippe, und ich tappe im Dunkeln, was eine Frau namens Helga, einen Jungen namens Nelson angeht, die ich angeblich gekannt haben soll und von der ich nicht weiß, warum ich überhaupt über sie nachdenke,

Die Hyazinthe duftet. Ich ziehe sie zu mir heran und stecke meine Nase in die Blüten. *The hyacinth wild on my shoulder*, ich schenke mir von dem Rotwein ein, der von gestern Abend noch übrig ist, und tippe weiter. So tue ich wenigstens etwas in Joachims Sinn und muss kein schlechtes Gewissen haben, dass ich nicht ans Telefon gegangen bin.

Mein Vater gehörte zum Ortschaftsrat, als einziger SPD-Vertreter in einer Gegend, in der, sagen wir mal, das Kreuzchen auf dem Wahlschein für die CDU schon vorgedruckt war, und wenn

er zu den Versammlungen ging, manchmal mehrmals in der Woche, sagte meine Mutter, er geht zum Blabla. Ich war noch klein, fünf, sechs oder so, und ich war mir sicher, er geht in Wirklichkeit zu den Terroristen. Und ich hatte Angst, jemand anderes könnte von dem Geheimnis meines Vaters erfahren. Offenbar hatte ich verstanden, dass alles, was politisch »anders« war, unter Terrorismusverdacht geriet.

*[Simone, *1972]*

Ortschaftsrat. Das kommt in meinem Wörterbuch direkt vor Ortsvorsteher. Und genau, Clogs hat mir, nachdem wir das erste Mal miteinander geschlafen hatten, von seiner Schwester erzählt, und die Bewunderung, die in seinen Worten mitschwang, machte mich neugierig, weil sie so wenig zu seiner Abgeklärtheit passte, die er an der Uni an den Tag legte. Wenn er sie bewunderte, musste sie etwas Besonderes sein. Er hat mir ein Foto gezeigt, ein Schwarz-Weiß-Foto, das eine Frau mit langen, gewellten Haaren zeigte, die ich mir rot vorstellte, vielleicht, weil ich selbst gerne rote Haare gehabt und so rebellisch gewesen wäre, wie ich mir Clogs' Schwester vorstellte. Auf dem Foto warf sie einen überraschten, empörten Blick über ihre Schulter, und nur weil es dieses Foto gegeben hat, erinnere ich mich überhaupt an das Gesicht von Clogs' Schwester. An Clogs' Gesicht hingegen erinnere ich mich nicht. Ich kann mir Gesichter, selbst von den Menschen, die mir nahestehen, nur schwer vorstellen. Wenn sie nicht da sind, bleibt von ihnen kein festes Bild übrig, nur eine Ahnung, eine Ausstrahlung, bestenfalls eine Körperhaltung. Um mir ein Gesicht vorzustellen, hilft es manchmal, mir ein existierendes Foto zu vergegenwärtigen, diesen einen Augenblick, den die Kamera festgehalten hat. Gesichter sind zu flatterhaft, um vom Hirn fixiert zu werden, der Apparat kann etwas, was ein Hirn, jedenfalls mein Hirn, nicht vermag. Wie hat man gelebt, bevor es Fotos gab, die der Erinnerung auf die Sprünge helfen? Hat man andere Hilfsmittel gehabt, die in Vergessenheit geraten sind? Oder war Erinnerung weniger wichtig?

Clogs' Schwester lebte, wenn ich mich richtig erinnere, in einer Landkommune unweit der Universitätsstadt. Oder seine Eltern lebten dort. Ich bin mir nicht mehr sicher. Ich habe Bilder im Kopf, ein Haus am Rand eines Dorfes, ein Garten mit Obstbäumen, aber diese Erinnerung kann auch von später stammen, als ich schon aus England zurückgekehrt war. In der Umgebung von mittelalterlichen Universitätsstädten gab es immer jede Menge Bauernhäuser, die von Kommunen, später von WGs bewohnt waren, man kannte jemanden, der dort wohnte, man traf sich dort in Arbeitsgruppen, ging auf Feste. Kann sein, ich war sogar einmal bei Clogs zu Hause, das ist sogar wahrscheinlich, sonst wüsste ich nicht, dass sein Dorf im Norden der Universitätsstadt lag und mit dem Fahrrad zu erreichen war. Plauktal hingegen liegt südlich der Universitätsstadt und ist zu weit weg, um einfach so mit dem Fahrrad dorthin zu gelangen. Man müsste sich anstrengen, es wäre eine Fahrradtour. Es kann sich bei dem Haus von Clogs' Familie also nicht um meine Mühle gehandelt haben. Zumal ich mich an den See erinnern würde. Man vergisst doch einen See nicht.

Habe ich Hedda, die Hah genannt werden wollte, getroffen? Mir kommt es so vor, aber mir fallen keine Bilder dazu ein. Es ist einfach zu lange her. Und Clogs war eine dieser Begegnungen, die im Moment selbst eine Bedeutung haben, dann aber in Vergessenheit geraten, weil so viele andere, wichtige Dinge passieren. Man erinnert sich an das, was Folgen hatte und durch die Folgen im Bewusstsein geblieben ist. Oder ein

Bild, ein Ereignis, ein Geruch bringt die Erinnerung zurück. Das meiste bleibt für immer verschüttet. Man kann sich auch an eine Begebenheit erinnern und die Menschen, die dabei waren, aus der Erinnerung gelöscht haben. In dem Fall erinnere ich mich weder daran, schon einmal hier gewesen zu sein, noch daran, eine Helga Vogler kennengelernt zu haben. Wenn ich meine Tagebücher aus der Zeit noch hätte, könnte ich nachsehen, ob ich eine Helga erwähnt habe. Aber meine Tagebücher habe ich bereits vor Jahren verbrannt, ohne sie im Detail noch einmal durchzulesen. Ich habe ein wenig darin geblättert und war peinlich berührt. Der Eifer. Die Verzweiflung. Das Selbstmitleid.

Ich muss meine Landkarten auspacken, vielleicht fällt mir beim Blick auf die Karten wieder ein, wie das Dorf hieß, in das mich Clogs eingeladen hat. Wenigstens das.

Und wenn es die Großmutter, die Mutter, den Onkel gegeben hätte, Alexander jedoch nicht der richtige Enkel wäre? Also doch Alexander, der Betrüger? Das glaube ich einfach nicht. Das will ich nicht glauben. Anderseits, Fotos von mir? Von denen ich nichts weiß? Hier in diesem Garten? Ich stehe auf, gehe in den Flur und stelle mich ans Fenster. Kenne ich diesen Garten? Aber ich habe kein Gartengedächtnis, sofern es so etwas gibt, die einzigen Gärten, an die ich mich erinnere, sind der Garten meiner Großeltern und der meiner Eltern. Weil ich ein Kind war, weil ich in ihnen gespielt habe. Und wer weiß, ob im Mühlengarten nicht irgendwann einmal größere Bäume standen, keine Obstbäume, sondern Eichen, Tannen, was weiß ich, welche Bäume außer Obstbäumen in Gärten stehen. Große Bäume würden jedenfalls das Bild eines Gartens völlig verändern. Vielleicht kann mir Herr Baumann weiterhelfen. Wenn er einen Sinn für Bäume hat, erinnert er sich womöglich daran, ob in meinem Garten einmal andere Bäume standen, große, ausladende zum Beispiel, die es mir unmöglich machen würden, den Garten zu erkennen. Vielleicht kann er sich auch erinnern, ob an der Stelle des Schuppens einmal ein anderes Gebäude stand.

Aber was mache ich mir Gedanken über Botanik, über Gärten, über einen Schuppen, erst einmal muss mir Alexander Vogler das vermeintliche Beweisfoto vorlegen. Und bis dahin kümmere ich mich um das, was wirklich dringend ist.

Na ja, ich bin zu jung, um mich an konkrete Sachen zu erinnern, außer an die Fahndungsplakate. Die Fahndungsplakate, an die erinnern sich ja alle, das Land muss gepflastert gewesen sein damit. Und an die Stimmung, an die erinnere ich mich schon. Oder das bilde ich mir jedenfalls ein. Ich meine, Anfang der Achtziger war das, glaube ich, nicht so anders als Mitte der Siebziger. Dass man jederzeit angehalten werden konnte, diese Polizeikontrollen, das war schon diese Zeit. Einmal, als wir mit dem Auto unterwegs waren, gab es plötzlich Unruhe vor uns auf der Straße, und dann war da diese Polizeisperre. Und ich hab gleich gedacht, das ist wegen uns, meine Eltern haben etwas verbrochen und kommen ins Gefängnis. Das war echt so ein Moment der Panik. Natürlich haben sie uns durchgewunken, mit den Kindern hinten drin. Ich weiß nicht, wie alt ich da war, ob das in den Siebzigern war oder in den Achtzigern. Man hat immer nur den Deutschen Herbst im Blick, eine sehr begrenzte Zeitspanne, aber das Davor und Danach, das bleibt ziemlich blass. Vor allem das Danach. Als hätte alles mit dem Deutschen Herbst aufgehört. Dabei ging das ja noch lange so, es gab Berufsverbote, und alles, was links war, oder alternativ, wie es dann irgendwann hieß, war per se verdächtig. Also, man fährt mit ein paar Kumpels über die Grenze rüber nach

Frankreich, in einem VW-Käfer, und die Kumpels haben lange Haare, und man weiß von vorneherein, dass man angehalten wird. Man witzelt, hast du die Knarre auch gut versteckt, und das Gras, haha. Und wir wurden angehalten, immer. Und das war auf jeden Fall schon in den Achtzigern. Wir machten Scherze, aber ich weiß noch, dass mir immer mulmig war. Weil, Polizei, das war Willkür, das war Gewalt. So jedenfalls fühlten wir es und haben es auch oft genug erfahren. Bei diesen Kontrollen. Bei Demonstrationen. Brokdorf, Wackersdorf, Mutlangen. Bei Hausbesetzungen. Und das hat sich für mich erst viel später verändert, dass ich dem Rechtsstaat, jetzt mal als Pars pro Toto, nicht mehr grundsätzlich misstrauisch gegenüberstehe. Dass ich nicht grundsätzlich denke, die sind eh auf dem rechten Auge blind, wie man gesagt hat. Ich würde sagen, das hat sich sogar erst vor ein paar Jahren verändert. Und das entspricht ja auch einer veränderten Gesellschaft, einer veränderten Realität. Es sitzen nicht mehr die alten Nazirichter, die Nazipolizeipräsidenten auf ihren Posten. Aber wenn ich mir eine Gegenfrage erlauben darf, warum interviewst du mich überhaupt genau dazu? Der Rechtsterrorismus der achtziger Jahre und auch noch danach hat jede Menge Tote gemacht und wird nicht einmal Terrorismus genannt. Und ist auch nicht auf diese Weise im kollektiven Gedächtnis geblieben. Warum? Dazu müsste man mal Interviews machen.

*[Daniel, *1971]*

Ich muss nach dem Feuer sehen. Ich habe es heute Morgen wieder in Gang gebracht und dann vergessen. Das ist leichtsinnig, so ein Feuer alleine vor sich hin brennen zu lassen, das ist verrückt. Verrückt, *fou, feu follet*, nannte mich meine Großmutter manchmal, weil ich immer in Bewegung war, immer da war, wo sie es nicht erwartete, und einmal nahm sie mich in den Wald mit, zu einem See, wo es angeblich Irrlichter gab, sie selbst hätte dort welche gesehen. Ist das der See, auf dem ich Schlittschuh gelaufen bin? Aber er war moorig und zugewachsen – frieren sumpfige Seen zu? Und selbst wenn, ich war nur in den Sommerferien bei meinen Großeltern, und als mir meine Mutter die Schlittschuhe schenkte, waren meine Großeltern schon gestorben.

Das Feuer glimmt noch leicht. Ich schiebe die Glutbrocken auseinander, damit sie abkühlen. *Fou, flou,* wenn ich weiter an der Wortkette ziehe, hängt am Ende womöglich ein Netz voller zappelnder Fische dran, das feucht und schwer auf den Boden der Mühle fällt, ein Bündel mit meinem flauen, lauen Französisch, das ich sorgfältig versenkt hatte, weil es nicht genügte, weil es auf den großelterlichen Radius begrenzt war. Wenige Schritte darüber hinaus, ins Dorf, in die nächste Stadt, wo das Schwimmbad war, entlarvten mich als Fremde, die, sobald sie etwas zum ersten Mal tat, nicht *en détail* wusste, wie man fragte, was man sagte, wie man sich benahm. Nachdem meine Großeltern beide gestorben waren, habe ich nur noch in Schulstunden Französisch gesprochen und, als die Schule zu Ende war, das Bündel verschnürt und versenkt.

Vielleicht wäre jetzt die Gelegenheit dazu, wieder daran anzuknüpfen, weiter an der Wortkette zu ziehen, Bücher zu lesen, ich könnte mit Kinderbüchern oder Comics anfangen, das ist nicht so frustrierend, genau, wenn ich fertig mit dem Buch bin und eingerichtet, nehme ich mir Zeit für meine Muttersprache.

Der Deutsche Herbst … da hab ich noch nicht viel mitbekommen. Nachrichten durfte ich nicht schauen, und ob meine Eltern was dazu gesagt haben … keine Ahnung. Ich erinnere mich an Bemerkungen in der Schule, da hat mal ein Mädchen gesagt, die Terroristen müsste man erschießen, das fand ich schon schockierend, aus dem Mund einer Gleichaltrigen. Keine Ahnung, vielleicht siebte, achte Klasse. In der Schule hab ich ja auch zum ersten Mal gehört, dass Hitler immerhin die Autobahnen gebaut habe. Später dann, Ende der Achtziger, da haben mich die Autonomen schon auch angezogen, irgendwie dachte ich, das sind die, denen ich politisch am nächsten stehe. Und gleichzeitig ist mir das Sendungsbewusstsein, das sie hatten, auf die Nerven gegangen, sie hatten die Wahrheit gepachtet, und auch, ja, da war so eine »Der Zweck heiligt die Mittel«-Einstellung. Dass man ein Recht hat, sich über bestimmte Regeln hinwegzusetzen. In kleinen Buchhandlungen zu klauen, und so was. Sprich, Privateigentum ist Scheiße, vor allem, wenn es meinem persönlichen Glück im Wege steht. Und die Typen da, die kamen sich vor wie Helden, hatten alle den Kriegsdienst verweigert, aber träumten davon, Helden zu sein, Guerilla-Helden, versteht sich. Und als ich mich dann mit der RAF und all diesen Bewegungen auseinandergesetzt habe, habe ich viel davon wiedererkannt. Auch die Fixierung auf Palästina. Und da sage ich mir, wenn es ihnen wirklich darum gegangen wäre, alte Nazis zu bekämpfen, warum haben sie dann nicht, wie soll ich sagen, das Versagen der Gerichte, also ausgebügelt, sie hätten ja solche entführen oder umbringen können, die ganz klar Leute auf dem Gewissen hatten, irgendwelche SS-Schergen, die man laufen ließ, weil man die Gesetze so formuliert hatte, dass sie nicht behelligt werden konnten. Oder all die Richter, die einfach in den Ruhestand gehen durften oder Ministerpräsidenten wurden. Die Ärzte, die noch weiter Gutachter im Gesundheitssystem waren. Das war wahrscheinlich zu nah dran, das hätten ihre eigenen Eltern oder Großeltern sein können. Sie kaprizierten sich auf das große Ganze des Staates, des »Systems«, um sich nicht mit ihren Eltern, Großeltern, Nach-

barn auseinandersetzen zu müssen. Und wenn man liest, was sie so von sich gegeben haben, wie oft da das Wort »Vernichtung« drin vorkommt, auf sich selbst bezogen, das ist echt auffällig, das ist eine Verdrehung der Tatsachen, oder besser, eine Umdeutung des Wortsinnes, man kann doch nach der Shoah dieses Wort nicht mehr einfach so für alles Mögliche benutzen! Trotzdem, Anfang der Siebziger, wäre ich da im richtigen Alter gewesen, ich kann mir schon vorstellen, dass das für mich attraktiv gewesen wäre. Aus Gerechtigkeitssinn. Aus Abenteuerlust. Aus Protest. Das ist es doch, was Jugendliche bewegt. Sie sind empfindlich, wenn es um Verlogenheit geht. Und sie müssen für etwas brennen. Und dann bedienen sie sich an dem, was gesellschaftlich gerade zur Verfügung steht.

*[Marga, *1965]*

Siebzehn Uhr fünfundvierzig. Ich sollte die Achtzehn-Uhr-Nachrichten hören, dann wüsste ich zumindest, welcher Tag heute ist. Wüsste, was draußen in der Welt passiert. Was gesellschaftlich zur Verfügung steht.

Natürlich habe ich mich gefragt, was ich selbst auf meine Interviewfragen geantwortet hätte. Was ich heute über diese Zeit denke. Wann hörte »diese Zeit« auf? Hätte ich, wäre ich etwas älter gewesen, »mitgemacht«, wäre zu dem Schluss gekommen, dass die Veränderung der Gesellschaft nur mit Waffengewalt zu erreichen ist? Irgendwann stellt sich jedem politisch denkenden Menschen die Frage der Methoden, die er bereit ist anzuwenden oder für notwendig hält. Von vorneherein zu sagen, für mich kommt es nicht infrage, Menschen zu töten, ist nicht ehrlich. Man muss es ja erst als Möglichkeit durchdenken, um zu diesem Schluss zu kommen. Was ist mit Tyrannenmord? Oder was ist mit dem Attentat auf Heydrich,

»wenigstens einer weniger, denke ich«, aber warum? Wo ist die Grenze? Wenn es keine rechtsstaatlichen Möglichkeiten mehr gibt, gegen Unrecht vorzugehen? Oder ist es eine Frage des Ziels? Reform oder Revolution?

Ich muss über mich selbst lachen, weil ich ausgerechnet jetzt über diese Dinge nachdenke, wo ich aufs Land gezogen, mit knapp fünfzig dem allgemeinen Trend zum Rückzug gefolgt bin, auch wenn ich mich dagegen wehre, dass es so sein könnte. Dabei war ich nie besonders revolutionär. Ich war wütend und konnte mich in meine Wut hineinsteigern, aber ich blieb bei den Worten. In der Realität ist immer ein Abstand geblieben zwischen mir und den anderen, zwischen mir und den Dingen, den Zielen, dem Sinn, ein Abstand, der sich in Zweifel übersetzte. Das ist möglicherweise eine Frage der Generation, oder es ist das, was den Menschen ausmacht, ist der Preis für das Bewusstsein und zugleich das, was wir versuchen zu überwinden. Ideologie ist ein Kitt, und dann gibt es Tricks, zum Beispiel voneinander mit dem Vornamen zu reden, wie damals bei den Leuten im Untergrund oder den politischen Gefangenen, als würde man sie persönlich kennen, als wäre man mit ihnen zusammen Teil desselben großen Körpers. Nur wer es schafft, sich als Teil dieses Körpers zu fühlen, ist in der Lage, militant zu sein, für eine Sache zu brennen, zu sterben, vor allem zu sterben, weil die Erkenntnis, dass es den großen Körper nicht gibt, von dem man glaubte, ein Teil zu sein, lebend auf Dauer nicht zu ertragen ist.

Dass ich mich immer selbst von außen gesehen habe, auch wenn ich mich, als ich endlich meine Schüchternheit abgelegt hatte, voller Leidenschaft in politische Diskussionen warf, als müsste ich die stummen Jahre nachholen, ist vielleicht mein Glück. Nur manchmal, wenn ich höre oder lese, mit welcher

Selbstgefälligkeit die Vertreter neoliberaler Wirtschaftspolitik so tun, als wären sie im Besitz der einzig möglichen Lösung, ja der Wahrheit, verspüre ich wieder die Wut einer sechzehnjährigen, zwanzigjährigen, zweiundzwanzigjährigen Frau. Ich frage mich, ob ich es noch erleben werde, dass die angebliche Alternativlosigkeit von einer breiten Bewegung infrage gestellt wird, und denke, dass das eigentliche Leben immer nur das eigene ist.

Es ist gleich 18 Uhr. Mein Radio ist noch auf Jazz eingestellt, ich drehe am Knopf, bis ich auf die seriöse Stimme eines Nachrichtensprechers stoße. … *den sieben Hauptverdächtigen drohen nun wegen Mordes und Mitgliedschaft in einer terroristischen Vereinigung jeweils mehr als 38 000 Jahre Haft. In der Praxis beträgt die Haftzeit nach einer Verurteilung wegen Terrors im spanischen Recht höchstens 40 Jahre.*

Steigende Leitzinsen. Die Zeichen stehen auf weiter steigende Leitzinsen. Gute Konjunkturdaten in Japan regen die Zinsfantasie an, doch auch andere Notenbanken werden wahrscheinlich ihre Leitzinsen im laufenden Jahr weiter erhöhen.

Sabine Christiansen geht. Die Talkshow der heute 49-Jährigen hat die Republik verändert. Sie habe, so Michael Hanfeld in der FAZ, einen neoliberalen Diskurs geprägt, der zum Grundrauschen der Republik geworden ist …

Ich schalte das Radio wieder aus. Noch eine dieser prägenden Fernsehereignisse, das ich nie gesehen habe. Ich will das alles jetzt nicht hören. Also doch Rückzug aufs Land, Rückzug aus der Welt? Nein, ich ziehe mich nicht zurück. Ich versuche nur, mein Leben zu ordnen, mein Manuskript fertigzustellen, ein Haus einzurichten und nebenbei ein paar verschwommene Erinnerungen für einen Unbekannten scharf zu stellen, und ich verstehe selbst nicht, warum ich mich darauf einlasse. Es ist völlig normal, dass meine Gewohnheiten durcheinandergeraten, dass ich verwirrt bin. Und wie bin ich darauf gekommen, dass man aus dem Radio das Tagesdatum erfährt?

6

Terrasse

Ich sehe Alexander schon von Weitem. Er kommt den Pfad am See entlang in meine Richtung, mit gesenktem Kopf, die Schultern hochgezogen, die Hände in den Manteltaschen. Er schaut auf, sieht mich, winkt. Ich hebe die linke Hand zum Gruß, in der rechten halte ich eine Zigarette, das Päckchen hat sich gestern doch noch gefunden, und ich bin auf dem besten Weg, wieder zur Raucherin zu werden. Raucherin mit Blick auf See. Ich ziehe noch einmal an der Zigarette und drücke die halb gerauchte Kippe auf dem Boden aus. Mir ist kalt, ich wickle die Wolljacke enger um mich und gehe ins Haus zurück. Wenn gleich Alexander Vogler klingelt, und damit rechne ich, möchte ich nicht, dass er mich in dieser alten, viel zu großen Jacke sieht. Blaugraue, engmaschig gestrickte Schurwolle mit einem Reißverschluss, sie gehörte dem Freund meiner Tochter, und er hat sie, am selben Tag, an dem er bei mir in meiner Wohnung am Küchenfenster geraucht hat, in den Altkleidersack gestopft, den ich vor dem Umzug zum Wegbringen in den Flur gestellt hatte. Zu abgeschabt, die Jacke, fand er. Ich habe sie wieder herausgeholt, nachdem er gegangen war. Weil sie mir gefiel, die Machart, die Farbe, und weil ich dachte, ich könnte sie für den Garten gebrauchen. Bestimmt schimmert der See manchmal blaugrau wie diese Jacke, im Frühling vielleicht, im März oder im April, wenn der Himmel noch unentschlossen blau ist, durchzogen von Wolken. Ich muss darauf achten, sie nicht anzuhaben, wenn Nelly zu Besuch kommt. Wie sollte ich ihr erklären, dass ich die abgenutzte Jacke ihres Freundes trage?

Ich drehe mich um, will die Terrassentür verriegeln und fahre zurück. Vor mir, hinter der Scheibe, steht Alexander. »Ich wollte Sie nicht erschrecken«, glaube ich auf seinen Lippen zu lesen und öffne die Terrassentür wieder. »Ich wollte Sie nicht erschrecken«, sagt er noch einmal. »Es tut mir leid, ich hätte klingeln sollen. Ich bin einfach so daran gewöhnt, über den Garten zu kommen, dass ich gar nicht darüber nachgedacht habe.«

Ich halte die halb gerauchte Zigarette, die ich im Müll entsorgen wollte, noch in der Hand und ärgere mich, dass ich sie nicht vorsichtiger ausgedrückt habe.

Ich trete an Alexander vorbei wieder auf die Terrasse. Wenn ich ehrlich bin, freue ich mich, ihn zu sehen. Wenn ich ehrlich bin, hatte ich befürchtet, ihn mit meiner Schroffheit vergrault zu haben. Ich ziehe die Zigarettenpackung aus der Strickjackentasche. »Wollen Sie auch eine?«

Alexander hebt abwehrend die Hände. »Bloß nicht, ich bin froh, dass ich davon losgekommen bin.«

Ich auch, denke ich, und zünde mir eine neue Zigarette an.

»Sie haben das Auto umgeparkt«, stellt Alexander fest, noch ein wenig außer Atem, als wäre er das letzte Stück gerannt. »Sie wissen, dass es da, wo es stand, nicht bleiben kann? Die Angler haben …«

»Genau, die Angler. Die Nachbarin war da. Ich habe es zwar nicht in den Schuppen gestellt, wie sie es gerne hätte, aber ein wenig weiter vorne an den Wegrand. Von der Einbuchtung weg.«

»Meine Großmutter hat immer Ärger deswegen gehabt. Aber sie hat es auch provoziert. Sie hat es genossen, ihr Auto an der falschen Stelle zu parken. Ich glaube, sie hat das Gefühl gebraucht, mit den Dorfbewohnern im Clinch zu liegen, ihre Regeln nicht zu beachten. Sie hat immer sich selbst und der Welt beweisen müssen, dass sie und die Dorfbewohner nichts gemeinsam haben. Aber sie hat an der Mühle gehangen und hat sich nie entschließen können wegzuziehen. Das wäre ja eine Kapitulation gewesen. Außerdem hat sie viel Geld und Arbeit hineingesteckt. Die Mühle war mehr oder weniger eine Ruine, als sie Anfang der Siebziger mit ihren zwei Kindern eingezogen ist, mit meiner Mutter und meinem Onkel. Sie hat die Mühle von einem entfernten Onkel geerbt. Die Leute haben sie für verrückt erklärt, dass sie die Mühle nicht einfach abreißt und neu baut, so hat man das gemacht, und es wäre die einfachste Lösung gewesen. Wussten Sie, dass die Mühle hier im Dorf Franzosenmühle genannt wird? Nur weil Sie ja diesen französischen Vornamen tragen, da dachte ich, das könnte Sie interessieren … Angeblich ist sie im 18. Jahrhundert von einem Franzosen erbaut worden. Ein General Napoleons, der sich in ein Mädchen aus der Gegend verliebt hat und geblieben ist.«

Ich bin also in eine Franzosenmühle gezogen. Warum hat die Nachbarin das nicht erwähnt? Was würde meine Mutter dazu sagen? Nichts, vermute ich, so wie sie fast nie etwas gesagt hat zu dem, was ich tat, oder ich kann mich nicht daran erinnern. Sie hat diese Zettel mit den Gedichten hinterlassen und sich hinter ihre Staffelei zurückgezogen, die in einer Ecke der Scheune stand, in der auch Platz für ein Atelier sein sollte, wenn sie einmal ausgebaut wäre. Sie malte große Farbflächen, die ineinander übergingen und in deren Übergang sich etwas zusammenzubrauen schien, das den Betrachter hineinzog in die Ungewissheit, ihn regelrecht aufsog. So empfand ich es jedenfalls, und ich vermied es, die Bilder, die bei uns im Haus hingen, anzuschauen, setzte mich so, dass mein Blick anderswo hinfiel. Ich habe die Gemälde meiner Mutter geerbt und hatte sie in Berlin zuletzt bei einer Freundin untergebracht, hier habe ich sie erst mal auf den Dachboden stellen lassen, ich weiß nicht, ob ich Bilder meiner Mutter an den Wänden haben will, obwohl ich hier zum ersten Mal die Fläche hätte, großformatige Bilder aufzuhängen.

»Nein, das höre ich heute zum ersten Mal«, antworte ich auf Alexanders Frage. Ich bin mir nicht sicher, ob er vielleicht längst weitergeredet hat, während ich in Gedanken bei meiner Mutter und ihrer Malerei war. »Stammt aus dieser Zeit noch der Lorbeer?«

Es ist keine ernsthafte Frage, eher ein laut ausgesprochenes Sich-Wundern, ich glaube kaum, dass Sträucher mehrere Hundert Jahre alt werden. Aber Alexander scheint weder meine Antwort noch meine Frage merkwürdig zu finden. Er starrt auf meine Füße.

»Den Lorbeer hat Helga gepflanzt«, sagt er, wie um die Antwort abzuhaken, während die eigentlichen Dinge erst noch zu sagen sind. »Sie haben ja Helgas Gartenschuhe an! Waren die noch im Haus? Ich dachte, ich hätte alles leer geräumt.«

Helgas Schuhe. Helgas Lorbeer. Alles in diesem Haus hat etwas mit Helga zu tun.

»Im Schuppen«, antworte ich, »ich habe sie im Schuppen gefunden.« Ich schaue auf meine Füße in den Galoschen, und es kommt mir vor, als wären es nicht meine Füße. Ich stecke in fremden Schuhen, in einer fremden Jacke, und mein Gegenüber hält mich für jemand anderen, als ich bin. Vielleicht könnte ich in die Rolle hineinwachsen, die Alexander für mich vorgesehen hat. Es wäre so viel einfacher, als mich zu sträuben, zu zweifeln, nach Erinnerungen zu kramen, die es nicht gibt.

»Helga hat Gartenarbeit geliebt, und da wir in der Stadt wohnten und keinen Garten hatten, ist sie oft hierhergekommen, hat gejätet, gesät, geerntet. Und das hier waren ihre Gartenschuhe. Von einer Reise nach Frankreich hat sie dann auch den Lorbeer mitgebracht. Sie war oft in Frankreich. Auf den Lorbeer war sie sehr stolz, weil man ihr prophezeit hatte, die Stecklinge würden nicht einen Winter überleben. Nun haben sie sogar Helga überlebt.«

»Das tut mir leid«, sage ich.

»Sie haben das erst von mir erfahren, dass sie gestorben ist, oder? Ja klar, wie soll es sonst sein, wenn Sie sich nicht an sie erinnern.«

Ich nicke, schüttle den Kopf, bin verblüfft. Er lässt sich auf meine Sicht der Dinge ein, vielleicht ist er doch nicht verrückt.

»Sie ist vor fünf Jahren gestorben«, fährt Alexander fort. »Und dann ist meine Großmutter krank geworden, und kein Arzt konnte sagen, was mit ihr los war. Die ganzen Untersuchungen, Krankenhäuser, es war eine Qual, und es kam nichts dabei heraus. Sagt man nicht, dass Menschen vor Kummer sterben können? Ich denke, genau das war es, sie ist aus Kummer gestorben, weil sie ihre eigenen Kinder überlebt hat. Nelson ist bei einem Flugzeugabsturz in Brasilien ums Leben gekommen«, fügt er hinzu. »Ich habe nur vage Erinnerungen an ihn.«

Ständige Angst, die mich vom ersten Atemzug meines Kindes an begleitet hat. Dass Nelly etwas zustoßen könnte. Eine Art Tonspur, die mitläuft, die nicht ständig klingt, aber doch immer da ist. Ich rufe Nelly heute Abend noch an. Sie kann gerne vorbeikommen. Jederzeit.

Immerhin weiß ich jetzt, warum Nelson Alexander nichts erzählen kann. Immerhin eine Frage, die ich von der Liste streichen kann.

Alexander klopft mit der Hand auf seine Manteltasche.

»Ich habe Ihnen die versprochenen Fotos mitgebracht.« Er sagt es wie ein eifriger Schüler. Erwartet er, dass ich ihn lobe?

»Wäre es nicht sinnvoller, Sie zeigen mir einfach ein Foto von Helga, am besten aus der Zeit, um die es geht? Und entweder ich erinnere mich oder ich erinnere mich nicht, und dann müssen Sie sich eben damit abfinden.«

»Wenn ich eins hätte, würde ich das natürlich tun! Aber es gibt nun mal keine Fotos von ihr als Erwachsene. Sie hat es nicht ausstehen können, fotografiert zu werden. Sie wurde richtig wütend, wenn man es trotzdem versucht hat. Und die, die es möglicherweise gegeben hat, ich meine, es gibt doch immer irgendein Foto, auch wenn man damals noch weniger fotografiert hat, oder? Jedenfalls, falls es welche gegeben hat, muss sie sie zerstört haben. Das Einzige, was ich habe, sind ein paar Fotos von ihr als Säugling und ihr Ausweis mit dem Passfoto. Ich wollte ihn mitbringen, aber ich habe alles durchsucht und ihn nicht gefunden. Er muss irgendwo dazwischengerutscht sein. Er taucht bestimmt wieder auf.«

Wenn es keine Fotos von ihr gibt, kann Helga nicht Hah sein. Es sei denn, der wütende Blick auf dem Schwarzweißfoto, der sich direkt an mich zu richten schien, hätte dem Fotografen gegolten, der sich über ihr Verbot hinweggesetzt hatte. Und Clogs, der vielleicht Nelson ist, hätte das Bild heimlich behalten.

Alexander zieht einen der zwei Gartenstühle heran, die an der Wand lehnen, und klappt ihn auseinander. Gartenstühle und Tisch waren, wie die Küchenmöbel, bei meinem Einzug schon da. Ich vermute, auch sie stammen von Alexanders Großmutter, sonst wäre die Geste, mit der er nach dem Stuhl gegriffen hat, nicht so selbstverständlich gewesen, er hätte zumindest gefragt, ob er sich den Stuhl nehmen kann. Es ist zu kalt, um weiter draußen zu sitzen, ich sollte Alexander hereinbitten. Stattdessen klappe ich einen der anderen Stühle auseinander und nehme ihm schräg gegenüber Platz. Wie wir da mitten im Winter auf Gartenmöbeln sitzen, als wäre es Sommer, hat etwas Skurriles, Inszeniertes, als wären wir Teil einer Installation.

Alexander greift in die Tasche seines Mantels, zieht ein Kuvert hervor und reicht es mir. »Ich vermute, Helga hat sie aufgenommen. Wenn ja, dann hat das Fotografierverbot offenbar nur für andere gegolten.«

Ich strecke die Hand aus und ziehe sie gleich wieder zurück. »Was soll ich damit?«

»Na, schauen Sie sie sich doch wenigstens an!« Seine Stimme hat etwas Flehendes, als hätte ich ihm etwas versprochen und würde ihn nun hängenlassen mit seiner Hoffnung, als hinge von meinem Blick die letzte Chance für ihn ab, sein Leben zu klären. So etwas kann man nicht spielen, was verliere ich, wenn ich mir diese Fotos anschaue, im Gegenteil, ich gewinne Gewissheit, es wird sich zeigen, dass Alexander sich irrt. Trotzdem klopft mein Herz, als ich das Kuvert öffne, was, wenn ich mich irre und Alexander recht hat? Recht haben, Punkte gewinnen, verlieren, wir kennen uns nicht, wir können gar nicht in dasselbe Spiel mit seinen sich ausschließenden Spielzügen verwickelt sein, wenn du gewinnst, verliere ich, wenn ich verliere, gewinnst du, wir sind doch nicht bei der Lotterie, der lottrigen Lebenslotterie,

Ein ausgeblichenes Polaroidfoto, auf dem unter kahlen Bäumen im vom Winter geknickten Gras eine Silhouette mit gesenktem Kopf hockt. Der Fotografin abgewandt streichelt sie vielleicht eine Katze oder sucht etwas auf dem Boden. Ich muss zugeben, dass ich erschrocken bin, das könnte tatsächlich ich sein, anderseits ist es nicht das erste Mal, dass ich mich auf einem Foto zu erkennen glaube, das jemand ganz anderen zeigt. Auf diesem Foto hier sieht man zu wenig vom Körper, um eindeutig bestimmen zu können, um wen es sich handelt, sieht kein Gesicht. Und abgesehen davon, dass ich niemals eine Katze streicheln würde, gibt es auch keinen Beweis, dass das Foto in meinem Garten aufgenommen wurde. Die Bäume wirken mit ihren wenigen Ästen verloren, scheinen Halt zu suchen in der ungewohnten Umgebung, als hätten sie noch kein Vertrauen in ihre Wurzeln. Schon möglich, dass es sich um die heutigen Bäume dreißig Jahre früher handelt, aber alle Bäume in Gärten sind irgendwann jung. Links auf dem Foto ein Stück Schuppen, nein, ein Rand, eine Schuppenkante, nicht genug, um meinen Schuppen zu identifizieren. Aber von mir aus kann das mein Schuppen, können das die Bäume in meinem Garten sein, solange nicht ich es bin, die da sitzt. Ich kann es nicht sein, denn ich erinnere mich nicht.

Ich presse die Luft, die ich angehalten hatte, zwischen den Zähnen hervor und drehe das Foto um: *Vor dem Fest. Béatrice Groß, Februar* '77, steht da mit blauem Kugelschreiber in einer entschlossenen, sehr klaren, schnörkellosen Handschrift geschrieben. Es ist genau so, wie ich vermutet habe. Auf einem Fest. Ein Fest kann man schon mal vergessen. Aber warum sollte ich vor dem Fest da gewesen sein?

»Und was soll das beweisen?« Ich schiebe das Foto zu ihm hinüber. »Wer sagt mir, dass nicht Sie das auf die Rückseite des Fotos geschrieben haben?«

Zum ersten Mal sehe ich Ärger und Empörung auf Alexanders Gesicht. »Ich lüge Sie doch nicht an!« Er fügt hinzu, leicht genervt, als hätte ich selbst darauf kommen können oder weil er, überzeugt wie er ist, allmählich ungeduldig wird: »Außerdem ist das nicht meine Schrift. Soll ich es Ihnen zeigen?«

Ich schüttle den Kopf, angle mir das Foto wieder, betrachte das Bild, betrachte die Schrift auf der Rückseite. »Tut mir leid, dass mir das rausgerutscht ist«, sage ich. »Aber das Foto beweist wirklich nichts. So ausgefallen ist mein Name nun auch wieder nicht, und die Person auf dem Foto … Na gut, einen Parka habe ich auch mal gehabt, aber den hatten viele. Es könnte jemand anderes geben, der so heißt oder hieß, abgesehen davon, dass ich die Handschrift nicht kenne. Warum denken Sie, dass ich die Richtige bin?«

»Mit einem Akzent auf dem ›e‹! Das kommt doch nicht so häufig vor in Deutschland!«

Womit die Frage geklärt wäre, woher er weiß, wie man meinen Namen ausspricht.

»Das stimmt, aber unwahrscheinlich ist es trotzdem nicht, dass es meinen Namen zweimal gibt.«

»Aber es kann doch kein Zufall sein, dass ausgerechnet Sie ausgerechnet diese Mühle gekauft haben! Erinnern Sie sich denn an gar nichts? An ein Fest, auf dem Sie gewesen sind?«

Erinnern Sie sich nicht? *Letztes Jahr in Marienbad*? Ich bin kurz davor, zuzugeben, wovon ich keine Ahnung habe, nur damit es Alexander Vogler besser geht. Es kann mir egal sein, ob ich auf irgendeinem Fest gewesen bin oder nicht, ob ich davor oder danach da war.

»Ich war in meinem Leben auf mehr als einem Fest«, antworte ich. »Aber hier, nein, ich wüsste nicht, dass ich hier auf einem Fest gewesen bin. Wie ich Ihnen gesagt habe: Dass ich in diese Mühle gezogen bin, hat mit Ihrer Familie nichts zu tun. Es *ist* völliger Zufall. Ich habe sie entdeckt, weil ich beruflich in der Gegend unterwegs war, weil die Sonne schien, weil ich keine Lust auf Autobahn hatte, weil mich der See auf der Landkarte neugierig gemacht hat. Und nein, ich erinnere mich an kein Foto. Das Foto erinnert mich an nichts. Man sieht die Person nicht deutlich genug. Ich kann Ihnen nicht weiterhelfen.« Die letzten Worte habe ich mit dem Bedauern ausgesprochen, das ich tatsächlich empfinde. Ich würde Alexander gerne etwas über seine Mutter erzählen, aber soll ich mir etwas ausdenken?

»Das ist alles? Das glaube ich nicht.«

»Das ist alles.« Ich darf ihm auf keinen Fall erzählen, dass ich in der Nähe studiert habe. Es wäre für ihn nur ein weiterer Beweis für die Nichtzufälligkeit unserer Begegnung.

Alexander zieht ein weiteres Foto aus dem Kuvert.

»Aber schauen Sie sich wenigstens noch das zweite Foto an. Da ist Nelson drauf zu sehen. Vielleicht sagt er Ihnen ja etwas.«

Neben der kauernden Frau, sie halb verdeckend, ein junger Mann, ein Junge eher, in der gleichen Haltung, er ist im Begriff, sein Gesicht der Fotografin zuzuwenden, um über die Schulter etwas zu sagen, vielleicht zu kommentieren, was auf dem Boden seine Aufmerksamkeit auf sich zieht, er trägt seine dunklen Haare schulterlang, man sieht sein noch halb abgewandtes Profil. Wenn man wüsste, um wen es sich handelt, würde man diese Person möglicherweise erkennen. Ja, es könnte sogar Clogs sein, wegen der dunklen, halblangen Haare, aber trug Clogs manchmal auch Turnschuhe? Abgesehen davon ließe sich das wenige, was ich sehe, ohne Probleme zu Alexander ergänzen. Die beiden am Boden hockenden Gestalten haben etwas Anrührendes. Ich möchte ihnen die Haare aus dem Gesicht streichen, mit einer vorsichtigen, liebevollen Geste.

»Und das ist Nelson? Oder sind das Sie?«

»Ich? Nein, natürlich nicht! Ich war nicht einmal ein Jahr alt! Nein, nein, genau, das ist Nelson, mein Onkel, Helgas Bruder.«

Alexander Vogler ist also 1976 geboren. Und somit zwei Jahre älter als Nelly. Ich reiche ihm das Foto zurück.

»Hatte Nelson einen Spitznamen? Wurde er Clogs genannt? Wurde Ihre Mutter Hah genannt?«

Alexander schaut mich irritiert an. »H? Clogs?«

»Okay, vergessen Sie's. Wissen Sie, schon möglich, dass ich das bin auf diesem Foto. Aber ich erinnere mich nicht. Vielleicht bin ich ja in dem Jahr, in dem ich hier in der Nähe studiert habe, einmal zu Besuch gewesen. Aber falls ich Ihrer Mutter begegnet sein sollte, so habe ich es vergessen. Das ist dreißig Jahre her. Und man war ständig auf Partys, auf Versammlungen, man hatte mit vielen Leuten zu tun.«

Ich hätte das mit dem Studium nicht erwähnen sollen. Alexander springt sofort darauf an.

»Sehen Sie, es ist doch kein Zufall! Sie haben in der Nähe studiert. Und Sie sind hier gewesen. Meine Mutter hat es in ihrem Taschenkalender notiert.« Er sagt es trotzig, als hätte er mit diesem Satz einen Trumpf ausgespielt.

»Ach, auf einmal gibt es auch noch einen Taschenkalender? Haben Sie den mitgebracht? Wie viele Überraschungen haben Sie denn noch parat? Warum ist es Ihnen überhaupt so wichtig, dass ich Ihre Mutter gekannt habe? Was soll ich Ihnen über Ihre Mutter erzählen? Sie müssen schon etwas deutlicher werden. Ein Foto hier, ein Kalender dort, das genügt offenbar nicht, um meinem Gedächtnis auf die Sprünge zu helfen!«

Alexander steckt die Fotos in den Umschlag zurück, nicht ohne sie noch einmal eingehend studiert zu haben. Ich bin mir nicht sicher, ob er zugehört hat. Vielleicht überhört er es einfach immer, wenn jemand verärgert ist. Er hebt den Kopf und schaut mich wieder mit der Offenheit an, die mich von Anfang an entwaffnet hat, aus der aber nun alle Unsicherheit und Schüchternheit verschwunden ist.

»Sie haben recht. Aber sehen Sie's doch mal so: Zum einen wollte ich Sie nicht mit meiner Geschichte überrennen, wo ich doch sowieso einfach so hereingeplatzt bin. Hätte ich gleich einen Packen Beweisstücke auf den Tisch legen sollen? Abgesehen davon, dass ich dachte, dass ich nichts beweisen muss. Dass Sie wissen, von wem und was ich rede.«

Er hat recht. Gewinnen, verlieren. Ein Punkt für ihn. Ich beschließe, ihm zuzuhören, mich nicht mehr zu sperren gegen seine Sicht der Dinge.

Alexander fährt mit der flachen Hand über den Tisch, als müsste er Krümel wegwischen. *Faire table rase*. Nur dass es nichts zu bereinigen, nichts aufzuräumen gibt.

»Ich ging davon aus, dass Sie wissen, dass Helga drei Jahre verschwunden war. Dass sie mich hier in der Mühle bei meiner Großmutter gelassen hat. Ich meine, diese Fotos, die Notiz im Kalender, das war alles kurz davor. Und ich dachte, dass Sie etwas über ihr Verschwinden wissen. Oder zumindest, ob etwas passiert ist, als Sie zu Besuch waren, das damit im Zusammenhang stehen könnte. Oder ob Sie sich an irgendeine Andeutung erinnern, etwas, das sie gesagt hat. Ich bin für jede noch so kleine Spur dankbar, die ich verfolgen kann.«

Ich versuche, mir nicht anmerken zu lassen, wie überrascht ich bin.

»Kurz vor was?«, frage ich, um sicherzugehen, dass ich ihn richtig verstanden habe.

»Eben kurz bevor sie verschwunden ist. Ende Februar, laut meiner Großmutter. Ende Februar 1977.«

Ein Jahr vorher, Ende Februar 1976, ist auch meine Mutter verschwunden. Sie ist verunglückt und von einem Tag verschluckt worden, den es nur alle vier Jahre gibt. Soll ich es erwähnen? Gibt es einen Zusammenhang? Nein, natürlich gibt es keinen Zusammenhang.

»Und wo ist sie gewesen?« Noch beim Sprechen merke ich, wie dumm meine Frage ist.

»Genau das würde ich ja gerne selbst wissen. Der Punkt ist, dass ich davon erst ein paar Tage vor dem Tod meiner Großmutter erfahren habe. ›Das war ja damals, als deine Mutter verschwunden war‹, hat sie beiläufig erwähnt. Es muss ihr herausgerutscht sein, sei es, weil sie sich nicht mehr unter Kontrolle hatte, sei es, weil sie es endlich noch loswerden wollte, bevor sie stirbt. Ich kapierte nicht, wovon sie sprach, und wollte eine Erklärung. Sie hat nicht geantwortet, ein paar Tage lang hat sie fast nichts gesagt, ich habe mich wegen ihres Zustandes nicht getraut zu insistieren, und dann hat sie mich zu sich gerufen und hat angefangen zu erzählen, war plötzlich wieder so wach und klar, wie sie es wochenlang nicht gewesen war. Sie hat erzählt, dass meine Mutter drei Jahre verschwunden gewesen sei. Dass ich in dieser Zeit bei ihr in der Mühle gelebt hätte. Ich habe nachgehakt, warum ist Helga verschwunden gewesen, und was bedeutet verschwunden? Wirklich von der Bildfläche verschwunden, ohne Nachricht, ohne Kontakt? So, dass niemand wusste, wo sie war? Warum ist sie zurückgekehrt? Meine Großmutter hat nur gesagt, dass sie das selbst gerne wüsste, dass sie aber mit meiner Mutter nicht darüber hätte sprechen können, dass sie sich mehrmals gestritten hätten deswegen. Dass sie immer der Meinung gewesen sei, ein Recht darauf zu haben zu erfahren, warum sie von einem Tag auf den anderen ein Kleinkind zu versorgen hatte und drei Jahre lang damit gerechnet hat zu erfahren, dass meine Mutter nicht mehr lebt. Sie musste mich auf ihre Konferenzen mitnehmen und anderen

Leuten gegenüber irgendwelche Ausreden erfinden. Irgendwann hat sie es wohl aufgegeben, das Thema meiner Mutter gegenüber anzuschneiden. Sie war sich sicher, meine Mutter hätte mit mir darüber gesprochen. Erst angesichts meiner Verblüffung ist ihr klar geworden, dass ich keine Ahnung hatte. Sie hat sich für ihr Schweigen entschuldigt, ›wenn man nur lange genug schweigt‹, hat sie gesagt, ›wird die Schwelle, die man überschreiten müsste, um das Schweigen zu brechen, immer unüberwindlicher.‹«

Soviel am Stück habe ich Alexander bisher nicht reden hören. Er hat eine ausgeprägte Mimik, die ihn lebendig wirken lässt und ihm sein jungenhaftes Aussehen verleiht. Er hebt beim Erzählen die Augenbrauen und schaut einen mit weit aufgerissenen Augen an, wie um das Gesagte noch zu unterstreichen. Seine zurückhaltende Gestik steht in einem seltsamen Gegensatz dazu, als würde er die Leidenschaftlichkeit, mit der er erzählt, durch seine Hände wieder zurücknehmen. Hin und wieder streicht er sich eine nicht vorhandene Strähne aus dem Gesicht, als hätte er bis vor Kurzem noch längere Haare gehabt und sich diese Geste noch nicht abgewöhnt.

»Natürlich könnten Sie jetzt einwenden, dass, wenn ich bis dahin mit dem Nichtwissen gelebt habe, ich genauso gut damit weiter leben könnte. Und wenn ich Sie wäre, würde ich das auch denken. Ich bin ja selbst überrascht gewesen, dass es mir den Boden unter den Füßen weggezogen hat. Weil ich plötzlich jeden Augenblick meines Lebens neu betrachten musste. Vor allem die Beziehung zu meiner Mutter, die ja nicht gerade einfach gewesen ist. Ich bin ja nicht umsonst möglichst weit weg gegangen, hab ganze Ozeane zwischen sie und mich gebracht. Und im Laufe seines Lebens macht man sich so seine Gedanken, warum ist die eigene Mutter so und nicht anders, warum habe ich, warum hat sie in einer bestimmten Situation so und nicht anders reagiert, und dann kommt auf einmal eine grundlegend neue Information hinzu, und man kann von vorne anfangen. Ich gehe an die Grenze meiner Erinnerung zurück und suche nach Spuren ihres Verschwindens, die ich bisher nie als solche gedeutet hatte. Einzelne Bilder, die auf einmal einen ganz anderen Untertitel bekommen. Alles kann plötzlich ganz anders interpretiert werden, und dann denke ich auch, wenn sie mir diese drei Jahre verschwiegen hat, was hat sie mir sonst noch verschwiegen? Wo hat sie mich noch angelogen?«

Als wäre bei dieser Aussage der Widerspruch zwischen Mimik und Gestik nicht länger aufrechtzuerhalten, hat Alexander Vogler den letzten Satz mit den Händen unterstrichen. Wieder fällt mir auf, wie feingliedrig sie sind. Ein wenig erinnern sie mich an Katharinas Hände.

»Zum Beispiel die Sache mit den Fotos. Wollte sie mir gegenüber vertuschen, dass es aus den drei Jahren keine Fotos gab, und hat deshalb gleich alles zerstört? Aber das scheint mir ziemlich viel Aufwand, oder? Warum hat sie mir nicht irgendwann erzählt, dass sie weg war und warum? Ich meine, als ich alt genug dafür war. Man kann doch alles erklären. Man muss doch seinem Kind zutrauen, dass es einen versteht. Und man muss in Kauf nehmen, dass es sich sperrt, wütend ist, nicht mehr mit einem spricht. Alles andere ist feige!« Alexander ist aufgesprungen und schaut finster und mit den Händen in der Manteltasche auf den See hinaus. Er wirkt in diesem Moment noch jünger, sein Kindheitstrotzgesicht zeichnet sich hinter dem Erwachsenengesicht ab. Er schweigt eine Weile, dann setzt er sich wieder. »Und weil sie zu feige war, stehe ich jetzt da mit diesen paar Babyfotos, die zufällig bei meiner Großmutter überlebt haben, einem Ausweisfoto und einem Taschenkalender, in dem diese zwei Polaroids steckten, und kann sehen, woher ich Erklärungen bekomme. Verstehen Sie jetzt, warum ich so sehr insistiere?«

Ich verstehe. Ja, natürlich verstehe ich. Auch wenn ich mich frage, was *ich* unausgesprochen lassen würde, nur damit Nelly weiter mit mir spricht. Und weil mir andersherum Nichterzählenwollen seitens meiner Mutter vertraut ist. Ich habe als Jugendliche ein paarmal versucht, etwas über ihre Familie herauszubekommen, die vagen Erinnerungen ihrer Badewannengeschichten in einen Zusammenhang zu bringen. »Was willst du von mir wissen?«, hat sie gefragt, und ihr Gesicht hat den verzweifelten Ausdruck eines in die Enge getriebenen Wesens angenommen. »Welchen Sinn soll es haben, in alten Erinnerungen zu wühlen?«

Alexander setzt sich wieder.

»Hat meine Großmutter meine Mutter suchen lassen? Was hat sie Helgas Arbeitgeber erzählt? Was den Leuten im Dorf? Diese naheliegenden Fragen sind mir leider erst abends eingefallen, als meine Großmutter schlief. Ich war einfach zu schockiert, um naheliegende Fragen zu stellen. Und am nächsten Tag war sie bewusstlos. In ihren Unterlagen habe ich nichts gefunden, das darauf hinweist. Aber nicht existierende Unterlagen können ja trotzdem existiert haben. Sie war in bürokratischen Dingen nicht gerade ordentlich. Oder Helga hat die Sachen zerstört. Wie die Fotos. Entweder, sie hatte diese Macke schon immer, dass sie sich nicht aufnehmen ließ, oder sie hat alle Fotos aus den Jahren vor ihrem Verschwinden zerstört, bis auf die paar erwähnten Säuglingsbilder.«

Alexander macht eine Pause, mir kommt es vor, als müsste er verschnaufen nach so vielen Worten. Drüben am linken Seeufer sehe ich eine Bewegung, jemand führt seinen Hund aus, man sieht den hüpfenden Punkt vor der menschlichen Gestalt auf dem Weg. Es gibt also doch Spaziergänger am See, Spaziergänger mit Hunden.

»Und dann gibt es, wie gesagt, diesen Taschenkalender. In dem sie fast jeden Tag in einer winzigen Schrift etwas notiert hat. Einen Geburtstag. Oder so etwas wie *Wiese gemäht*. Manchmal auch Dinge, die sie vorhatte oder nicht vergessen wollte, wie *Schuhe zur Reparatur*. Demonstrationstermine. *Demo Brokdorf*, stand zum Beispiel irgendwo. Manchmal irgendwelche Kürzel, von denen wohl nur sie wusste, was sie bedeuten. Aber auch persönlichere Dinge, dass sie Besuch hatte, dass sie sich mit ihrem Besuch gestritten hat, sogar worüber!« Alexander hebt bedauernd die Schultern, als würde er sich entschuldigen. »Nicht wirklich intim, aber doch intim genug, dass es mir unangenehm war, darin zu blättern. Selbst noch so belanglose Einträge in einem Kalender sind ja nicht für andere Leute zum Lesen bestimmt. Schon gar nicht für den eigenen Sohn. Jedenfalls scheint es, als hätten wir damals hier in der Mühle gewohnt und noch nicht in der Stadt. Wenn das so ist, so weiß ich nicht einmal das. Ich dachte, ich sei immer nur zu Besuch in der Mühle gewesen. Ich weiß nicht, ob sie davor oder danach ebenfalls Buch geführt hat, die Aufzeichnungen brechen jedenfalls am 26. Februar ab. Danach kommen nur noch Termine, die sie wohl nicht mehr wahrgenommen hat. Zahnarzt und solche Dinge. Noch eine Demo. Meine Mutter war eine sehr sorgfältige oder, weniger freundlich ausgedrückt, zwanghafte Person. Deshalb glaube ich nicht, dass sie so einen Kalender nur zwei Monate geführt hat. Ich kann mich nicht erinnern, je so einen Kalender gesehen zu haben, aber auch das will nichts heißen. Was weiß ich über meine Mutter, wenn ich nicht einmal wusste, dass es diese drei Jahre gab, in denen sie mich verlassen hat? Wenn es weitere Kalender gegeben hat, dann sind sie verschwunden, oder sie hat sie vor ihrem Tod verbrannt, zerrissen, was weiß ich. Warum ausgerechnet dieser Kalender noch existiert, keine Ahnung. Es ist sowieso alles nur Spekulation.«

»Kann ich den Kalender sehen?«

Alexander hebt bedauernd die Schultern.

»Das macht jetzt keinen glaubwürdigen Eindruck«, sagt er, »aber ich habe, als ich schon halb um den See herum war, festgestellt, dass ich den Kalender im Gartenhaus habe liegen lassen. Ich habe überlegt, ob ich zurückgehe und ihn hole, aber dann dachte ich, ich bringe ihn einfach das nächste Mal mit. Ich weiß sowieso, was darin steht. Am 25. 2. hat sie notiert: *Rückfahrt Paris*. Am 26. steht da: *Fête*. Mit diesem Accent drauf. Dann *Nelson und Béatrice*. Hinter Béatrice in Klammern der Name »Groß«. Als gäbe es noch eine andere Béatrice. Aber auch, als wären Sie vorher schon einmal da gewesen. Ich habe ja keinen Kalender von 1976, aber ich finde, es klingt vertraut. Am 27. Februar war ihr Geburtstag, *fête* bezieht sich wohl darauf. Sie wurde 1977 neunundzwanzig. In dem Kalender steht also Ihr Name, Béatrice Groß!«

Neunundzwanzig, so alt wie Nelly heute, aber das ist Zufall und tut nichts zur Sache. Ich versuche, die Informationen, die ich in den letzten zwanzig Minuten erhalten habe, zu ordnen. Verschwunden, in den Siebzigern. Das Schweigen, die nicht existierenden Fotos. Vielleicht liegt es an meiner Beschäftigung mit meinen Interviews, aber das Erste, was mir dazu einfällt, ist, dass Helga untergetaucht ist. Wer untertaucht, hat meist keine Zeit, lange darüber nachzudenken, muss innerhalb von Sekunden entscheiden, nimmt nur das Nötigste mit. Wenn man geht, nimmt man kein Kind mit. Es würde einen gefährden, wäre selbst gefährdet. Man denkt, es ist nur vorübergehend, für ein paar Tage, bestenfalls Wochen. Wahrscheinlich hat man sich bereits vor dem Untertauchen Gedanken gemacht, was mit dem Kind geschehen wird, falls es so weit kommt, und hat dafür gesorgt, dass sich jemand um das Kind kümmert. Oder man entscheidet sich in dem Moment für das heldenhafte Leben und gegen das Kind. Ich weiß, dass man bei aller Liebe für ein Kind wütend auf das Kind sein kann, weil man nicht mehr frei entscheiden kann, was man aus seinem Leben macht. Es gab solche Augenblicke in meinem Leben, Mitte der Achtziger, als ich gerade mein Studium beendet hatte und über eine Freundin eine Stelle an der Uni in Belém hätte haben können, im Norden Brasiliens, aber ich hatte nicht den Mut dazu, allein mit einem kleinen Kind alles aufzugeben und ins völlig Unbekannte zu ziehen. Ich habe mich dagegen entschieden und war mir im gleichen Moment bewusst, dass ich es bereue und dass die Chance, etwas ganz anderes zu tun, nie wiederkommen wird. Und wenn, dann werde ich sie nicht ergreifen, solange ich ein Kind habe. Das war keine angenehme Erkenntnis. Sich in einer Falle zu fühlen. Hätte ich Nelly verlassen, wenn sich die Frage für mich gestellt hätte, wenn ich zu der Erkenntnis gekommen wäre, dass meine politischen Ziele nur in der Illegalität zu erreichen sind? Darauf gibt es keine Antwort. Es wäre vermessen zu behaupten, ich hätte es nicht getan. Vermessen denen gegenüber, die es getan haben. Wir glauben, uns zu kennen und einschätzen zu können, wie wir in bestimmten Situationen reagiert hätten oder reagieren würden, aber unsere Einschätzung beruht auf dem Bild von uns selbst, das wir abgeben möchten. Vor allem vor uns selbst. Und wie immer stellt man die Kinderfrage den Müttern, nicht den Vätern. Abgesehen davon, dass ich mich schon wieder in sinnlosen Gedankengängen verliere und Alexander Vogler in dieser Hinsicht recht hat. Es ist alles nur Spekulation.

»Und was, wenn Sie es falsch gelesen haben?«

»Nein, nein, die Schrift meiner Mutter war sehr gut leserlich. Wie auf dem Foto. Ach so, am 26. Februar hat sie noch etwas hinzugefügt, mit einem anderen Stift, *Mit B. Schlittschuh gelaufen. Süß.* Dann eine Telefonnummer, die durchgestrichen wurde, und vielleicht ein Name, auch durchgestrichen, beides kann man nicht mehr entziffern. Vielleicht erinnern Sie sich ja daran, dass Sie mit meiner Mutter Schlittschuh gelaufen sind.«

Als hätte *süß* mir gegolten, fühle ich den Schock im Kopf, das taube Gefühl hinter den Schläfen, das eintritt, wenn ein vermeintlich gegenseitiges Vertrauen sich als einseitig herausstellt. Wenn man eine Beziehung falsch eingeschätzt hat, gutgläubig, naiv war. Die Demütigung, die dies bedeutet. In *süß* drückt sich Ungleichheit aus. Jemand ist selbstsicher, ein paar Jahre älter, lächelt, schmunzelt über jemand anders, der jünger, schüchterner und in seinem Benehmen rührend, eben *süß* ist. Keine Beziehung auf Augenhöhe. Ich habe mir das als Kind oft genug anhören müssen, wie *süß* ich war. Nenn mich nie *süß*, habe ich Katharina gewarnt.

Aber dieses *süß* gilt nicht mir, sondern irgendeiner B. vor dreißig Jahren. Ich bin damals nicht Schlittschuh gelaufen. Mit welchen Schlittschuhen auch? Die mit Plüschrand waren zu dem Zeitpunkt noch bei meinem Vater, und sie hätten mich viel zu sehr an meine Mutter erinnert. Aber wie sollte ich das beweisen? Und warum?

»Wer auch immer Béatrice oder B. ist, ich kann es nicht gewesen sein. Ich hatte keine Schlittschuhe. Ich war nicht süß. Ich war nie hier.«

»Manchmal braucht es Zeit, bis Erinnerungen zurückkehren.«

»Manchmal erfindet man sie auch im Nachhinein, wenn man nur lange genug nach ihnen sucht.«

»Ich weiß«, sagt Alexander und zieht fröstelnd seinen Mantel zusammen. »Das sind wirklich sehr wenige Anhaltspunkte. Und solange Sie sich nicht erinnern, habe ich keinen Beweis, dass ich recht habe. Aber versetzen Sie sich doch mal in meine Lage: Ich habe nur diese paar Stücke Papier. Ich habe versucht, Freunde meiner Mutter aus dieser Zeit ausfindig zu machen, Verwandte, aber es ist, als hätte es Helga gar nicht gegeben. Und im Dorf schauen sie einen irritiert an, oder sie zucken mit den Achseln, das ist alles zu lange her, sagen sie. Ich meine, ich bin nicht von Haus zu Haus gezogen und habe jeden Einzelnen befragt. Ich habe kein besonders gutes Verhältnis zu den Leuten im Dorf. Wir waren zwar oft hier, aber die Mühle war eine Insel. Ich habe fast nie mit den anderen Kindern gespielt. Unterbewusst muss ich gespürt haben, dass meine Großmutter und meine Mutter nichts davon hielten, mit den Leuten im Dorf mehr als das Nötigste zu tun zu haben. Und umgekehrt hatten die Dorfkinder die gleichen Vorbehalte uns gegenüber wie ihre Eltern, nehme ich an, vielleicht auch, weil ich *unehelich* war, das habe ich mir öfter anhören müssen, nicht nur auf dem Dorf. Jedenfalls sind Sie dann in die Mühle gezogen, mit diesem Namen. Okay, ich hatte nur Ihren Vornamen und Ihren jetzigen Nachnamen. Aber ich war mir einfach sicher, dass Sie es sind. Ich dachte mir einfach, so viel Zufall kann es nicht geben.«

»Und was ist mir Ihrem Vater? Kann er Ihnen nichts über Ihre Mutter erzählen?«

»Mein Vater? Mein Vater war eine Ferienbekanntschaft von

Helga, ich habe ihn sogar einmal besucht, als ich sechzehn war. Ein komischer Typ, der in Nantes auf einem Hausboot lebte und Stadtrundgänge für Touristen anbot. Er war nicht besonders erstaunt, als ich ihm erzählte, ich sei sein Sohn, er sagte nur, ich brauche mir nicht einzubilden, dass es bei ihm etwas zu holen gäbe. Ich habe eine Woche gezeltet und habe ihn jeden Tag besucht, am vierten Tag hat er gemeint, er hätte ab morgen wieder eine Touristengruppe und könne sich nicht mehr um mich kümmern. Kümmern hieß, er kochte mir einen Tee, und ich versuchte, eine Stunde lang ein Gespräch mit einer Mischung aus Schulfranzösisch und Englisch in Gang zu halten. Ich habe gewagt zu fragen, ob er mich mitnehmen würde auf seinen Stadtrundgang, da ist er wütend geworden. Was ich mir einbilden würde, ich hätte ihm genug Zeit gestohlen, da könne ja jeder kommen und behaupten, er sei sein Sohn, kurz, er hat mich hinausgeworfen. Ehrlich gesagt denke ich, er wusste nicht einmal mehr, wer meine Mutter war. Ich bin vor einem halben Jahr dort noch einmal hingefahren, aber es gab an dieser Stelle keine Hausboote mehr, und ich wüsste nicht, wo ich anfangen sollte, ihn zu suchen. Zumal ich mich frage, ob er überhaupt mein Vater war. In meiner Geburtsurkunde steht *Vater unbekannt*. Ich kann mir gut vorstellen, dass meine Mutter mir einfach etwas erzählt hat, was zumindest theoretisch wahr sein könnte, damit ich Ruhe gebe. Ich meine, sie hat mir ihr Verschwinden verschwiegen, warum sollte sie mir nicht auch meinen Vater verschweigen.«

»Und wenn Ihre Mutter …« Ich suche nach einem möglichst undramatischen Wort, aber mir fällt keines ein. »Also, wenn Ihre Mutter untergetaucht wäre? Haben Sie schon einmal in dieser Richtung überlegt?«

»Untergetaucht? Wie meinen Sie das? Warum sollte sie?«

Wenn ich nicht so spät dran wäre mit meinen Interviews, würde ich Alexander interviewen. Wir leben zu derselben Zeit in derselben Gesellschaft, müssen uns also mit denselben Problemen auseinandersetzen, aber wie soll man sich verständigen, wenn nach nur zwanzig Jahren die persönlichen und gesellschaftlichen Echoräume nur noch so wenig miteinander zu tun haben? Ich merke, wie kalt mir ist. Und dass mir gerade der Mut fehlt, das Thema mit Alexander zu vertiefen.

»Hören Sie«, sage ich, »es ist zu kalt, um weiter draußen zu sitzen. Ich würde Sie ja hereinbitten, damit wir weiterreden können, aber ich habe wirklich viel zu tun. Ich habe noch kaum etwas ausgepackt und muss Interviews abtippen. Was halten Sie davon, wenn wir uns für übermorgen verabreden? Wann würde es Ihnen passen? Und dann bringen Sie den Kalender mit, ich schaue ihn mir in Ruhe an, und wer weiß, vielleicht erinnere ich mich, oder mir fällt bis dahin etwas ein. Ich würde Ihnen sehr gerne weiterhelfen können.«

Ja, das würde ich wirklich sehr gerne. Er erinnert mich an mich selbst, wie ich nach Nellys Geburt versucht habe, mehr über meine Mutter zu erfahren. Ich wollte mit Nelly alles anders machen, aber dazu, das war mir klar, würde ich wissen müssen, warum meine Mutter war, wie sie war.

»Fünfzehn Uhr wäre eine gute Zeit, wenn das auch für Sie geht.« Alexander zögert. »Sie haben Interviews gemacht? Sie sind Journalistin?«

Meinen Namen kennt er. Meinen Beruf offenbar nicht. Ich zögere, ob ich ihm von meinem Buch erzählen soll, aber dann müsste ich ihn wirklich hereinbitten.

«Nein, nicht wirklich. Aber das erzähle ich Ihnen dann übermorgen. Um fünfzehn Uhr. Abgemacht.«

Ich bleibe am Rand der Terrasse stehen und schaue ihm nach, bis er um die Hausecke verschwunden ist. Einen Augenblick später taucht er wieder auf, folgt dem Pfad auf der anderen Seite des Sees in Richtung Restaurant. Er schaut hoch, sieht mich, winkt. Er wirkt beschwingt, sollte ich sagen, glücklich? Zumindest aber erleichtert, als hätte etwas Anstrengendes, Belastendes ein gutes Ende genommen. So wie meine Tochter früher, wenn sie sich nach langem Herumdrucksen traute, um etwas um Erlaubnis zu fragen, worum es in ihrer Vorstellung Diskussionen geben würde, dann aber nicht auf den erwarteten Widerstand stieß. Ich kann nicht anders, ich winke zurück.

7

Treppenabsatz

Ich habe mich auf den Treppenabsatz auf halber Höhe zwischen Wohnzimmer und oberem Stockwerk zurückgezogen und mich dort auf den Boden gesetzt. Treppenabsätze haben, anders als Schlafzimmer, Wohnzimmer, Arbeitszimmer, deren Sinn bereits aus dem Namen hervorgeht, keine vorhersehbare Funktion. Man könnte sie für Blumentöpfe, für ein Bücherregal oder als Sitzplatz auf dem Weg nach oben (oder nach unten) nutzen, diese Neutralität tut mir gut, ich bin nicht die, für die mich Alexander Vogler hält. Vor dem Fest, nach dem Fest. Hätte Helga das Foto beschriftet, hätte sie doch *fête* geschrieben, wie in ihrem Kalender, oder *avant la fête,* wenn sie so frankophil war, wie es scheint. Aber was geht mich das an, es ist unerheblich, ob sie oder jemand anderes das Foto beschriftet hat, ob davor oder danach, das entscheidende Wort ist: nie. Ich war nie hier, und ich sitze nicht auf den Fotos von Alexander Voglers Mutter unter einem Baum, ich sitze auf dem funktionslosen Treppenabsatz einer ehemaligen Mühle mit dem Rücken zur Wand, die Beine angezogen, die Hände um die Knie. Angezogen, zurückgezogen, umgezogen, ich muss meine Erinnerung einer Prüfung unterziehen, wer ist Clogs und wer ist Nelson, wer ist Helga und wer ist Hah, ist Hah Hedda, oder Helga? *H.* las ich überrascht in der oberen rechten Ecke von *Le deuxième sexe,* in dem ich blätterte, bevor ich das Buch in eine der Bücherkisten packte. Ich war der Meinung, es habe meiner Mutter gehört und ich hätte es mitgenommen, als ich von zu Hause ausgezogen war, um es dann doch nie zu lesen, weil mein Französisch nicht gut genug dafür ist. Ich habe mich über das »H.« gewundert und darüber, dass ich offenbar den zweiten Band nicht besitze. Habe ich ihn weiterverliehen? Oder nie besessen? Hat Hah oder Hedda oder Helga mir den ersten Band ausgeliehen, und ich habe ihn nie zurückgegeben? Helmut? Hans? Hannelore? Oder hat irgendeine oder irgendein H. es meiner Mutter geborgt und sich nicht getraut, es bei meinem Vater zurückzufordern, nachdem meine Mutter gestorben war? Gelesen habe ich weder den ersten noch den zweiten Band. Ich habe mich beim Blättern gewundert über unterstrichene Passagen, Wellenlinien, Ausrufezeichen, Fragezeichen, konnte mir nicht vorstellen, dass sie von meiner Mutter stammten. Ich muss das Buch finden und Alexander fragen, ob das H. von seiner Mutter stammen könnte. Sofern ein einzelner Buchstabe als Schriftprobe genügt. Vielleicht sind weiter hinten im Buch noch Kommentare hineingekritzelt, genau, das ist gut möglich, wer unterstreicht und Ausrufezeichen setzt, kommentiert auch das Gelesene,

Ich stehe wieder auf, ich werde gleich jetzt nach dem Buch suchen. Nein, ich werde zuerst das Canapé noch einmal verrücken. Von hier oben aus sehe ich, dass es an die gegenüberliegende Wand gehört, mit Blick zur Treppe, zum Treppenabsatz. Blickachsen, die ich mir als Linien im Haus vorstelle, unsichtbar, aber dem Gesamtgefüge Stabilität verleihend, und Stabilität ist, was ich brauche,

Das Sofa ist schwer, was hatte ich erwartet, ich stemme mich mit aller Kraft dagegen, bis es mit einem Geräusch zwischen Stöhnen und Grunzen nach vorne rutscht. Ich wuchte weiter, schiebe, die Metallfüße schrappen über den Holzboden und hinterlassen Schrammen, ich starre auf die Schrammen und bin überfordert. Ich hätte nicht umziehen, nichts an meinem Leben ändern sollen. Ich will aufs Sofa sinken, so wie es da steht, mitten im Raum, mitten im Weltraum, *and I'm floating in a most peculiar way*,

Ich wuchte weiter an dem Sofa, jetzt kommt es auf eine Schramme mehr oder weniger nicht mehr an, ich rücke es an die Wand, ich hole den Computer und die Kopfhörer aus der Küche, den letzten Schluck Wein, das ungespülte Glas, ich fliehe zurück auf den Treppenabsatz,

Ich bin zufrieden, so wie das Sofa nun steht. Morgen werde ich das Bücherregal endgültig fixieren, die Bücherkisten ausräumen und bei der Gelegenheit das Beauvoir-Buch finden, ich werde das Geschirr in die Küchenschränke, die Kleider in die Kleiderschränke und alles andere an die dafür bestimmten Orte räumen. Ich werde die leeren Kartons auf dem Dachboden verstauen, ich werde mir überlegen, wo ich Bilder aufhänge und welche und ob ich Bilder meiner Mutter dabeihaben möchte. Ich werde weitere Hyazinthen in kleinen Plastiktöpfen besorgen und sie über das ganze Haus verteilen, zur Feier meines Einzugs und als Zeichen, dass ich nun wirklich hier wohne, und bevor sie verwelken und beginnen, schlecht zu riechen, werde ich sie zusammen mit der von Alexander in den Garten pflanzen, überhaupt werde ich mir ein Gartenhandbuch besorgen,

Helga Vogler ist wirklich ein Allerweltsname, auf dem Bildschirm Fotos von Kassenwartinnen, Steuerberaterinnen, einer Musikerin. Alles Gesichter, die mir nichts sagen. Der kurioseste Fund ist eine Helga Vogler, die 1965 Funktionärin der Handelsvertretung der DDR in Uruguay war. Ich füge »1977« meinen Sucheingaben hinzu. Ein Konfirmationsgruppenbild, eine Siegerehrung von Kindern auf Sportpodesten, alle auf

Siebziger-Jahre-Art gekleidet und frisiert, Fußballteams, Politiker, russische Bücher. Dann, dazwischen, ein Foto der Beerdigung von Ensslin, Baader und Raspe. Wenn man 1977 eingibt, landet man früher oder später auf dem Dornhaldenfriedhof, auch wenn man nach der unbekannten Mutter eines unbekannten Nachbarn sucht. Die Schlüsselwort-Indexe im Netz sind das Große Gehirn der Gesellschaft. Todesnacht, Stammheim, Terrorismus im Untertitel des Fotos, weitere Schlüsselwörter aus dieser Zeit, die alles zu sagen scheinen, hinter denen sich jedoch das Bezeichnete im scheinbaren Einvernehmen über das Gemeinte auflöst. Helga Vogler erscheint nirgendwo, wenn man auf der Seite nach unten scrollt, warum sollte sie auch. Bekannt sind nur diejenigen, die auf Fahndungsplakaten abgebildet waren. Und auch von denen sind die meisten in Vergessenheit geraten. Außerdem heißt verschwinden nicht abtauchen, ich bin zu sehr auf mein Thema fixiert, trotzdem gebe ich »verschwunden« ein, »untergetaucht« und, wenn ich schon dabei bin, »RAF«, variiere mit »2. Juni«, mit »Revolutionäre Zellen«, mit »Rote Zora«, aber die gab es zu dem Zeitpunkt meines Wissens noch nicht, mit dem Namen des Dorfes, der Universitätsstadt. Vielleicht gibt es einen alten Zeitungsartikel, der digitalisiert wurde, aber hätte Alexander ihn dann nicht gefunden? Genau, Alexander hat doch sicher im Internet nach seiner Mutter recherchiert, gäbe es hier eine Spur, wäre er darauf gestoßen. Ich füge »Béatrice« hinzu und stoße auf eine Künstlerin namens Beatrice Vogler ohne Accent. Dann suche ich nach Alexander. Über eine Million Ergebnisse in weniger als einer Sekunde, doch weder bei der Bild- noch bei der Textsuche werde ich fündig. Mir fällt auf, dass man »Vogler« ebenso gut mit »F« schreiben könnte, und einen Moment glaube ich daran, dass das die Lösung sein wird, aber dieser Name ist wiederum so selten, dass es keinen Eintrag gibt, der nur annähernd zu meiner Suche passen würde, ich gebe auf, bevor ich mich im Netz verliere,

Bevor ich mich verliere, halte ich mich an das, was ich habe, den Wein, die Interviews, das Buch, das daraus werden soll, daraus werden muss,

Also ich habe zu DDR-Zeiten gar nichts davon mitbekommen. Wenn ich RAF höre, denke ich an Ulrike Meinhof, und inzwischen, weil ich davon gehört habe, auch Baader-Meinhof-Komplex, ohne genau zu wissen, was das ist. Ich denke an Terror und an immensen Polizeieinsatz gegen Links. Dieses Wissen hab ich mir aber im Laufe meines Erwachsenenlebens angeeignet. Das erste Mal darüber nachgedacht habe ich bei dem Film Die bleierne Zeit *von Margarethe von Trotta, den ich nicht wegen der bleiernen Zeit an sich geguckt habe, sondern wegen Barbara Sukowa. Erst danach habe ich angefangen, da mal hinzuhören. Das muss Mitte der Neunziger gewesen sein, als ich meine erste eigene Wohnung hatte und zufällig auf diesen Film gestoßen bin. Dann noch* Black Box BRD *und* Die Stille nach dem Schuss, *aber das war, glaube ich, viel später, zweite Hälfte der Nullerjahre. Ach so, und dann das, was bei der Wende hochkam, die Terroristen, die in der DDR verhaftet worden sind. Aber ich kann mich nicht an eine emotionale Reaktion erinnern, ich weiß nicht mehr, wie ich darauf reagiert habe, als ich das erfahren habe. Ah, aber ein Film, den ich ganz früh gesehen habe, ist* Die verlorene Ehre der Katharina Blum. *Ich weiß nicht, ob's den im DDR-Kino gab oder ob ich den kurz nach der Wende gesehen habe. Der hat mich schon beeindruckt. Obwohl es ja nicht direkt um Terrorismus geht, sondern um die Presse, die Praxis der* Bild-Zeitung. *Da gibt es auch Bilder und Szenen in diesem*

Film, die mir bis heute in Erinnerung geblieben sind. Wie dieser schmierige Journalist, kurz bevor Angela Winkler ihn erschießt, sagt, komm, jetzt ficken wir noch mal schön, und dann ist alles gut. Und das nach dieser ganzen Hatz, die da passiert ist. Ob darüber etwas im Schwarzen Kanal lief, keine Ahnung. Der wurde bei uns zu Hause nicht geschaut. Es gab keine Aktuelle Kamera. Nur Tagesschau und Heute. Aber das war für mich, sagen wir mal, Schall und Rauch. Ich kannte zwar die Westpolitikernamen besser als die aus der DDR, aber was das wirklich bedeutete, das habe ich nicht wahrgenommen, ich meine, ich war siebzehn, als die Wende kam, aktuelle Nachrichten sind vorher bei mir nicht angekommen. Als das ans Tageslicht kam, dass die DDR Terroristen Unterschlupf gewährt hat, war das für mich völlig abstrakt. Ich wusste nur vage, um was es ging. Und dann kamen in dieser Zeit auch Geldhinterziehungen der FDGB zutage, dass Spenden für ganz andere Dinge verwendet worden waren, als offiziell dargestellt, und das hat mich viel mehr beschäftigt.

*[Johanna, *1972]*

Das Transkribieren der Interviews hat eine beruhigende Wirkung, das zarte Klackern der Tastatur, das an das Plätschern von Regen an eine Scheibe erinnert, an das Tapsen weicher Pfoten. Ich tippe, und der Kopfhörer schirmt mich von der Welt ab, in der ein dahergelaufener junger Mann meine Erinnerungen anzweifelt und ich mich davon verunsichern lasse, nur weil er an meine mütterlichen Instinkte appelliert und ich ihm helfen möchte,

Deutscher Herbst, wann war das noch mal genau? Ja, Schleyer und Mogadischu, das haben wir schon mitgekriegt, wir haben ja fast ausschließlich Westfernsehen geguckt und unsere Informatio-

nen daher bezogen. Wir kannten die westdeutschen Politiker besser als die in der DDR. Aber wie ich all diese Ereignisse damals reflektiert habe, kann ich heute nicht mehr genau sagen. Man hatte bei uns ja ganz andere Sorgen: sich seine Nischen zu suchen und zu erhalten, die Kinder in diesen Nischen zu erziehen und trotzdem für die DDR-Realitäten fit zu machen. Aber Ben Wisch, klar, das ist mir ein Begriff, und als Wischnewski dann so genannt wurde, das bleibt in Erinnerung. Egon Bahr stand in meiner Erinnerung in dieser Zeit mehr im Schatten von Brandt, und über seine Rolle habe ich erst nach 1989 mehr erfahren. Ponto und Buback, da könnte ich gar nicht mehr genau sagen, in welchem Jahr das war. Ganz am Anfang, den Kaufhausbrand, ja, den habe ich auch noch mitbekommen. Und als sie später die RAF-Aussteiger festgenommen haben, die in der DDR untergetaucht waren, hat mich das gewundert? Na ja, passte doch ins Bild des »Kalten Krieges«. Sicher hab ich auch gedacht, wie blöd war der Westen, dass er das nicht mitgekriegt hat. Das könnte ich schon gedacht haben.

*[Irmgard, *1940]*

Ich brauche mehr Wein. Also noch einmal aufstehen, hinunter in die Küche, in die Speisekammer. Im Deckenlicht sieht die Küche verwahrlost aus. Oder als hätte jemand angefangen, sie einzurichten, und gleich wieder aufgegeben. Espressokocher und Toaster: gestrandete Schiffe. Tasse, Teller, Glas: Klippen. Ich muss ein vernünftiges Licht installieren. In der Speisekammer flackert das Licht und erlischt. Ich muss Glühbirnen kaufen, muss überhaupt einkaufen, bis auf einen Rest Butter habe ich nur Haltbares hier, Toastbrot, H-Milch, Reis, zwei Flaschen Wein. Eine davon ist Nellys, aber ich habe immer noch nicht nach dem Korkenzieher gesucht. Ich fische im Halbdunkeln zwei Scheiben Toastbrot aus der Packung und stecke sie in den Toaster. Öffne den Wein. Mit einem trockenen, keine Verzögerung duldenden Geräusch springt der Toast. Ich bestreiche ihn mit Butter und denke beim Anblick des verkrumpelten, unappetitlichen Butterpapiers, dass ich die Butterdose finden muss. Ich nehme den Teller mit dem Toast und die Weinflasche zurück auf den Treppenabsatz. Habe ich Clogs' Schwester vielleicht doch getroffen?

Verbring doch die Semesterferien bei uns, sagte er.

Wer ist uns?, fragte sie.

Na, meine Mutter, meine Schwester und ich.

Das *uns* überraschte sie. Sie überlegte, was sie gesagt hätte. Zu meinen Eltern nach Hause, nein, sie hätte gesagt: zu meinem Vater. Ihren Bruder hätte sie gar nicht erwähnt.

Hast du deine Mutter gefragt?

Meine Mutter muss ich nicht fragen. Das geht schon in Ordnung. Bei uns ist immer irgendwer zu Besuch. Wahrscheinlich ist sie sowieso unterwegs.

Wie, unterwegs?

Auf irgendwelchen Kongressen. Sie ist Dolmetscherin. Meistens für Unis.

Und deine Schwester?

Wie, meine Schwester?

Hätte sie nichts dagegen? Dass ich ein paar Monate bei euch wohne?

Wieso fragst du das? Hab ich doch schon gesagt. Bei uns ist immer irgendwer zu Besuch. Klar hat sie nichts dagegen. Außerdem sind wir dann ein Babysitter mehr, da kann sie gar nichts dagegen haben.

Von einem Kind war nie die Rede gewesen.

Deine Schwester hat ein Kind?

Sie hatte sich Hah unabhängig und frei vorgestellt, selbstbewusst und zornig, wie auf dem Foto, das auf dem Regal an eine Bücherreihe lehnte und das sie immer wieder in die Hand nahm, um es zu betrachten, weil der wütende Blick sie anzog, faszinierte. Ein Kind passte nicht in dieses Bild. Es war wie damals, als Hanne Vogt, die Freundin ihrer Mutter, geheiratet und Kinder bekommen hatte. Sie hätte als Tierforscherin in den Dschungel gehen oder einfach nur wegziehen können, weil sie anderswo leben wollte, aber heiraten, Kinder bekommen, das empfand Béa als Verrat an einer vorgestellten Gemeinsamkeit, die sie nicht hätte benennen können.

Und der Vater von dem Kind?

Nelson zuckte mit den Schultern.

Irgendein Typ aus Frankreich. War wohl eher ein Unfall.

Ich hätte schon Lust, sagte Béa, sogar sehr. Zu sehen, wo du wohnst, deine Schwester kennenzulernen, aber … Ich habe meinem Vater versprochen, ihn zu besuchen, also ich …

Sie hatte Nelson nichts vom Tod ihrer Mutter erzählt, so wie er nie von seinem Vater sprach, der irgendwo in Brasilien lebte und den er nicht kannte, es waren Leerstellen, die sie beide respektierten und die Béa als etwas Verbindendes empfand. Jetzt hätte sie eine Begründung gebraucht, warum sie unbedingt ihren Vater besuchen musste, sie setzte dazu an, Nelson zu erklären, dass ihre Mutter vor einem Jahr gestorben war, aber sie fand nicht die richtigen Worte, wollte kein Mitleid erregen, nicht pathetisch sein.

Ich überlege es mir noch, okay?

Kein Problem. Sag Bescheid. Du kannst jederzeit kommen, auch einfach nur ein paar Tage oder Wochen, wenn dir das besser passt.

Sie hatte das Gefühl, dass Nelson seine Enttäuschung überspielte, und hatte plötzlich Lust, etwas ganz anderes zu tun, nach Spanien zu fahren, nach Portugal, von dem alle schwärmten, irgendwohin, wo sie noch nie gewesen war, wo sie niemanden kannte und niemanden enttäuschen konnte.

Ich weiß nicht, ob Clogs' Schwester ein Kind hatte. Und wenn, hätte ich mir sicherlich nicht den Namen des Kindes gemerkt. Warum bin ich eigentlich noch nicht darauf gekommen, nach Nelson zu recherchieren, es ist viel wahrscheinlicher, dass ich über ihn etwas finde als über Helga. Helga kann später geheiratet und einen anderen Namen angenommen haben, so wie ich, ich habe meinen Namen nach der Scheidung sogar behalten, weil er mir gefiel und weil es der Nachname meiner Tochter ist. Männer ändern ihren Namen seltener, vielleicht komme ich über Nelson Vogler weiter. Sofern Nelson mit Nachnamen Vogler hieß.

Aber ich werde nicht fündig, bis auf einen 1969 geborenen Nelson Vogler, von dem ich die Augenfarbe und Körpergröße erfahre, die Art des Hauses, in dem er lebt, sowie sein *Online Kaufverhalten*. Abwesenheit und Präzision führen im Netz eine enge Koexistenz. Mein Kopf ist nicht mehr klar genug für Recherche, für logische Schlüsse, ich habe den klaren Kopf abgegeben und stattdessen den anderen behalten, den desorientierten, konfusen,

Vor dem Fest, nach dem Fest, ich erinnere mich, dass ich einmal mit meinem Bruder bei einer Party auf einem Treppenabsatz wie diesem hier saß und dass er weinte. Ich nahm ihn in den Arm, weil ich nicht wusste, was ich sonst mit einem weinenden Bruder anfangen sollte, und strich ihm übers Haar. Ich fühlte mich schrecklich ungeschickt, meine Geste kam mir unangemessen vor, grotesk, seit wir keine kleinen Kinder mehr waren, hatte ich meinen Bruder nicht mehr im Arm gehalten, ihm schon gar nicht übers Haar gestrichen. Aber warum hat mein Bruder geweint, und wo? Ging es um unsere Mutter? Aber das ist ein Deutungsversuch aus heutiger Sicht, wir haben nie über unsere Mutter gesprochen, und Matthias kann wegen allem Möglichen geweint haben. Aus Liebeskummer zum Beispiel, aber wäre er damit zu mir gekommen? Er war bei mir zu Besuch, das ist sicher, und wir sind mit dem Rad zu der Party gefahren, vermutlich hatte ich bei Kommilitonen eins für ihn ausgeliehen. Ja, vielleicht war das ja die Gelegenheit, bei der ich Clogs besucht habe. Vielleicht war Matthias dabei. Es kann also auf gar keinen Fall diese Treppe gewesen sein, auf der ich heute sitze, wir wären keine dreißig Kilometer zu einer Party gefahren. Es sei denn, wir hätten eine Radtour gemacht und übernachtet. Aber dann kann es nicht im Februar gewesen sein. Außerdem hätte Helga in ihren Notizen erwähnt, wenn noch jemand dabei gewesen wäre. Und überhaupt kann das mit meinem Bruder auf der Treppe genauso gut später gewesen sein, als ich schon wieder aus England zurück war. Wie viel Uhr ist es, ich rufe meinen Bruder an, ich wollte ihn sowieso längst angerufen haben, aber was will ich von ihm wissen? Ob er sich an eine Party erinnert, bei der er geweint hat, an den Zeitpunkt und Ort, an dem die Party stattgefunden hat, an Namen, an einen See?

Im Gegensatz zu mir, die ich beruflich ein bürgerliches Leben geführt habe, weil ich Nelly zu versorgen hatte und weil ich nicht so leben wollte wie meine Eltern, die am Ende des Monats oftmals nicht wussten, wie sie ihre Rechnungen begleichen sollten, im Gegensatz zu mir also hat Matthias sein Studium nie beendet und sich dann von Job zu Job gehangelt. Zurzeit ist er Fischverkäufer in einem Dorf an der Ostseeküste. Bei einem unserer seltenen Telefonate hat er einmal wie beiläufig erwähnt, dass er malt. Vor zwei Jahren hat er mir eine Einladung zu einer Vernissage geschickt, in der auch ein paar seiner Bilder gezeigt wurden. Leider hatte ich einen beruflichen Termin, den ich nicht verschieben konnte, und war deshalb nicht da. Bis heute habe ich keins seiner Bilder gesehen, und er hat mir keine weitere Einladung geschickt.

Die Schnur des Telefons reicht bis kurz vor den Treppenabsatz. Wenn ich das spiralförmige Kabel des Hörers dehne, kann ich auf dem Treppenabsatz telefonieren. Das Freizeichen klingt dumpf, altmodisch. Die Technologie der Telefone hat sich verändert, das Klingelzeichen aber bleibt konstant, tröstlich in der stoischen Dehnung der Töne, ganz gleich, ob man ein schnurloses Telefon verwendet oder nicht. Gerade als ich auflegen will, nimmt Matthias ab. Er klingt verschlafen. »Oh, tut mir leid, ich hab dich geweckt«, sage ich. »Ich dachte, du gehst später ins Bett.« »Neuer Job«, nuschelt er. »Muss früh aufstehen.« Ich denke, dass wir wirklich wenig voneinander wissen. Immerhin weiß er, dass ich umgezogen bin, immerhin hat er keine Bemerkung darüber gemacht, dass ich aufs Land ziehe, denn er lebt selbst in einem winzigen Dorf. Ihn befremdet nur, dass ich in der westdeutschen Provinz gelandet bin. Er schwört auf Ostdeutschland. »Wenn ich mich fremd fühle«, hat er gesagt, »dann doch lieber an einem Ort, an dem ich tatsächlich fremd bin.«

»Und, wie isses da unten«, fragt er und ich vermisse ihn in dem Moment auf eine heftige und für unser Alter unangemessene Art, weil sein Stottern so etwas wie ein Marker unserer gemeinsamen Kindheit darstellt, etwas Verbindendes über alles, was uns damals verband, hinaus. Wir waren anders, weil wir nicht zum Dorf gehörten, weil wir in verlotterten Autos in die Ferien fuhren, weil meine Eltern unser Grundstück und Haus nicht in Ordnung hielten, aber Matthias' Stottern machte ihn noch einmal auf eine andere Art anders. Ich wollte ihn verteidigen, ich erinnere mich an die rasende Wut auf den Spott der Kinder, eine Wut, ein Hass, der von einer Stelle kam, über die ich keine Kontrolle hatte, die mir den Atem nahm und die mich hätte töten lassen.

»Matthias«, sage ich, »das ist jetzt blöd, dass ich so spät anrufe, und dann noch wegen so einer Frage ...« Matthias antwortet nicht, ich höre, wie er herumläuft, den Kühlschrank öffnet, sich einschenkt. Milch. Ich höre es an der Art des Gluckerns. Matthias trinkt Unmengen von Milch, er trinkt die Milch oft direkt aus der Packung, ich kann gar nicht hinsehen, mich überkommt Ekel, wenn er nur dazu ansetzt. »Okay, erinnerst du dich noch daran, dass du mich mal besucht hast, und wir waren auf einer Party und haben geredet, und dann hast du angefangen zu weinen und konntest nicht mehr aufhören? Wir saßen auf einem Treppenabsatz, das weiß ich noch, aber ich würde gerne wissen, warum du geweint hast, und vor allem, ob du noch weißt, wo das war, und wann, und auch, wie wir zu der Party gekommen sind. Ob noch jemand dabei war, als wir hingefahren sind. Ob wir da übernachtet haben. Ob es einen See gab.« Ich höre das Schluckgeräusch, das Matthias beim Trinken macht, dann sagt er: »Einen See? Bist du nicht gerade an einen See gezogen? Ist alles in Ordnung? Bist du betrunken?«

»Warum soll irgendwas nicht in Ordnung sein, nur weil ich nach einem See frage? Und nein, ich bin nicht betrunken. Höchstens angetrunken.«

»Weil das wirklich blöd ist, mich wegen so merkwürdiger Fragen kurz vor Mitternacht aus dem Bett zu holen. Ich habe keine Ahnung, wovon du redest. Wann soll das gewesen sein?«

»Das will ich ja gerade von dir wissen. In meiner Erinnerung hast du noch bei Papa gewohnt, und dann müsste es vor England gewesen sein. Wann bist du ausgezogen?«

»1980. Ich bin 1980 ausgezogen.« Matthias trinkt noch einen Schluck. »Ehrlich gesagt … Ich hätte auf einer Party geweint?«

»Ich hab dich sogar in den Arm genommen.«

»Hm … Nee, also wirklich nicht, ich denke, du verwechselst da irgendwas. Bist du sicher, dass ich das war?«

Klar bin ich mir sicher, dass es Matthias war, der neben mir auf der Treppe saß, obwohl ich mir, seit Alexander hier aufgetaucht ist, meines Sicherseins nicht mehr sicher bin. Matthias stellt die Milch in den Kühlschrank zurück, schließt die Kühlschranktür. »Nein, ich hab definitiv nie bei dir im Arm gelegen und geheult. Das hätte ich vielleicht manchmal gerne. Und wenn ich es doch getan hätte, dann bestimmt nicht in der Öffentlichkeit. Und jetzt muss ich wirklich ins Bett. Mein Wecker klingelt um halb sechs.« »Was hast du denn für einen neuen Job?« »Erzähl ich dir ein andermal.«

Ich nehme mir vor, Matthias zu besuchen, sobald mein Buch fertig ist. Ich werde mir seine Bilder anschauen, und dann werde ich ihn fragen, was er von damals noch weiß. Vielleicht kommen wir uns wieder näher. Genau, wenn das Manuskript abgegeben ist, besuche ich Matthias. Er hat sich für Nelly nie interessiert, das hat es nicht gerade einfach gemacht, unsere Beziehung aufrechtzuerhalten. Und ich fand es schwer zu ertragen, dass er von der Hand in den Mund lebte. Einmal habe ich ihm angeboten, ihm monatlich eine kleine Summe zu überweisen, da hat er aufgelegt. Haben oder nicht haben, das wirft Gräben auf, die nicht ohne Weiteres überwindbar sind, auch mit gutem Willen nicht. Oder gerade dann nicht. Weder er noch ich haben diese Episode später noch einmal erwähnt. So wenig wie die Krankheit und den Tod meiner Mutter.

Das Semester war zu Ende, und es kam ihr vor, als wäre sie als Einzige nicht nach Hause gefahren oder in die Welt getrampt. Sie hatte Nelson abgesagt, hatte neben ihrem Vater auch ihren Bruder ins Spiel gebracht, dem es nicht gut ging, und zwei Hausarbeiten, die wegen der Streiks im Semester liegen geblieben waren. Sie merkte, dass Nelson ihr nicht glaubte oder nicht verstand, warum es ihr so wichtig war, nach Hause zu fahren, und erneut war sie kurz davor, ihm zu erzählen, dass sich der Todestag ihrer Mutter zum ersten Mal jährte, dass er sich jährte und nicht jährte, dass er, zählte man die Tage, zu einem 1. März wurde oder drei Jahre lang verschüttet blieb. Es gab den Todestag ihrer Mutter im Kalender nicht, es gab nur etwas Ungefähres um einen nicht greifbaren Kern, als entzöge sich mit dem Fehlen des 29. 2. auch das Ereignis, das an diesem Tag stattgefunden hatte. Es war wie eine fehlende Seite in einem Buch, man stutzt, blättert zurück, blättert vor, aber die Seite bleibt verschwunden. Doch sie wäre in Tränen ausgebrochen, hätte sie ausgesprochen, worüber sie nachdachte, sie hätte gar nicht mehr aufhören können zu weinen, und das wollte sie nicht, dieser Teil von ihr ging niemanden etwas an, nicht ihren Vater, nicht ihren Bruder und schon gar nicht Nelson.

Sie hatte Nelson abgesagt und es wenige Tage später bereut. Plötzlich fürchtete sie die unausweichliche Abwesenheit ihrer Mutter im Haus, die zu einer doppelten Abwesenheit wurde, weil es nicht einmal den Tag gab, an dem sie gestorben war, sie befürchtete, dass alles wieder wäre wie vor ihrem Auszug, ihr

Vater, der sich mit sinnlosen Tätigkeiten betäubte, das dudelnde Radio, ihr Bruder, der sich in seinem Zimmer einschloss. Ein paar Tage nach Ende der Vorlesungen wurde ihr klar, dass sie den nicht existierenden Todestag ihrer Mutter auf gar keinen Fall zu Hause verbringen wollte.

Sie hörte die Enttäuschung in der Stimme ihres Vaters am Telefon, als er sagte, klar, das ist ja jetzt dein Leben, und wollte glauben, dass er meinte, was er sagte.

Ja klar, wiederholte er, und es klang wie eine Bestätigung für sich selbst, ich kann das verstehen. Mir geht es inzwischen besser und deinem Bruder auch, also mach dir keine Sorgen.

Sie war gerührt, dass ihr Vater es ihr so einfach wie möglich machte, und spielte mit dem Gedanken, doch noch zu fahren, aber dann sagte sie schnell, weil sie sich ihrer Standhaftigkeit nicht sicher war, ich hab ab Mitte März einen Job in der Fabrik, und davor muss ich zwei Hausarbeiten schreiben, ich bin spät dran mit allem, wir haben ja gestreikt.

Es klang wie eine Entschuldigung, und es war eine Entschuldigung.

Sie war erleichtert, als sie den Hörer aufgelegt hatte, und schämte sich für ihre Erleichterung. Sie schämte sich dafür, dass sie erneut zum Hörer griff, um Nelson anzurufen, aber dann fiel ihr auf, dass sie seine Nummer von zu Hause nicht hatte. Im Studentenwohnheim nahm niemand ab.

Zwei Tage lang arbeitete sie halbherzig an ihrer Hausarbeit, schweifte in Gedanken ab, stellte sich vor, sie wäre jetzt bei Nelson zu Hause, säße mit ihm am Küchentisch eines Bauernhauses, mit interessanten Besuchern, die ein aufregendes Leben führten, und mit Hah. Sie fragte sich, warum Hah Teil ihrer Gedanken war, und fand keine zufriedenstellende Antwort. Weil Nelson oft von ihr sprach, weil er gesagt hatte, sie würde ihr gefallen, weil sie wissen wollte, wer die Frau mit dem wütenden Blick war.

Am dritten Tag stand Nelson in der Tür, er trug wieder seinen Caban und die Clogs, lehnte am Rahmen. Obwohl es schon Mittag war, hatte sie gerade erst gefrühstückt, war noch im Schlafanzug.

Nach intensiver Arbeit sieht das aber nicht aus, sagte er. Und wolltest du nicht nach Hause fahren?

Sie hob entschuldigend die Schultern.

Ich hab's mir anders überlegt. Woher wusstest du, dass ich da bin?

Ich war zufällig hier in der Straße unterwegs, und eure Tür unten stand offen. Vielleicht hast du ja jetzt Lust auf Ferien auf dem Land. Es geht auch nur um dieses Wochenende. Wir machen ein Riesenfest. Hah wird neunundzwanzig, und weil sie es blöd findet, runde Zahlen zu feiern, feiert sie eben das letzte Zwanzigerjahr.

Beim Gedanken daran, dass sie tatsächlich Hah kennenlernen würde, spürte sie ein Ziehen im Bauch. Wie albern, dachte sie, ich habe Angst, dass sie mich nicht gut findet, dabei ist es Hah völlig egal, ob ich da bin oder nicht. Ich bin einfach nur eine Freundin ihres kleinen Bruders.

Aber ich bin doch gar nicht eingeladen.

Klar bist du eingeladen, wenn ich dich einlade. Glaub mir, das ist völlig in Ordnung. Ich hab Hah von dir erzählt. Außerdem ist sie heute gar nicht da und kommt erst irgendwann nachts zurück. Wenn wir zwei Hände mehr zum Vorbereiten sind, kann das nicht schaden. Und meine Mutter ist auf einem Kongress in der Schweiz. Morgen Abend ist die Fete, tagsüber bereiten wir alles vor, und am Sonntag oder Montag bringe ich dich wieder zurück, wenn du willst. Du kannst natürlich gern länger bleiben. Du kannst deine Hausarbeiten ja auch dort schreiben.

Er setzte sich neben sie aufs Bett. Sie zupfte an den weißen Farbklecksern in seinem Haar, zerrieb die weiße Masse zwischen ihren Fingern.

Ich hab das Zimmer meiner Mutter gestrichen, sagte er. Da war eine Tapete, die ihr nicht gefiel. Als Überraschung für sie, wenn sie nächste Woche nach Hause kommt. Hätte aber mehr Spaß gemacht, wenn du dabei gewesen wärst.

Béa merkte, dass sie sich jetzt wirklich auf die Aussicht freute, doch noch wegzukommen. Einen Moment blitzte der Gedanke auf, dass sie genau an dem Tag, an dem ihre Mutter den Unfall gehabt hatte, für ihren Vater nicht erreichbar wäre, aber sie schob ihn weg. Schob ihre Hand wieder zwischen Caban-Kragen und Nelsons Hals. Spürte die Haut des Nackens, hatte plötzlich die Vorstellung, dass es Hah wäre, die neben ihr säße, Hahs Nacken, Hahs Haar. War verwirrt. Zog die Hand zurück. Stand auf.

Okay, sagte sie, ich komme mit.

Warum soll Nelson von *Hah* gesprochen haben, müsste er nicht *Helga* sagen? Nicht, wenn Hedda Helga wäre. Und Helga darauf bestünde, Hah und nicht Helga genannt zu werden. Und ich hätte mir den Namen von Clogs' Schwester falsch gemerkt, hätte aus einer Helga eine Hedda gemacht. Das wäre nach so vielen Jahren nicht erstaunlich. Ist es überhaupt wichtig, die beiden auseinanderzuhalten? Für mich ändert es nichts, ob nun Helga Hedda ist oder war, für Alexander schon. Wenn er jetzt da wäre, könnten wir zusammen Wein trinken auf diesem Treppenabsatz, ich würde ihn über sein Leben ausfragen, und dann würde ich erzählen, dass Nelson einen Spitz-,

Deck-, Necknamen hatte und Clogs genannt wurde. Und dass die Person, die ich für Hedda hielt, wohl Helga hieß und sich Hah nennen ließ. Er würde mir mit leuchtenden Augen zuhören, wie früher Nelly, wenn ich ihr Geschichten vorlas, später würde ich mit seiner Hilfe noch das Gästebett aufstellen, und am nächsten Tag wären wir beide verkatert beim Frühstück, er würde sagen, wie gut, dass ich bei Ihnen geklingelt habe, ich war mir nicht sicher, wie Sie das finden, er liefe am See entlang zurück, ich würde ihm winken und an meine Arbeit gehen, ans Tippen und Auspacken,

Ich bin wirklich angetrunken, nein, ich würde nicht wollen, dass mich Alexander in diesem Zustand sieht, angetrunken, melancholisch, verwirrt,

Als ich 1980 nach Deutschland zurückkehrte und erst einmal bei meinem Vater unterkam, begann ich, Fragen zu stellen. Weil es Nelly gab, aber auch, weil in diesem Jahr erstmals der Todestag meiner Mutter im Kalender verzeichnet war und es mir vorkam, als öffnete sich damit ein Fenster, das sich danach gleich wieder schließen würde. Als wäre es nur in Schaltjahren möglich, Fragen zu meiner Mutter zu stellen.

»Weißt du überhaupt, wie wir uns kennengelernt haben, Pauline und ich?«, fragte mein Vater zurück. Nein, das wusste ich nicht. Oder nur ungefähr. »Irgendwo in Frankreich, oder?«

»Genau, irgendwo in Frankreich. 1956 habe ich mir selbst eine Reise nach Frankreich geschenkt, mit dem Moped, nur ich allein, das war ich gerne, alleine unterwegs. In Gruppen, erst recht in Männergruppen, habe ich mich eher unwohl gefühlt, dieses ruppige Schulterklopfen, das betont lauter Sprechen, das war mir immer unangenehm, aber das ist eine andere Geschichte. Jedenfalls war ich mit dem Moped unterwegs, gerade mal elf Jahre nach dem Krieg, ein wenig habe mich davor gefürchtet, sollte ich versuchen zu verbergen, dass ich Deutscher bin? Ich hatte in der Zeitung von dem Massaker in Oradour gelesen, und es kann sein, dass ich auch schon von Tulle wusste, jedenfalls würde ich auf dem Weg nach Bordeaux in der Nähe vorbeikommen, und ich dachte einfach, jemand könnte sich stellvertretend an mir rächen wollen … Aber das war völlig unbegründet, ich habe nur gute Erfahrungen gemacht, die Leute waren freundlich und hilfsbereit. Manchmal haben sie mich für einen Engländer gehalten, und ich habe nicht widersprochen. Und dann ist mir einmal das Benzin ausgegangen, in der Hitze, mitten auf einer kaum befahrenen Landstraße, ich musste mein Moped schieben, habe gehofft, dass bald ein bewohntes Haus käme, als dieser Junge oder junge Mann plötzlich auf dem Fahrrad aufgetaucht ist und mich überholt hat. Eine halbe Stunde später ist er mit einem Kanister Benzin auf dem Fahrrad zurückgekommen. Er hat mir angeboten, bei ihm zu Hause meine Trinkflaschen nachzufüllen und etwas zu essen, und so bin ich in die Familie deiner Mutter gekommen. Sie war jung, gerade zwanzig, wir haben schnell beschlossen zu heiraten, und ihr Vater hat eingewilligt, man war ja erst mit einundzwanzig volljährig. Im Jahr drauf bist du geboren worden.«

An dem Abend hat mein Vater nicht weitererzählen wollen. Aber er schien glücklich, über meine Mutter sprechen zu können. Nelly schlief, und Matthias war mit Freunden ausgegangen.

Den Rest der Geschichte, der für mich ein Anfang war, hat er mir am nächsten Tag erzählt. »Weißt du«, hat er begonnen, »im Grunde habe ich deine Mutter nie gehabt.« »Was meinst du mit *gehabt*«, unterbrach ich ihn, »warum sollen Männer Frauen *haben*, was meinst du damit?« »Ich meine damit, dass wir uns selten wirklich nah waren. Ich meine, dass es selten Augenblicke gab, in denen es wirklich nur sie und mich gab und die Welt da draußen nicht von Bedeutung war. In denen sie nicht in Gedanken anderswo war. Schon als ihr Bruder noch lebte, war sie manchmal so, wie soll ich sagen, zerstreut, aber ich fand das nicht schlimm, mir schien es normal, jeder ist mal in Gedanken anderswo. Und es gab ja die Momente, in denen sie tatsächlich unbeschwert und lustig war, aber wer weiß, ob ich mir das nicht eingebildet habe.«

»Mit Bruder meinst du diesen Matthieu?«

Es gab ein Bild von ihm, auf dem er meiner Mutter ähnlich sah, es stand bei meinen Großeltern im Schlafzimmer. Ich hatte meine Großmutter einmal gefragt, wer das sei, und sie hatte nur kurz angebunden geantwortet, das sei Matthieu, ihr Sohn, und er sei tot. Ich wusste, dass es einen Bruder meiner Mutter gegeben hatte und dass er nicht mehr lebte, aber es wurde nicht darüber gesprochen. Wahrscheinlich habe ich deshalb nicht nachgefragt.

»Genau, dieser Matthieu, der mir mit dem Benzin ausgeholfen hat. Matthieu und deine Mutter, das war eine Einheit, deine Mutter hat ihn vergöttert und er sie. Heute bin ich mir sogar sicher, deine Mutter hat sich nur auf mich eingelassen, weil ich mich mit Matthieu angefreundet hatte und wir uns gut verstanden. Ich war sozusagen der, den sie haben konnte. Tut mir leid, wenn ich das so direkt sage, aber sie konnte ja schlecht mit ihrem Bruder zusammenleben. Aber damals habe ich das nicht so gesehen, ich fühlte mich geschmeichelt, dass eine gut aussehende Französin sich für mich, den Deutschen, interessierte. Matthieu war vier Jahre jünger als ich, sechzehn, als wir uns kennenlernten, aber ich habe diesen Altersunterschied, der ja in dem Alter erheblich ist, nie als ein Hindernis für unsere Freundschaft empfunden. Er war oft bei uns, und als du dann geboren wurdest, hat er dich ein-, zweimal gehütet, und Pauline und ich sind übers Wochenende verreist. Als Matthieu dann tot war, hat Pauline sich verändert, hat aufgehört zu lachen, ist nach und nach die geworden, an die du dich erinnerst. Als wäre ihr Aufenthalt auf der Erde an Matthieu gebunden gewesen. Ich meine, sie war da, sie hat sich um euch gekümmert, das Leben ist weitergegangen. Aber es gab eben immer häufiger diese Momente der Abwesenheit, der Traurigkeit, in denen sie nicht mehr erreichbar war, und aus den Momenten sind Phasen geworden. Eine Traurigkeit, aus der auch ich sie nicht herausholen konnte. Aber am Anfang, da waren wir glücklich, ja wirklich, und wir hatten den Plan, ein altes Haus zu kaufen und zu renovieren. Ich frage mich heute, warum wir das nicht in Frankreich gemacht haben, aber es war einfach noch so, dass die Frau dem Mann folgte, man hat das nicht infrage gestellt. Es hat ein wenig gedauert, bis wir das Geld für dieses Haus zusammenhatten, und als es so weit war, war Matthieu schon tot und sie nicht mehr dieselbe. Und Matthias … war im Grunde ein Versuch, ob alles wieder wie vorher werden könnte. Ich wollte nicht, dass wir ihm diesen Namen geben, den Namen eines Toten, aber da war nichts zu machen.«

»Weiß Matthias das?«

Mein Vater zögerte. »Von mir nicht.«

Wir schwiegen, und ich versuchte, die Gefühle zu ordnen, die wie Billardkugeln in mir hin und her schossen, aneinanderprallten, die Richtung wechselten. Weshalb waren nicht wir der Grund für ihren Aufenthalt auf der Erde gewesen, hatten wir ihr nicht genügt? Es fühlte sich an, als drängte sich Matthieu, von dem ich fast nichts wusste, im Nachhinein zwischen sie und unsere Familie, oder als wäre unsere Familie im Nachhinein für ungültig erklärt worden.

»Und wann genau ist dieser Matthieu gestorben, und warum?«

»Sag nicht immer *dieser* Matthieu. Matthieu war dein Onkel, der einzige und jüngere Bruder deiner Mutter. Nicht irgendwer!«

»Aber warum ist er gestorben?«

»Das lässt sich nicht in zwei Worten zusammenfassen. Und ganz genau weiß ich auch nicht, was passiert ist. Er studierte Ingenieurswissenschaften und ist krank geworden, irgendein langwieriger Infekt infolge einer Grippe, sodass er sein Studium ein halbes Jahr lang unterbrechen musste. Das war schon während des Algerienkrieges, und eigentlich hätte er nicht zur Armee eingezogen werden dürfen, bevor sein Studium beendet war. Nur dass der Algerienkrieg eine solche Dimension angenommen hatte, dass die Regierung sich zu diesem Zeitpunkt nicht mehr an existierende Regelungen hielt, alle wurden ohne Ausnahme eingezogen, sogar die, die ihren Militärdienst schon absolviert hatten, sogar Seminaristen, Familienväter. In dem Moment, in dem Matthieu theoretisch, wenn er nicht krank gewesen wäre, sein Studium abgeschlossen hätte, kam der Einberufungsbefehl. Matthieu hat Widerspruch eingelegt, es kam zum Prozess, und er war so sehr überzeugt von seinem Recht, dass er sich keinen Anwalt genommen hat. Er hat den Prozess verloren und ist eingezogen worden. Er hat fast jeden Tag an seine Schwester geschrieben, manchmal auch an mich, er hat immer gesagt, es gehe ihm gut, hat von Algerien erzählt, vom Meer, vom Sand, den Gerüchen. Als gäbe es keinen Krieg. In Wirklichkeit ist er wohl bald nach seiner Ankunft dort wieder krank geworden, war im Krankenhaus, obwohl ich vermute, dass es sich um eine Psychiatrie gehandelt hat. Als er nach einem Jahr nach Frankreich zurückverlegt wurde, haben wir überhaupt erst erfahren, dass er krank ist. Wir haben ihn besucht und dachten, wir kommen in ein Krankenhaus, aber dann war es eine psychiatrische Klinik. Er hat sich bemüht, so zu tun, als wäre alles in Ordnung, als wäre er kurz davor, entlassen zu werden, und wir haben ihm geglaubt. Und eine Woche später rief dein Großvater an. Matthieu hatte sich erhängt.«

Ich sehe uns noch, meinen Vater und mich, er auf der Couch, ich auf dem Boden im Schneidersitz, auf ein lila Bonbonpapier unter der Couch starrend, ich dachte, man müsste es wegwerfen, fragte mich, warum es lila war, wie es da hingekommen war, und wann, und auf einer anderen Ebene meines Gehirns versuchte ich, den Worten meines Vaters einen Sinn zu geben und diesen Sinn mit meinem bisherigen Leben in Einklang zu bringen.

»Deine Mutter hat sich nie verziehen, dass sie auf sein Theaterspiel hereingefallen ist. Dass sie nicht auf ihr Gefühl gehört hat, das ihr sagte, dass es nicht stimmte, was er behauptete. In seiner Krankenakte, in die wir später Einsicht hatten, stand *trouble antisocial*, zu Deutsch *dissoziale Persönlichkeitsstörung*. Ich vermute, es war eine allgemeine Diagnose für diejenigen, die sich in irgendeiner Form widersetzten, und sei es, indem sie zeigten, dass sie nicht einverstanden waren. Aber letztlich wissen wir es nicht. Was er dort erlebt hat. Was er selbst getan hat oder tun musste. Was in ihm vorgegangen ist.«

Ich beugte mich vor, holte das Bonbonpapier unter der Couch hervor, zerknüllte es und warf es neben meinen Vater auf die Couch.

»Aber das hätte man doch einklagen können, das geht doch nicht, er war doch im Recht. Wenn ich es richtig verstehe, hätte er erst eingezogen werden dürfen, nachdem er sein Studium beendet hatte, oder?«

Mein Vater nahm das Papier, machte eine Bewegung, als müsste er es erneut zerknüllen, und lachte wie über einen Witz. »Wie soll man so etwas einklagen, wenn es offiziell keinen Krieg gegeben hat, sondern nur *Operationen zur Aufrechterhaltung der öffentlichen Ordnung*? Und wie viele Soldaten müssten klagen? Nein, nein, so einfach ist das nicht. Das hat niemand getan, bis heute nicht, oder nicht, dass ich wüsste.«

Er stand auf, ließ das Papier in den Papierkorb fallen.

»Staaten oder Regierungen geben ungern Fehler zu, und sie lassen sich nicht gern in die Karten schauen, wenn es darum geht, diese Fehler zu beweisen. Das ist überall so, dort, hier, anderswo.«

»Und wir?«

»Wie, was meinst du mit *und wir*? Wir lassen uns auch nicht gerne in die Karten schauen?«

»Nein, ich meine, wieso habt ihr uns das nie erzählt?«

Mein Vater nickte, natürlich hatte er mit der Frage gerechnet. »Als ihr in das Alter gekommen seid, in dem man euch davon hätte erzählen können, lag Matthieus Tod schon viele Jahre zurück. Deine Mutter war bereits …« – er zögerte, bevor er das Wort aussprach, und ich frage mich, ob er es möglicherweise das erste Mal aussprach – » … depressiv. Und das Haus war eine Baustelle …«

Mit der offenen Hand zeichnete mein Vater eine vage Bewegung in den Raum, wie um zu zeigen, dass die Gesamtheit der Gründe unermesslich war. »Wie hätte man das erzählen sollen? *Ach, übrigens, euer Onkel hat sich umgebracht, deshalb geht es eurer Mutter nicht gut?* Ihr habt nie gefragt. Nach dem Tod eurer Mutter wäre ich nicht in der Lage gewesen. Und jetzt sprechen wir ja darüber.«

Ich hebe das Glas, proste Alexander zu. »Mütter sind ein Rätsel«, sage ich laut. »Jeder puzzelt vor sich hin. Ich würde alles tun, um Ihnen Ihre Mutter-Geschichte zu erzählen. Aber ich warne Sie, es gibt keine Gewissheit. Selbst passende Puzzleteile können die falschen sein. Ihre Mutter könnte untergetaucht sein, das passt in die Zeit. Ob ihr späteres Leben darauf hinweist oder nicht, spielt keine Rolle. Abgesehen davon, dass sie auch mit einem Liebhaber weggegangen sein könnte, oder mit einer Liebhaberin, weil diese Liebe möglicherweise größer gewesen ist als die zu ihrem Kind. Tut mir leid, das so deutlich zu sagen, aber das kommt vor. Woher will man das heute wissen? Meine Mutter ist bei einem Unfall ums Leben gekommen. Das sind die Fakten. Alles andere, dass sie den Unfall provoziert hätte zum Beispiel, ist eine Mutmaßung. Aber wäre es nicht an der Zeit, uns zu duzen?«

Ich lache über mich selbst, ich bin wirklich betrunken. Ich muss ins Bett, ich muss ein großes Glas Leitungswasser trinken und dann ins Bett.

8

Schlafzimmer

Ich bin von den Wildgänsen aufgewacht. Ihre Rufe scheuern über den Himmel, zeugen vom eigentlichen Leben, das es dort oben gibt, von einer eigenen Welt, die sich weiterdreht, ganz egal, was hier unten geschieht. Ich bin überrascht, empört, es ist die falsche Tonspur für das Land, das kratzige Geschrei der Gänse gehört in den Berliner Nachthimmel, verwandelt Häuser, Straßen, Querelen der Menschen in etwas, das nur zufällig existiert, sich den Zugvögeln in den Weg geschoben hat und bald wieder verschwinden wird. Ich stelle mir vor, wie die Gänse bei ihrem Flug über die Stadt hinunterschauen und sich mit wissendem Blick verständigen, ach, sieh mal einer an, immer noch da, die Stadt, sagt ihr Blick, immer noch da, die Menschen mit ihren belanglosen Beschäftigungen. Ich habe die Wildgänse nie bemerkt, bevor mich Katharina mit ihrem Faible für Ornithologie (das Nelly von ihr haben muss) auf sie aufmerksam gemacht hat, und seither erwarte ich die Gänse, im Herbst und am Ende des Winters, freue mich auf sie, liege wach wie ein verzaubertes Kind und lausche ihren Rufen weit oben,

Ich bin überrascht und empört, denn hier auf dem Land scheinen die Wildgänse tiefer zu fliegen, als ginge sie der Himmel nichts an, wenn sie nicht Hochhäusern, Funktürmen, Flugzeugen ausweichen müssen, ich bin enttäuscht, dass sie an Zauber verlieren, weil ihre Präsenz selbstverständlicher ist oder weil die Rufe aus der Nähe weniger mysteriös klingen,

Ich habe Kopfschmerzen und das Gefühl, tatsächlich schon einmal in der Mühle gewesen zu sein. Ich habe vier Nächte hier verbracht, oder sind es fünf? Nach wie vielen Nächten beginnt ein Déjà-vu-Gefühl? Ich muss aufhören, mich mit Alexanders Geschichte zu beschäftigen. Ich muss mich auf meine Arbeit konzentrieren. Wie spät ist es? Sollte ich eine Kopfschmerztablette nehmen? Aber wo habe ich die Hausapotheke verstaut?

Ich lausche den leiser werdenden Schreien der Gänse, bis sie in der Ferne verebben, und versuche wieder einzuschlafen. Höre, wie das Holz der Böden und Balken knackt, höre die Stille, die sich dazwischen ausbreitet, nächtliche Intimität eines Hauses, die man erst im Laufe der Zeit zu entziffern lernt. Bis dahin versuche ich mit dem Verstand einer Erwachsenen die Angriffe der kindlichen Ängste abzuwehren, die aus jedem Knarzen die Schritte eines Angreifers machen. Ganz sicher schleicht gerade jemand die Treppe hinauf, wird gleich die Tür zu meinem Zimmer aufschieben und neben meinem Bett stehen. Es wäre wirklich vernünftig, mir einen Hund anzuschaffen, aber ich habe mir schon ein Haus angeschafft und habe Mühe, mich in dieser Rolle zurechtzufinden, Hundebesitzerin zu werden würde meine derzeitigen Anpassungskräfte übersteigen, dann noch eher eine Katze. Ich zwinge mich, ruhig zu atmen, das Beste wäre, einfach wieder einzuschlafen,

Aber ich bin wach, und meine Kopfschmerzen werden jeden Moment stärker, das ist die Strafe für gestern Abend, ich hätte wirklich noch ein Glas Wasser trinken sollen. Müsste nicht im Kulturbeutel noch eine Kopfschmerztablette sein? Ich knipse die Nachttischlampe an, stehe auf und greife aus dem dunklen Zimmer hinaus an den Lichtschalter im Flur, so wie früher im Haus meiner Eltern, wenn ich in meine Dachkammer kletterte. Um zu meiner Kammer zu gelangen, musste ich aus der Küche hinaus auf eine kleine Plattform in die Scheune treten, von wo aus die Treppe nach oben führte. Es war eine einfache Holzstiege mit dunklen Zwischenräumen, die heruntergefallene Hausschuhe verschluckten und auch mich verschlucken würden, wenn ich danebenträte. Mit angehaltenem Atem und starr auf die Kammertür gerichtetem Blick stieg ich zu meiner Kammer nach oben, immer bedacht darauf, mit der Spitze des Fußes so aufzutreten, dass sie nicht über das Ende der Stufen ragte, immer bedacht darauf, nicht in die Dunkelheit jenseits des fahlen Lichtscheins der Glühbirne über dem Eingang zu schauen, wo schattenhafte Wesen nur darauf warteten, nach mir zu greifen. Ich hätte den Lichtschalter für die Ateliercecke meiner Mutter drücken können, aber die unheimlichen Bilder meiner Mutter hätten meine Angst nur größer gemacht. Wollte ich wieder hinunter, musste ich die Hand aus meiner Kammer strecken, um das Licht für die Stiege anzuknipsen, jedes Mal in Erwartung, irgendetwas Undefinierbares zu berühren und zu Tode zu erschrecken. Ich bin nie auf die Idee gekommen, meinen Vater zu bitten, einen Lichtschalter innerhalb der Kammer anzubringen. Irgendwann würde er die Scheune ausbauen und unser enges Haus in das weitläufige, luxuriöse Zuhause verwandeln, von dem er träumte und für das er genaue Pläne hatte, die er nie umsetzte, aber irgendwann würde er seinen Traum verwirklichen, und dann wäre die Frage des Lichtschalters gelöst.

Als mein Vater mir die Geschichte meiner Mutter erzählt hat, habe ich verstanden, warum unser Haus nie fertig geworden ist. Ich hatte immer gedacht, es läge am Geld, das meine Eltern nicht besaßen, weil es ihnen nicht wichtig war, Geld zu besitzen, aber viel entscheidender wird gewesen sein, dass mein Vater all seine Kraft für meine Mutter aufgebraucht hat und dass er nach ihrem Tod und unserem Auszug keinen Sinn mehr darin gesehen hat, die Bauarbeiten zu Ende zu führen. Er hat bis zu seinem Tod auf einer Baustelle gelebt und nie wirklich Fuß gefasst im Dorf, aber das Haus bedeutete ihm mehr als alles andere, es war das, was ihm vom Leben mit meiner Mutter blieb.

Ich trete auf den erleuchteten Flur, tapse ins Wohnzimmer hinunter und kicke um ein Haar das Weinglas um, das auf dem Treppenabsatz stehen geblieben ist. Ich nehme es mit, spüle es im Bad aus und fülle es mit Leitungswasser. Ein leises Plopp gefolgt von einem Zischen, die Tablette löst sich auf. Das Wasser ist so kalt, dass es an den Zähnen schmerzt. Auch meine bloßen Füße sind kalt, jetzt werde ich erst recht nicht einschlafen können, nicht bevor meine Füße wieder warm geworden sind.

Ich hole mir ein Sofapolster aus dem Wohnzimmer, den Laptop mit den Kopfhörern, ziehe meine Socken wieder an und mache es mir im Bett bequem. Ich arbeite nur noch selten nachts. Als Nelly noch klein war und zu mir ins Bett kam, weil sie einen Albtraum gehabt hatte, passierte es manchmal, dass ich nicht mehr einschlafen konnte, dass ich aufstand und mich an den Schreibtisch setzte.

Ich habe mich nie mit der Politik von drüben beschäftigt. Ich dachte, da komm ich sowieso nie hin, warum sollte ich mich dann damit beschäftigen. Lieber schaue ich, was sich hier machen lässt. Bei uns wurde Westfernsehen und Schwarzer Kanal geschaut, aber Fernsehen mochte ich nie, dass man da auf einmal mit Themen bombardiert wird, während man sich gerade mit ganz anderen Dingen auseinandersetzt. Also bin ich dann auf mein Zimmer und hab gemalt oder so. Ich kann mich nicht erinnern, wann ich das erste Mal von der RAF gehört habe. Das hat mich auch nicht interessiert. Es ist einfach so, dass ich immer noch das Gefühl habe, das ist nicht mein Land, in dem ich lebe … Obwohl, ich hab doch schon mal über Terrorismus nachgedacht, so kurz nach der Vereinigung. Nicht, dass das mein Weg gewesen wäre, es kommt ja auch drauf an, in welchem Alter man ist und wie sehr man noch so beseelt von einer Sache ist, dass man denkt, man muss alle anderen zu ihrem Glück zwingen … Aber als ich so mitbekommen habe, wie das abläuft im Westen, hab ich gedacht, hätte ich damals hier gelebt, vielleicht hätte ich doch mitgemacht. Ich konnte mir auf einmal vorstellen, dass man in diesem System auf so etwas kommt.

*[Sandra, *1961]*

Die schwarzen Quadrate des Fensters spiegeln matt das Licht, und ich denke daran, dass die Nachbarn mein nächtliches Licht sehen können. Ich beabsichtige nicht, Vorhänge anzubringen, auch wenn ich weiß, dass das im Dorf erwartet wird. *Bei der Sanders brennt die ganze Nacht Licht, und tagsüber geht sie nicht arbeiten.* Was ist an Vorhängen so wichtig, dass sich an ihnen immer wieder Konflikte entzünden? Ein vorhangloses Fenster ruft die Lust am Schauen hervor, und die Lust am Schauen ruft Scham hervor, weshalb die moralische Entrüstung auf die übertragen wird, die keine Vorhänge an ihren Fenstern haben,

Ich bin mir sicher, dass ich im Dorf auf meiner Durchfahrt auch vorhanglose Fenster gesehen habe. Scham, Moral, die Maßstäbe haben sich verschoben, wir leben im Jahr 2007, da wird ein Fenster ohne Vorhang, hinter dem nachts Licht brennt, niemandem mehr auffallen. Und wenn schon. Es interessiert mich nicht, was die Leute denken, ich habe einen Abgabetermin einzuhalten und muss jede wache Minute für das Buch nutzen.

Ich hatte kurz nach der Wende mein Coming-out und bin durch meine erste Beziehung in die West-Berliner autonome Lesbenszene gekommen. Und das war Anfang der Neunziger schon so eine Stimmung, dass da viel diskutiert wurde, was wird aus Deutschland, Großdeutschland, der Rassismus und das alles. Warum ich das in diesem Zusammenhang erzähle, also da wurden auch Aktionsformen diskutiert, wie weit könnte, wie weit sollte man gehen, und solche Sachen. Und die Rote Zora war da ein Orientierungspunkt, würde ich sagen. Gewalt gegen Menschen nein, aber Gewalt gegen Sachen ist okay. Finde ich heute immer noch. Ich bin mir bei einigen sicher, dass sie dabei waren oder zumindest sehr nah dran. Ich war verliebt und aufgeregt, weil das alles neu war, und da habe ich eine Zeit lang auch diese Verlockung bemerkt, wie soll ich sagen … Man ist gegen das System, aber es ist ja so, dass man ständig davon profitiert: Man studiert, bekommt Bafög, kauft ein, verreist, geht auf Partys. Und die Verlockung ist dann eben, auf der richtigen Seite zu stehen. Ein für alle Mal, sich nicht mehr mit diesen Widersprüchen herumschlagen zu müssen. Das ist das eine, und das andere ist, dass ich mich gefragt habe: Wie erkennt man, dass der richtige Zeitpunkt gekommen ist, wann tut man den Schritt und gibt sein bisheriges Leben auf, macht illegale Sachen, ist immer mit einem Bein im Untergrund? Wann ist klar, dass kein anderer Weg mehr offen steht? Wann haben sich die wenigen, die gegen das Dritte Reich gekämpft haben, entschieden? Wie weit nimmt man es noch hin, was passiert? Das war immer der Bezugspunkt, und obwohl mir klar war, dass der Vergleich nicht so einfach zu ziehen ist, habe ich mich immer wieder gefragt, ob es nicht eine schleichende Ent-

wicklung hin zum Faschismus gibt, jetzt, wo dieses Deutschland vereint ist, ob ich mich nicht genauso schleichend daran gewöhne. Und dann ist es irgendwann zu spät. Ich hab mir das echt versucht vorzustellen, immer detaillierter, wie es wäre, in den Untergrund zu gehen, bis mir schwindelig geworden ist, weil der nächste Schritt gewesen wäre, es zu tun. Aber die Vorstellungskurve hat sich der x-Achse beständig genähert, ohne sie je zu berühren. Weil, wann ist der Moment da? Ich stelle mir aber vor, so ähnlich wird es den Leuten von der RAF und all den anderen auch gegangen sein. Irgendwann haben sie sich entschieden. Diese Verlockung, absolut auf der richtigen Seite zu stehen, die ist dabei zentral, das glaube ich schon. In meinem Fall war das aber einerseits schon eine andere Zeit, und anderseits gab es eben doch immer dieses Etwas, das verhindert hat, dass ich mich ganz mit diesen radikalen Frauen identifizieren konnte, ich war nun mal in der DDR groß geworden, und manchmal fand ich sie ganz schön verkorkst mit ihrer Westsozialisation und ganz schön verächtlich den Ostdeutschen gegenüber.

*[Jenny, *1970]*

Wann knickt eine Kurve zu einer Geraden ab, die die x-Achse kreuzt? Es gibt ein Bedürfnis nach Erklärung, nach Linearität, nach Beruhigung. Wenn ich erklären kann, wann und warum jemand die Grenze überschreitet und es in Kauf nimmt, dass Menschen für seine politischen Ziele sterben, kann ich mich davon abgrenzen: Bei mir wird es niemals so kommen, weil … Für diese Beruhigung geht man so weit, Gehirne in Formaldehyd zu konservieren, um an ihnen Nachweise für Wahnsinn als Erklärung anzustellen. Aber es gibt keine zwangsläufig so und nicht anders verlaufende Kette von Ursache und Wirkung, keine Logik, keine Linie, keine Sicherheit vor sich selbst. Jeder,

der sich irgendwann zu diesem Schritt entschlossen hat, hätte sich auch anders entscheiden können. Und jeder, der sich dagegen entschieden hat, hätte sich dafür entscheiden können. Das hat nichts mit Moral zu tun, sondern mit Fakten, Faktoren. Faktoren, die höchstwahrscheinlich eine Rolle spielen: Epoche, Persönlichkeit, Liebe, Zufall. Die sich selbst wiederum in nicht kalkulierbare Kausalketten zerlegen lassen, die nie bis ins letzte Atom zurückverfolgt werden können. Es gibt immer nur Annäherung. Ein anderer Fakt, ein anderer Faktor, und es wäre ganz anders gekommen. Welche Faktoren mögen bei Hah eine Rolle gespielt haben, sollte sie Anfang 1977, also noch vor dem Beginn dessen, was heute Deutscher Herbst genannt wird, untergetaucht sein?

Mir ist nach frischer Luft. Ich lösche das Licht wieder, öffne das Fenster und lehne mich hinaus. Der See ist von hier aus nicht zu sehen, aber ich kann ihn riechen, moosig, modrig, metallisch, mit einer Note Erde, Lehm, feuchtem Stroh. Ich starre ins Dunkle, wo sich nach und nach der Garten abzeichnet, die Bäume, die Wege zwischen den Beeten und die Hecke. Der Garten, in dem ich womöglich mit Nelson eine Katze gestreichelt habe. Oder mit Clogs.

Sie mochte den Geruch im Haus, nach Holzfeuer und ein klein wenig nach Stall, auch bei ihr zu Hause roch es so, wenn man ein paar Tage weg gewesen war und zurückkam, Stallgerüche hafteten den Häusern noch hundert Jahre später an, nicht aufdringlich, aber doch bemerkbar. Sie betrat fast ehrfürchtig hinter Nelson das Haus, als wäre es bereits eine Legende, weil Nelson hier mit Hah und seiner Mutter wohnte, und mit dem Kind von Hah. Unwillkürlich suchte sie nach Spuren von Hah, fragte sich, welche Jacke im Eingang ihr gehörte, welche Schuhe, fragte sich, warum sie sich das fragte. Es war dunkel, als sie ankamen, sie hatten unterwegs noch bei Freunden von Nelson haltgemacht, hatten Holz eingeladen, und während sie in der Kälte mit dampfendem Atem Scheit um Scheit weitergereicht hatte, hatte sie sich leicht gefühlt und heiter wie schon lange nicht mehr. Nelson wollte gleich zum See. Er nahm sie an der Hand und zog sie zur Terrassentür. Dort unten hob sich eine Fläche von der restlichen Dunkelheit ab, ein Haus am See, dachte sie erstaunt, warum hat Nelson das nie erwähnt? Sie war nicht auf die Idee gekommen, dass jemand, den sie kannte, direkt an einem See wohnen könnte.

Das Holz können wir morgen ausladen, sagte Nelson und rannte zum Ufer hinunter. Er ging in die Hocke, betastete, soweit sie das im Dunkeln ausmachen konnte, die Oberfläche des Sees.

Zugefroren, rief er zu ihr nach oben. Noch eine kalte Nacht, und wir können Schlittschuh laufen!

Schlittschuh? Ich dachte, wir bereiten das Fest vor? Außerdem hab ich keine Schlittschuhe dabei.

Dann nimmst du die von meiner Mutter. Die könnten dir passen. Warte mal!

Nelson rannte zurück ins Haus, und kurz darauf hörte sie über sich ein Fenster aufgehen.

Gefunden!, rief Nelson herunter.

Nelson hielt ein paar Schlittschuhe aus der Dachluke heraus, die im matten Licht des Dachbodens leuchteten, weiße Schlittschuhe mit Pelzborte, solche, wie ihre Mutter sie ihr geschenkt hatte.

Die zieh ich nicht an!, schrie sie zurück nach oben. Ich bin doch keine Ballerina. Und außerdem …

Außerdem was?

Nichts, egal, vergiss es.

Kurz darauf stand er wieder vor ihr, schwenkte die Schlittschuhe wie eine Trophäe.

Die von Hah kann ich dir nicht anbieten, sie will bestimmt selbst fahren, sie liebt Schlittschuhlaufen. Ihre sind echt schick, schwarzes und rotes Leder und schwarze Schnürsenkel. Anarchoschlittschuhe!, sagte er. Nur wer Anarchist ist, darf damit fahren. Na?

Er sah sie herausfordernd an und zog eine Augenbraue hoch, wie sie es an ihm mochte.

Aber dir wären sie sowieso zu groß.

Ist Hah Anarchistin?

»Hah« statt wie bisher »deine Schwester« zu sagen fühlte sich seltsam an, als dürfte sie den Namen erst verwenden, wenn sie Hah kennengelernt hatte.

Anarchistin? Nee. Jedenfalls nicht so richtig, ideologisch oder so. Eher Feministin. Anderseits … Frag sie doch selbst, wenn sie kommt.

Nelson reichte Béa die Schlittschuhe, und sie schlüpfte hinein. Sie passten. Vorsichtig stand sie auf, machte ein paar staksige Schritte auf den Kufen.

Bist du schon einmal Schlittschuh gelaufen?, fragte Nelson.

Sie schüttelte den Kopf.

Bei uns gab es nur eine Eishalle. Aber in die Eishalle wollte ich nicht, ich finde ja, entweder es ist kalt genug und es gibt einen See, oder man läuft eben nicht Schlittschuh. Aber Rollschuh bin ich immer gelaufen. Das ist ja so ähnlich.

Sie zog die Schlittschuhe wieder aus, reichte sie Nelson.

Na, mal sehen, sagte sie. Erst mal warten, ob wir morgen Zeit dafür haben.

Für eine Runde Schlittschuhlaufen ist immer Zeit. Und

jetzt holen wir uns eine Decke und was zu essen und picknicken unten am See.

Im Februar? Im Dunkeln? Ist doch viel zu kalt. Und wann kommt eigentlich Hah?

Was hat Hah damit zu tun? Ich weiß nicht, wann sie kommt. Sie wollte jemanden finden, der sie mitnimmt, und bisher hat das immer geklappt. Sogar, seit sie mit Kind unterwegs ist. Sie wird schon rechtzeitig da sein. Ist ja ihre Fete.

Wo ist sie eigentlich hingefahren?

Keine Ahnung, antwortete Nelson ungeduldig, ich bin ja nicht ihr Wachhund. Nach Paris, nehme ich an. Oder sie war in der Bretagne. Oder beides. Oder im Süden, dort fährt sie auch manchmal hin, nach Larzac. Oder sagt man in den Larzac, auf den Larzac?

Ich glaube, auf den Larzac.

Faites labour pas la guerre, stand auf dem knallroten Plakat bei ihren Eltern zu Hause. Sie wusste, dass es um ein Militärcamp ging, das ausgeweitet werden sollte und gegen das die ansässigen Bauern und viele andere protestierten. Hier davon zu hören, verblüffte sie. Sie war nie auf die Idee gekommen, dass jemand sich in Deutschland außerhalb ihrer Familie für den Larzac interessieren könnte, darüber Bescheid wüsste, geschweige denn hinfuhr. Nicht weil sie dachte, das wäre nicht möglich, sondern weil es sich um zwei unverbundene, für sie unverbindbare Welten handelte, so unverbindbar, dass sie erst gar nicht versuchte, eine Verknüpfung herzustellen zwischen dem Drinnen und dem Draußen. Und in diesem Augenblick auch gar nicht wollte. Sie wollte jetzt nicht an zu Hause denken, daran, dass das Plakat nicht mehr bei ihren Eltern, sondern bei ihrem Vater an der Wand hing, sie wollte keine zugeschnürte Kehle, war nicht hierhergekommen, um traurig zu sein, sondern um Zeit mit Nelson zu verbringen, ein Fest zu feiern, Hah kennenzulernen.

Ist deine Schwester oft in Frankreich?

Ja, schon, ziemlich oft.

Und wieso?

Wieso nicht?, antwortete Nelson. Sie kann Französisch, sie hat Freunde da … Was interessierst du dich eigentlich die ganze Zeit für Hah?

Später rauchten sie in eine Decke gewickelt am Feuer. Die Wärme, die vom Feuer und von Nelson ausging, der leichte Schwindel vom Joint, die helle Eisfläche des Sees in der Dunkelheit, der Nachthimmel, in dem nun ein paar Sterne sichtbar wurden – sie trieb durchs All ohne Ausgangspunkt, ohne Ziel, und sie wollte für immer weitertreiben, ohne Vergangenheit, ohne Tod, ohne nicht existierende Todestage, ohne Drinnen und Draußen, nur das, was jetzt war, zählte, und dass sie morgen Hah kennenlernen würde,

Etwas in ihr riss, sie hielt es nicht aus, sie hatte nicht das Recht, in diesem Moment glücklich zu sein, sie hatte nicht das Recht, sich auf morgen zu freuen, während ihre Mutter tot war und ihr Vater und ihr Bruder ohne sie zu Hause, sie wollte diesen Moment zunichtemachen, etwas Fieses sagen, Nelson wehtun, Hah wehtun. Sie sprang auf. Nelson sah überrascht zu ihr hoch.

He, was ist los?

Mir ist kalt, sagte sie, lass uns reingehen.

Kalt? Du warst eben total warm!

Aber jetzt ist mir kalt.

Sie stapfte den Hang zur Terrasse hoch, kämpfte mit den Tränen, hasste sich dafür, dass sie alles zerstörte.

Gab es bei Clogs zu Hause doch einen See, bin ich vielleicht dort das einzige Mal in meinem Leben Schlittschuh gelaufen? Erinnere ich mich an die falschen weißen Schlittschuhe?

Es gab keinen See bei Clogs, aber das Haus lag wie dieses etwas abseits vom Dorf, das hat er erzählt, es war so etwas wie ein *lieu-dit*, einer dieser Orte, von denen ich mir als Kind vorstellte, sie müssten erst ausgesprochen werden, um zu existieren. Hat Clogs je eine Mühle erwähnt? Gar die Bezeichnung *Franzosenmühle*? Aber *Franzosenmühle* hätte ich nicht vergessen, es kann sich also nicht um meine heutige Mühle gehandelt haben. Zumal meine Mühle nicht nach Stall riecht, sie riecht nach Holzkohle, aber nicht nach Stall.

Wollte ich nicht bereits gestern oder sogar vorgestern nach den Landkarten suchen? Ein Buch, Landkarten, ich muss wirklich mit dem Auspacken beginnen. Bestimmt fällt mir bei Lesen der Ortsnamen auf der Landkarte der Name des Dorfes wieder ein, in dem Clogs zu Hause war.

Mitten in der Nacht wachte sie auf, musste aufs Klo. Sie schlüpfte aus dem Bett und verließ leise das Zimmer. Durch eine der Türen schimmerte Licht. Gedämpfte Stimmen waren zu hören, Frauen, ein Mann. Hah war offenbar zurückgekommen. Obwohl ihr kalt war, blieb sie vor der Tür stehen und lauschte. Welche von den Stimmen war Hahs? Mit wem war Hah aus Frankreich gekommen? Sie verstand nicht, was gesprochen wurde, aber es war Deutsch, kein Französisch. Dann legte jemand eine Platte auf, und nach wenigen Tönen erkannte sie das Lied. *J'suis ni l'œillet ni la verveine, je ne suis que la mauvaise graine qu'on a semé comme un caillou sur un chemin à rien du tout.* Ihre Mutter hatte das Lied ein paar Wochen vor ihrem Tod immer wieder gehört. Einmal hatte Béa ihre Mutter es sogar singen hören, als sie sich offenbar unbeobachtet glaubte, nicht wusste, dass Béa oben in ihrer Kammer war und durch die angelehnte Kammertür spähte. Béa hatte sie noch nie singen hören, war überrascht über den Klang der Stimme, glockenhell, fiel ihr dazu ein, sie öffnete die Kammertür einen Spaltbreit und beobachtete, wie ihre Mutter singend malte und, als das Lied zu Ende war, den Arm des Plattenspielers sorgfältig an den Anfang des Liedes zurücksetzte, weiter mitsang. Béa erinnerte sich an diese Szene, weil sie sich nicht einordnen ließ in die anderen Erinnerungen, ihr war so gewesen, als wäre ihre Mutter in dem Augenblick glücklich gewesen, als wäre sogar etwas Schalkhaftes von ihr ausgegangen, als würde sie es der Welt schon zeigen, und Béa hatte gedacht, dass doch noch alles gut werden würde mit ihr.

Die Tür wurde aufgerissen, Béa sprang erschrocken zurück.

Kann ich dir irgendwie helfen?

Hahs Stimme war die dunkle, ein wenig raue Stimme, die sie zwischen den anderen herausgehört hatte. Sie hatte kürzeres Haar als auf dem Foto, und es war nicht rot, sondern hellbraun, sofern sie das im Gegenlicht sehen konnte. Sie hatte eine Hand in die Seite gestützt und hielt mit der anderen die Tür so, dass Béa keinen Blick ins Zimmer werfen konnte. Ihre Haltung hatte etwas Herausforderndes, als müsste sie etwas verteidigen, sie musterte Béa von Kopf bis Fuß, und Béa hatte das Gefühl, durchleuchtet zu werden. Sie registrierte, dass sie Hah lieber nicht in diesem Moment begegnet wäre, mit hastig übergeworfenen Klamotten und vom Schlaf zerzausten Haaren. Dass sie Hah gefallen wollte.

Nein, stammelte sie, ich … es ist nur das Lied … ich war auf dem Weg zum Klo …

Du bist Béa, oder?

Sie betonte das »a«. Béa nickte.

Aha.

Es klang, als hätte Hah sich Gedanken über sie gemacht und gliche die Vorstellung nun mit dem ab, was sie sah. Béa merkte, wie ihr Gesicht heiß wurde.

Sie wollte auf keinen Fall, dass Hah mitbekam, wie sehr es sie verwirrte, hier mitten in der Nacht vor ihr zu stehen, wollte auf keinen Fall zeigen, dass sie sich über Hah Gedanken gemacht hatte, sie unbedingt hatte kennenlernen wollen, denn wie hätte sie das erklären können, nicht einmal sich selbst gegenüber konnte sie es erklären,

Ich bin wirklich nur wegen der Musik stehen geblieben, presste sie heraus, froh darüber, dass ihr etwas eingefallen war, das sogar stimmte.

Hahs Züge entspannten sich.

Ach so. Ferré. Die hab ich gerade mitgebracht. Können wir morgen gerne wieder auflegen, wenn du willst. Bleibst du zum Fest?

Béa konnte sich nicht vorstellen, das Lied noch einmal zu hören, aber sie nickte.

Nelson meinte, wir könnten dir beim Vorbereiten behilflich sein …

Sie bereute ihre Worte sofort, sie hatte linkisch, kindisch geklungen.

So, so, behilflich sein.

Hah hatte den gleichen ironischen Ton wie Nelson manchmal, und Béa wünschte sich weit weg, wusste keine Antwort.

Na gut, dann sehen wir uns morgen, sagte Hah und schloss die Tür vor ihrer Nase. Öffnete sie noch einmal, fügte hinzu, mach dir nichts draus, ich bin manchmal ein wenig ruppig, nimm's nicht persönlich, schlaf trotzdem gut.

Béa blieb noch einen Augenblick vor der Tür stehen und versuchte zu begreifen, was gerade passiert war. Versuchte, ihre Verwirrung zu begreifen, als sie plötzlich vor Hah gestanden hatte, das Gefühl der Demütigung, als Hah ihr die Tür vor der Nase zugeschlagen hatte, und der Freude, als sie die Tür noch einmal geöffnet und sich entschuldigt hatte, obwohl es nichts zu entschuldigen gab. Sie freute sich, freute sich so sehr, dass sie hellwach war, als sie zurück zu Nelson ins Bett schlüpfte.

Was war denn los?, fragte er verschlafen. Ist Hah zurück? Was habt ihr geredet? Ist sie nicht allein?

Sie hat Besuch, aber ich hab nicht gesehen, wer es war. Und wir haben nicht wirklich geredet. Sie wollte nur wissen, ob ich Béa bin und ob ich zum Fest bleibe.

Nelson grunzte und drehte sich um, und Béa lag wach neben ihm, spielte die kurze Szene an Hahs Zimmertür im Geiste erneut durch, variierte ihre eigene Antwort, variierte, was Hah sagte, was geschah. Sie fühlte plötzlich Lust, überlegte, ob sie Nelson wecken sollte, hatte ein schlechtes Gewissen, fasste sich an, stellte sich Hah vor, streichelte sich, rieb, stopfte sich die Bettdecke in den Mund und atmete unterdrückt aus, als sie kam.

»Und mit wem willst du es dort treiben?«, hat Katharina voller Häme gefragt, als sie erfuhr, dass ich aufs Land ziehen würde. Ein paar Jahre zuvor hatte ich mich geweigert, mit ihr über einen solchen Schritt auch nur nachzudenken.

»Denkst du, die Hausfrauen in den Neubaugebieten warten nur darauf, dass eine Fünfzigjährige aus der Stadt sie verführt?«

Ich habe nichts erwidert, sie war verletzt und enttäuscht, jede Antwort meinerseits hätte eine Eskalation bedeutet. Aber sie hat recht, das ist eine Frage, die sich stellt auf dem Land, auch wenn die Universitätsstadt nicht weit weg ist und ich abgesehen davon zurzeit kein Bedürfnis nach Nähe zu jemandem habe. Oder doch, jetzt gerade wäre es schön, wenn jemand im Bett läge, die mich erwartete, die sagen würde, mach das Fenster zu, es ist viel zu kalt, komm zurück ins Bett, ich will dich, jetzt,

Ich lausche in die Nacht und höre nichts, sosehr ich mich auch anstrenge und reglos den Atem anhalte. Müsste es nicht Wasservögel auf dem See geben, Mäuse im Garten, oder halten sie Winterschlaf? Irgendetwas muss doch zu hören sein, ein Rascheln, Schnüffeln, Fiepen, die Stille ist eine dunkle Wand, die das Haus umstellt hat, sich heranschiebt, die Dunkelheit zusammenschiebt zu einer noch schwärzeren Masse, die Luft zusammenpresst, mir den Atem nimmt. Starr stehe ich am Fenster, die Hand auf dem Griff, und wage nicht, es zu schließen, mich zu räuspern, laut auszuatmen,

Ich weiß nicht, wie lange ich da gestanden habe, ein Autoscheinwerfer wischt jenseits der Felder über den Nachthimmel, etwas zeitversetzt weht das dazugehörige Motorengeräusch herüber und verbindet mich wieder mit der Welt da draußen. Es sind Menschen unterwegs, auf dem Land, nachts um drei Uhr unter der Woche. Heute ist Freitag, wenn ich mich nicht irre, oder bereits Samstag, am Wochenende fährt sich die Jugend auf dem Land zu Tode. Meine Mutter hat sich an einem Sonntagmorgen zu Tode gefahren, an einem 29. Februar, und ich weiß bis heute nicht, wohin sie wollte oder ob sie überhaupt irgendwohin wollte.

Das Kopfweh hat nachgelassen. Morgen, das heißt in ein paar Stunden, werde ich mit dem Auspacken beginnen, es ist leichter, in einem eingerichteten Haus zu arbeiten als in einem unordentlichen. Ich werde systematisch vorgehen, erst das Arbeitszimmer, wo ich endlich den PC anschließen werde, weil es auf Dauer viel zu unbequem für den Nacken ist, am Laptop zu arbeiten. Dann die Küche, Töpfe, Geschirr, Besteck, damit ich Alexander nicht immer dieselbe Tasse anbiete, noch eine Gewohnheit, die sich einschleichen könnte und die es zu vermeiden gilt. Und ich werde einkaufen, ich werde in den nächstbesten Supermarkt fahren und das Nötigste holen. Und im Laufe der nächsten Woche in die Stadt, vielleicht hilft das der Erinnerung auf die Sprünge. Es sei denn, morgen wäre schon Sonntag, dann käme Alexander vorbei und ich müsste mit dem Einkaufen bis Montag warten.

Ich könnte auch einfach die Baumanns um ein Päckchen Nudeln und ein paar Eier bitten, das würde sie sicherlich freuen, wenn sie mir mit etwas aushelfen können, das wäre ein Anfang. Ich versuche erneut, nachzurechnen, wann bin ich eingezogen? Wann ist Alexander aufgetaucht? Aber ich habe keinen festen Anhaltspunkt, bräuchte einen Kalender. Irgendwo in meinen Kisten ist auch der kitschige Wandkalender mit blumenbestückten Landhäusern, *maisons fleuries*, den mir meine Freundin und Kollegin Lise von ihrem Frankreichurlaub mitgebracht hat. »Er ist so kitschig«, hat sie gesagt, »dass ich nicht umhinkonnte, ihn dir für dein Landhaus zu schenken.« Noch einfacher wäre es, einen Blick in meinen Taschenkalender zu werfen, der in meinem Rucksack stecken müsste. Dann könnte ich nachzählen, wie viele Tage ich hier bin und welcher Wochentag ist. Ohne klare, sichtbare Aufteilung auf dem Papier zerfällt Zeit in etwas Ungefähres, und ich bin überrascht, wie schnell ich aus dem gesellschaftlich vereinbarten Zählsystem herausgefallen bin. Und habe ich mich mit Alexander wirklich für Sonntag verabredet? Kann sich ein Koch an einem Sonntag frei nehmen? Ich habe »übermorgen« gesagt, das weiß ich sicher, und er muss Montag gemeint haben, aber an welchem Tag habe ich »übermorgen« gesagt? Ich muss im Kalender nachsehen, wir dürfen uns auf keinen Fall verpassen.

Am nächsten Morgen war der Himmel blau, Raureif hatte Bäume und Felder überzogen. Sie hatte unruhig geschlafen, hatte das Gefühl, anstrengend geträumt zu haben, und war doch erregt, als stünde etwas Besonderes bevor, an das sie sich erst noch erinnern müsste. Ihr fiel der vorige Abend ein, und die Lust stieg wieder in ihr auf, sie betrachtete Nelson, der ruhig neben ihr atmete, verspürte einen Anflug von Scham, verließ das Bett. Sie trat zum Fenster, blickte hinunter und sah neben dem Auto, mit dem Nelson sie abgeholt hatte, auf der anderen Seite des Weges vor dem Haus Spuren eines weiteren Autos, das über Nacht geparkt haben musste. Das dunkle Rechteck, das nicht mit Raureif überzogen war, hob sich deutlich von der Umgebung ab, Hahs Besucher konnten erst vor Kurzem aufgebrochen sein. Sie schlich die Treppe hinunter und sah unten im Eingangsbereich einen Kinderwagen stehen, genau, das Kind, sie hatte vergessen, dass Hah ein Kind hatte, und es gelang ihr nicht, sich die Frau, die gestern Abend vor ihr gestanden hatte, mit einem Kind vorzustellen. Sie zog den Parka über, schlüpfte in ihre Schuhe und trat auf die Terrasse. Die Kälte packte sie im Gesicht, aber sie empfand es als angenehm, am Körper war ihr nicht kalt. Als sie die Terrassentür hinter sich zuziehen wollte, schlüpfte eine rot getigerte Katze mit nach draußen. Sie musste gestern mit Hah ins Haus gekommen sein, jedenfalls war sie gestern Abend nicht im Haus gewesen. Das Tier schmiegte sich schnurrend an ihre Beine, Béa stand starr, Tiere waren okay, solange sie Abstand hielten, eine solche Zutraulichkeit, die nicht von ihr ausging, machte ihr Angst. Dann sprang die Katze, wie einer plötzlichen Eingebung folgend, davon.

Der See lag zugefroren in der noch blassen Morgensonne da, starr und heiter zugleich. Die Reste des Feuers hoben sich von der weißen Wiese ab, erinnerten sie an die schwarze Schnauze des neugeborenen Lamms. Sie ging am Seeufer in die Hocke, saß eine Weile da und blickte auf den See, betrachtete das Gesprenkel aus Raureifkristallen auf seiner vereisten Oberfläche. Es war angenehm, an nichts Konkretes zu denken, die Welt nur langsam ins Bewusstsein tröpfeln zu lassen. Was war gestern gewesen, warum war sie hier, darauf gab es Antworten, aber sie kreisten am Rand ihres Denkens in eigenen Bahnen, behelligten sie nicht. Sie scharrte ein Häufchen Raureif auf dem Eis zusammen, beobachtete fasziniert das eisige Blau in den Zwischenräumen, ließ ein wenig Raureif auf der Zunge schmelzen. Wie Schnee, dachte sie, nur blauer, und merkte, dass sie nun doch fror.

Ich hab dir eine Decke mitgebracht. Ist doch viel zu kalt, um einfach so hier zu sitzen.

Béa ließ die Finger sinken und sprang auf, sie hatte Hah nicht kommen hören. Sie dachte an den Vorabend, und eine Welle von Hitze schoss ihr ins Gesicht, sie hörte ihr Blut in den Ohren rauschen, spürte, wie ihr Schoß zu pulsieren begann. Hah war zwei Meter vor ihr stehen geblieben, als zögerte sie plötzlich, näher zu kommen, als wäre sie plötzlich verlegen. In der blassen Wintersonne schimmerte ihr Haar rötlich, und sie wirkte jetzt nahbar in ihrem Innehalten und mit der Decke auf dem Arm. Dann überbrückte Hah das letzte Stück und stand direkt vor Béa.

Gestern Abend, sagte sie, und Béa konnte die Wärme spüren, die von Hahs Körper ausging, das waren Freunde, die ich in Paris getroffen habe. Sie haben mich mitgenommen. Sie wollten nach München und haben einfach so spontan beschlossen, den Umweg hierher zu fahren, weil ich noch niemanden für die Rückfahrt hatte, echt nett. Sonst hätte ich trampen müssen, aber trampe mal mit Kind und Kinderwagen. Und weil sie nicht in einen Stau kommen wollten, sind sie heute Morgen so früh los.

Es klang wie eine Rechtfertigung, die Béa nicht eingefordert hatte. Sie fühlte sich geschmeichelt, dass Hah ihr gegenüber glaubte, etwas rechtfertigen zu müssen, auch wenn sie nicht verstand, warum man, um ohne Stau nach München zu gelangen, unbedingt im Morgengrauen losfahren musste. Es war ihr sowieso egal. Das Entscheidende war, dass Hah vor ihr stand, und zwar sehr nah.

Schon okay.

Sie versuchte, gleichmütig zu klingen.

Weißt du was, sagte Hah, nun fast fröhlich, als wäre sie erleichtert, ihre Erklärung losgeworden zu sein, und ging in die Hocke, wir nehmen die Decke für uns zwei. Es ist schön, morgens aufs Wasser zu schauen. Es macht einen so ruhig.

Es wäre einfach gewesen, sich neben Hah niederzulassen, doch ihr Körper war plötzlich eine Ansammlung von schwer koordinierbaren Einzelteilen, sie trippelte unschlüssig neben Hah auf der Stelle, bis diese sie am Ärmel packte und hinunterzog. Etwas umständlich legte sie die Decke um ihrer beider Schultern, streifte dabei Béas Nacken, berührte ihren Arm. Als sie schließlich nebeneinander unter der Decke in der Hocke saßen, lehnte Hahs Knie an Béas, ein glühender Punkt, der Béas ganze Aufmerksamkeit beanspruchte, sie musste sich konzentrieren, um zu wirken, als machte ihr die Berührung nichts aus. Sie hatte früher ein paarmal mit einer Klassenkameradin geknutscht, aber das war anders gewesen, das hatte sie nicht ernst genommen, und dann war sie einmal Hals über Kopf in eine Lehrerin verliebt gewesen, aber mit der hatte sie nicht frühmorgens unter einer Decke am See gesessen. Sie durfte auf gar keinen Fall zeigen, dass ihr Körper auf die Berührung reagierte, Hah hätte gelacht, hätte eine ironische Bemerkung gemacht, Béa war einfach nur die Freundin ihres Bruders, besser, sie rief sich gleich zur Raison,

Du bist Französin?

Als wäre sie von Hah abgerückt, war da auf einmal wieder Abstand. Das war kein Terrain, auf das sie sich jetzt begeben wollte, ihre Mutter war gerade weit weg gewesen, und überhaupt wollte sie niemanden auf diesem Terrain haben, auch nicht Hah, auf keinen Fall Hah.

Ich? Nein, Quatsch.

Dann hat Nelson das wohl falsch verstanden.

Ich verstehe nie etwas falsch.

Nelson stand hinter ihnen und blickte mit verschränkten Armen spöttisch auf sie herab.

Béa erhob sich hastig, verlor fast das Gleichgewicht.

Nein, hat er nicht falsch verstanden, sagte sie zu Hah gewandt. Oder nur halb falsch. Ich bin nur halbe Französin. Aber ich hab nicht viel mit Frankreich zu tun. Ich kann nicht einmal anständig Französisch.

Helga lachte.

Wer will schon anständig sein.

Sie stand auf und faltete die Decke wieder zusammen.

Kommt, sagte sie, wir gehen rein und machen Frühstück. Bestimmt hat Alexandre bald Hunger. Und das ist dann nicht zu überhören. Mein Sohn, fügte sie erklärend hinzu.

Da war das Kind wieder, und Béa merkte, dass es störte, störte wie Nelson, der plötzlich aufgetaucht war, störte wie die Frage nach dem Französischsein, sie wäre jetzt gern allein mit Hah gewesen, an diesem See, auch im Kopf. Sie musste zur Besinnung kommen, Hah interessierte sich nicht für sie, und wenn sie die Decke um sie beide gelegt hatte, dann doch nur, weil es ihr nichts ausmachte, Knie an Knie mit ihr zu sitzen, und das Zögern vorher, die Verlegenheit, das hatte sie sich eingebildet. Es war im Gegenteil gut, dass es das Kind gab, dass es Nelson gab, dann steigerte sie sich nicht in etwas hinein, vielleicht sollte sie gar nicht erst zum Fest bleiben, sondern nach Hause fahren, zu ihrem Vater, ihrem Bruder, die sie brauchten,

Nelson legte den Arm um ihre Schulter und ließ ihn dort liegen, während sie zum Haus hochstampften. Béa spürte noch Hahs Knie an ihrem, die Wärme neben ihr unter der Decke, und fand Nelsons Arm plötzlich schwer.

Es ist elf Uhr morgens, als ich auf den Wecker schaue. Ich kann mich nicht erinnern, mich wieder ins Bett gelegt zu haben. Mein Kopf fühlt sich gut an. Habe ich wirklich heute Nacht eine Kopfschmerztablette genommen? Gearbeitet? Am Fenster gestanden? Mich nach der Wärme eines Körpers gesehnt? Der Computer steht neben dem Bett auf dem Boden, das Sofapolster liegt daneben, das Weinglas, in dem ich die Tablette aufgelöst habe, muss noch unten im Bad sein. Ich weiß immer noch nicht, welcher Tag heute ist und ob Alexander heute kommt oder morgen. Habe ich von einer Katze geträumt? Von Hah, die neben mir am See saß? Ich spüre noch die Stelle am Knie, an der wir uns berührt haben, spüre die Erregung aus dem Traum im Körper, irgendetwas muss im Schlaf an mein Knie gedrückt haben, ich fasse unter die Decke, aber da ist nichts.

9

Zimmer ohne Namen

Ich knie in dem Zimmer, das noch keinen Namen hat, inmitten meiner Landkarten. Sie breiten sich auf dem Dielenboden zwischen den Kartons aus, ein von Felsen umstelltes Meer aus überlappendem Papier, und ich bin die Insel im Meer, die herausragt, kauernd schlau zu werden versucht aus dem Missverhältnis zwischen dem, was Alexander behauptet, und dem, was ich glaube. Aber sosehr ich auch suche, auseinanderfalte und wieder zusammenfalte, das Puzzle der topografischen Karten ist nicht vollständig. Ich besitze keine Karten, die den Norden der Universitätsstadt abbilden. Ich habe mir in Berlin ein Set detaillierter Karten rund um Plauktal besorgt, alles andere wäre sinnlos gewesen, mir ging es um Plauktal, und nicht um den Norden der Universitätsstadt, nicht um einen Ort, an dem möglicherweise ein Junge namens Clogs gewohnt hat, den ich einmal gekannt habe, an den ich aber erst wieder gedacht habe, als Alexander hier aufgetaucht ist. Vielleicht sollte ich heute, wenn ich einkaufen gehe, doch in die Stadt fahren, um mir die fehlenden Karten anzuschaffen. Sofern nicht Sonntag ist.

Ich schiebe die Karten rund um Plauktal zurecht. Sollte ich doch schon einmal in der Mühle gewesen sein, könnte sich eine Spur in den Linien finden, den Hügeln und Tälern, die sich aus der Karte herauszuschälen oder in sie hineinzufräsen scheinen. Vielleicht erinnere ich mich an eine Straße, wenn ich ihr mit dem Finger folge, an eine Fahrt über Land, zu dieser Mühle, zu einem Fest. Aber ich erinnere mich nur an die Straßen auf meinen Wegen hierher. Sollte es eine Erinnerung geben, die weiter zurückreicht, so ist sie längst überlagert von der Gegenwart. Ich hätte mich erinnern müssen, als ich das erste Mal hierhergekommen bin, der Name Plauktal hätte von Anfang an etwas in mir auslösen müssen. Aber ich hatte kein Déjà-vu, als ich letzten September durchs Dorf gefahren bin, das rede ich mir im Nachhinein ein, weil es zwar kein Beweis, aber richtungsweisend wäre. Oder gab es das Gefühl, und ich habe es nicht beachtet, weil ich nicht auf die Idee gekommen bin, dass ich das Dorf kennen könnte?

Ich könnte dieses Zimmer zum Kartenzimmer deklarieren. Ich habe eine Küche mit Speisekammer, ein Wohnzimmer, ein Schlafzimmer, ein Arbeitszimmer und diesen Raum hier, der mein Gästezimmer werden soll. Obwohl mir ein völlig leeres Zimmer im Haus gefallen würde, in dem ich wahlweise ein Gästebett, einen Tisch, einen Wäscheständer aufstellen oder mich auf dem Boden mit Karten, Büchern, Papieren ausbreiten würde. Noch besser wäre ein gänzlich sinnloser Raum. *Ich habe mehrmals versucht, an eine Wohnung zu denken, in der es ein überflüssiges Zimmer gäbe, ein ganz und gar und absichtlich überflüssiges Zimmer.* Es gibt keine überflüssigen Zimmer, keine sinnlosen Räume. Selbst ein sinnloser Raum hätte noch den Sinn, sinnlos zu sein,

Mit einem Mal sehne ich mich nach Alexandre, nach seiner Gelassenheit, hinter der sich wie hinter Transparentpapier Schüchternheit abzeichnet, nach seinen Händen, wie sie die Kaffeetasse umfassen, seiner jungenhaften Schlaksigkeit. *Tu perds la tête*, denke ich, einmal mehr erstaunt über die französische Wendung, die aus den Tiefen meines Gedächtnisses aufgetaucht ist. Er dichtet mir eine gemeinsame Geschichte an, und schon produziert mein Stoffwechsel die passenden Gefühle dazu. Und wie komme ich auf Alexandre? Er heißt Alexander, und ich vermisse ihn wie einen langjährigen Freund, den ich seit Jahren nicht gesehen hätte, oder wie den Sohn einer guten Freundin, den ich hätte aufwachsen sehen und mit dem ich lose in Kontakt geblieben wäre, weil man sich zwar nicht wirklich kennt, aber doch so sehr, dass man sich nicht fremd ist,

Ich kann auf keinen Fall aus dem Haus gehen, solange ich nicht weiß, welcher Tag heute ist. Wäre heute Sonntag, würde ich umsonst in die Stadt fahren, und Alexander stünde, sofern er nicht Montag kommen wollte, vor verschlossener Tür. Ich will auf keinen Fall, dass Alexander vor verschlossener Tür steht und dann nicht wiederkommt, weil er denkt, ich bin absichtlich weggefahren, um ihm aus dem Weg zu gehen. Und vor allem wäre es in meiner derzeitigen Situation eine leichtfertige Zeitverschwendung, eigens wegen einer Landkarte in die Stadt zu fahren. Um Lebensmittel einzukaufen, reicht der nächste Supermarkt. Ich lasse den topografischen Teppich ausgebreitet auf dem Boden liegen und hole mir meinen Laptop aus dem Schlafzimmer, wo er noch neben dem Bett auf dem Boden liegt.

Wir haben 1977 geheiratet, ich bin von Portugal nach Deutschland gekommen, und wir wollten zusammen ein Konto eröffnen. Und ich weiß noch, ich komme in die Bank und alles ist gepflastert mit diesen Plakaten, und ich frage mich, was ist das denn, eine Bank? Ich fand das alles ziemlich befremdlich und habe es nicht wirklich verstanden. Hinzu kam, dass ich das Wort »Terroristen« zuletzt im Zusammenhang mit den Kolonialkriegen gehört hatte. Die Unabhängigkeitskämpfer, die nannte man Terroristen, und obwohl ich zu diesem Zeitpunkt schon gar nicht mehr dieser Meinung war, fand ich es verwirrend, dass das Wort auf einmal in einem ganz anderen Kontext auftauchte. Ich fand alle Seiten ganz schön hysterisch, aber an der Uni, da habe ich es nicht so empfunden, da herrschte ein anderes Klima, dort wurde fundiert diskutiert. Mir standen politisch die lateinamerikanischen Bewegungen näher, für Deutschland habe ich mich erst später interessiert. Verglichen mit der Situation in Lateinamerika, dachte ich, ist das doch hier harmlos. Hier kann man herumlaufen, wird nicht auf offener Straße erschossen.

*[Maria, *1955]*

Bevor ich weitermache, brauche ich einen Kaffee, etwas im Magen. Ich stehe wieder auf, gehe hinunter, mache mir Kaffee, gebutterten Toast. Nehme beides mit hinauf, stelle Tasse und Teller im Zimmer ohne Namen, das ich möglicherweise Kartenzimmer nennen werde, auf dem Boden ab. Setze mich daneben. Treppe runter, Treppe hoch, in so einem Haus bleibt man in Bewegung. Ganz sicher befinden sich die Lesebrille oder die Stifte immer gerade auf dem Stockwerk, auf dem man sich nicht aufhält. Ich werde in jedem Zimmer eine Lesebrille deponieren. In jedem Zimmer mehrere Stifte. Am besten kaufe ich im Supermarkt weitere Lesebrillen, weitere Stifte.

Ich schaue kauend auf die Wand vor mir, lasse den Blick über mein Kartenmeer schweifen. *Notiert, der weißen Wand gegenüber. Hier werden Landkarten hängen.* Ich liebe Landkarten, insbesondere topografische Landkarten. Mich in sie zu versenken, hat eine beruhigende Wirkung. Wege nachzeichnen, die ich gegangen bin, eine Versicherung, dass es mich in dieser Landschaft gegeben hat, dass es mich gibt. Oder Wege nachzeichnen, die ich noch nicht kenne. Die Topografie lässt Landschaften vor meinem inneren Auge entstehen, meist ist es

Sommer, es ist morgens und der Himmel ist blau. Katharina und ich gingen manchmal wandern oder Rad fahren, und zur Vorbereitung versenkte ich mich in meine detaillierten Karten, versuchte die schönsten, die sonnigsten Wege zu finden. Da wir lange kein Auto hatten, fuhren wir mit dem Zug von Berlin aus in die Provinz, und je weiter der Zug sich von Berlin entfernte, desto genauer sah ich mir die Leute an, die ein- oder ausstiegen. Ich versuchte, zu ergründen, ob sie gerne auf dem Land lebten oder ob es für sie einfach eine unverrückbare Tatsache war, etwas, das zu ändern ihnen nie in den Sinn gekommen wäre. An einem Ort auf dem Land oder in einer Kleinstadt der Provinz aufgewachsen zu sein und an diesem Ort als Erwachsene wohnen zu bleiben, ist für mich so undenkbar, dass ich mir nicht einmal vorstellen kann, wie mein Leben verlaufen wäre, wenn ich noch wohnte, wo ich groß geworden bin. Es gibt keine vorstellbaren Szenarien, so, als hätte ich gar keine andere Wahl gehabt, als wegzugehen. Ich frage mich, ob es das überhaupt gibt, freiwillig zu bleiben, oder ob es nicht immer die Umstände sind, die dazu führen, dass man nicht weggeht.

Unten klingelt das Telefon. Ich habe keine Lust, schon wieder aufzustehen. Ich habe keine Lust zu reden. Auf Fragen zu antworten, wie es mir ergeht in meinem neuen Leben. Ob ich mich eingerichtet habe. Der Anrufbeantworter springt an. Es ist Katharina. »Béatrice?« Sie geht am Ende mit der Stimme ein wenig nach oben, als hätte sie das Haus betreten und riefe etwas verunsichert nach mir, weil sie sich nicht sicher ist, ob ich zu Hause bin. »Béatrice?« Schweigen. »Bist du da?« Schweigen. Sie weiß, dass ich gelegentlich Anrufe zensiere, nicht ans Telefon gehe. Im Hintergrund höre ich das Quietschen einer Straßenbahn, Katharina steht vor dem Haus, in dem ich wohnte, oder in der Nähe, was hat sie dort zu suchen? Ich bin irritiert über Katharinas Stimme in der Mühle und noch irritierter über das Quietschen der Straßenbahn, diesem ebenso nervenaufreibenden wie unabkömmlichen Soundtrack meiner alten Wohnung. Für einen Moment verspüre ich Wut, weil die Verlockung wirkt, winkt, weil die Sehnsucht nach meinem alten Leben mich überfällt, was ruft Katharina mich an, und auch noch von diesem Ort aus, sie zerrt an mir, drängt mich, pocht auf die Gemeinsamkeiten, die es gegeben hat, wie das Quietschen einer Straßenbahn, das uns sonntagmorgens aus dem Schlaf riss, die Intimität einer Stimme auf dem AB. »Ja, schade. Ich bin zufällig hier in der Gegend und hab an dich gedacht. Wollte nur mal …« Es klickt, sie hat aufgelegt.

Mit Katharina war ich zwölf Jahre zusammen, so lange wie mit niemandem sonst, und vor drei Jahren haben wir uns getrennt. Genauer gesagt, Katharina hat sich getrennt, weil sie nicht mehr länger bereit war, mit unseren unterschiedlichen Vorstellungen von Zukunft umzugehen. Zwölf Jahre haben wir getan, als wäre Zukunft ein vernachlässigbares Detail, aber dann wollte Katharina, dass die Zukunft beginnt, wollte Verbindlichkeit, Verpartnerung, wollte zusammenziehen, gerne aufs Land. Und natürlich war sie entsetzt, empört, verletzt, als sie erfahren hat, dass ich Hals über Kopf Berlin verlasse und die Bedenken gegen das Landleben, die ich so vehement vertreten habe, einfach beiseitewische. Sie hätte sich gut vorstellen können, in das Haus meines Vaters zu ziehen, als er starb, es reizte sie sogar, sie hat nie auf dem Land gelebt und stellte es sich romantisch vor. »Das bekommen wir hin, auch beruflich«, hat sie gesagt. »Wir zusammen in einem Haus, auf dem Land, warum sollen wir es nicht ausprobieren? Endlich einmal zusammenzuleben?« »Wir leben auch so zusammen«, habe ich geantwortet, »auch wenn wir keine Wohnung teilen. Außerdem kann man sehr wohl zusammen wohnen und dennoch nicht zusammen leben.« Unvorstellbar, zurück in das Haus meiner Kindheit und Jugend zu ziehen, in dieses nie fertig ausgebaute Haus, als knüpfte ich direkt an meine Jugend an und führte das unfertige Werk meines Vaters zu Ende, als hätte es die Zeit dazwischen nicht gegeben. »Und anderswohin, aufs Land?« »Ich finde Landleben nicht romantisch«, habe ich geantwortet. »Man kann im Grünen spazieren gehen, Rad fahren, ohne überfahren zu werden, okay, und die Luft ist besser, solange keine Gülle ausgefahren wird, aber dort leben? Ständig unter Beobachtung? Ich stelle mir das wirklich gemütlich vor, Hand in Hand mit dir durchs Dorf zu spazieren, und dann kommt Nelly zu Besuch, sie werden uns mit offenen Armen empfangen!«

Wir wurden oft gefragt, warum wir nach all der Zeit immer noch nicht zusammengezogen waren, und immer schwang in dieser Frage der Vorwurf mit, wir seien nicht reif genug, zu egozentrisch, um uns auf die zum Zusammenleben notwendigen Kompromisse einzulassen. Als verlangte das Leben in unterschiedlichen Wohnungen nicht genauso viel Kompromissfähigkeit. Und Vertrauen. Katharina und ich teilten vieles, aber längst nicht alles, wir hatten Freunde, die wir voneinander nur dem Namen nach kannten, das verlangt Vertrauen in einer Beziehung, fällt das etwa nicht ins Gewicht? Was mich betrifft, so hätte ich noch lange so weiterleben können, ich habe mich nie mit Katharina gelangweilt und vermisse sie bis heute, manchmal so sehr, dass sich jede Zelle meines Körpers zusammenzieht und ich meine, das Sehnen nicht aushalten zu können. Ich finde sie nach wie vor *begehrenswert*, gerade weil sie so vertraut ist, Begehren entspringt gleichermaßen der Fremdheit wie der Vertrautheit, vielleicht weil man sich bereitwillig einbildet, in der Vertrautheit sei es nur ein winziger Schritt zum Verschmelzen, in Wirklichkeit jedoch weiß, dass die Vertrautheit wie eine Membran über die Einsamkeit gespannt ist, aus der wir nie entkommen, und die Verzweiflung um dieses Wissen schlägt in Verlangen um, in Lust. Wäre ich noch mit Katharina zusammen, ich wäre nicht in die Mühle gezogen, wäre nicht einmal auf die Idee gekommen, es zu tun,

Soll ich Katharina von Alexander erzählen, von meinen Zweifeln, meinen Zweifeln an den Zweifeln? Vielleicht erinnert sie sich an etwas, was ich ihr einmal erzählt und selbst wieder vergessen habe? Sie hat ein Gedächtnis für Details. Wenn ich einmal jemanden erwähnt hatte und es dann in einem anderen Zusammenhang wieder tat, Jahre später, wusste sie genau, von wem die Rede war. »Ach, du meinst den, der immer diesen karierten Mantel trug, den du so hässlich fandst?« Wenn ich ihr von Nelson erzähle, wird sie vielleicht sagen: »Ach, der mit den gelben Clogs?« Und ich werde erstaunt fragen, wie sie darauf kommt, und sie wird es erklären und wird ganz selbstverständlich Zusammenhänge geknüpft haben, die ich nicht gesehen habe,

Ich werde Katharina anrufen, ich werde Nelly anrufen, ich werde Matthias noch einmal anrufen, und Joachim. Aber nicht sofort. Erst muss ich das Beauvoir-Buch suchen, wenn ich schon keine Landkarte kaufen gehe. Beinahe hätte ich das Buch vergessen. Bestimmt wird das Buch Klarheit bringen.

Zuerst wusste sie nicht, was es war, das sie an dem Bücherregal im Flur anzog, etwas war anders, gehörte nicht hierher, war zu vertraut, um sich in einem unbekannten Haus zu befinden. Sie überflog Buchrücken, formte Titel mit den Lippen, und als sie beim ersten französischen Titel angelangt war, wurde ihr klar, was es war, was nicht hierher gehörte: die Buchrücken von *livre de poche, folio, éditions de minuit,* die sie von zu Hause kannte, die ihr aber nie in einem Regal außerhalb der elterlichen Wohnung begegnet waren, außer früher bei ihren Großeltern. Einen Moment war sie empört, als hätten sich die Bewohner des Hauses etwas Unerhörtes erlaubt, sich etwas angeeignet, was ihnen nicht zustand, das war ihr Bereich, der sie von den anderen unterschied, in diesem Anderssein hatte sie sich eingerichtet, was blieb ihr, wenn es wegfiel? Sie zog eines der Bücher heraus, schnupperte daran, der Geruch rief das Wohnzimmer ihrer Großeltern in Erinnerung, den trockenen, staubigen, leicht parfümierten Geruch der Bücher, die anders rochen als die Bücher ihres Vaters, ja, Bücher rochen in anderen Ländern anders, wie Wohnungen, wie Lebensmittelgeschäfte, wie die Landschaft.

Du musst immer an den Sachen riechen, schmecken, fühlen, oder?

Sie fühlte sich ertappt, als hätte sie heimlich in Hahs Sachen gewühlt, steckte das Buch schnell wieder ins Regal.

Nein, nein, es ist nur, es ist, weil …

Wenn sie weiterredete, würde sie sich verhaspeln, verhaken in Rechtfertigungen, zeigen, dass sie Hah gegenüber nicht unbefangen war. Sie überlegte krampfhaft, was sie sagen sollte, doch Hah schien das nicht zu bemerken, kam ihr sogar zur Hilfe.

Ist doch nicht schlimm, im Gegenteil!

Hah stellte sich neben sie, so nah, dass Béa die Luft anhielt und sich nicht mehr zu rühren wagte.

Zeig mal her, was hattest du rausgezogen, Simone de Beauvoir, kennst du sie? Klar kennst du sie!

Béa atmete wieder aus und sog vorsichtig Luft ein, so vorsichtig, wie ihre nach Sauerstoff gierenden Lungen es zuließen, und in den Geruch der Bücher mischte sich Hahs Duft, ein wenig zimtig, ein wenig nach Rauch, und auch ein wenig nach Nelson, aber mit einer Note von Jasmin, oder dem, was sie für Jasmin hielt.

Sie überlegte, ob sie zugeben sollte, dass sie nur einfach das erste französische Buch herausgezogen hatte, das ihr in die Hände gefallen war. Dass sie Simone de Beauvoir dem Namen nach kannte, das berühmte Zitat aus dem Buch kannte, jedenfalls ungefähr, *wir werden nicht als Frauen geboren, sondern zu Frauen gemacht*, dass sie aber weder dieses noch irgendein anderes Buch der Autorin gelesen hatte. Dass sie kein Französisch las. Sie wagte jetzt doch, den Kopf zu drehen, sah Hahs Profil, wie sie in dem Buch blätterte, ihre Augäpfel, die hin und her hüpften, das Lächeln, das das Lesen ihr entlockte. Vermutlich nicht so sehr wegen dem, was das stand, sondern wegen der Erinnerung, die das, was da stand, hervorrief, so jedenfalls sah das Lächeln aus, ein Lächeln aus Erinnerung. Bestimmt hatte sie das Buch zusammen mit jemandem gelesen, der ihr wichtig war, den sie liebte, vielleicht eine Frau, eine Frau in Paris, vielleicht die Frau, die gestern hier übernachtet hatte, oder der Mann. Sie registrierte ihren Unmut bei diesem Gedanken, spürte etwas Nagendes unter der Bauchdecke, Wehmut, Eifersucht.

L'homosexualité de la femme est une tentative parmi d'autres pour concilier son autonomie et la passivité de sa chair, las Hah vor. *Et si l'on invoque la nature, on peut dire que naturellement, toute femme est homosexuelle.* So viel Französisch verstand Béa, dass sie wusste, um was es ungefähr ging. Aber warum las Hah ihr ausgerechnet diese Passage vor? War es ein Zeichen? Nein, sie hatte das Buch zufällig an dieser Stelle aufgeschlagen, jetzt las sie weiter vor, und Béa lauschte Hahs Stimme, mochte das Dunkle, Raue daran, mochte ihren Akzent, weil er nicht so hart, so abgehackt war, wie sie es von Deutschen kannte, sondern klang, als wäre Hah immer leicht erstaunt und ein wenig belustigt über das, was sie selbst aussprach oder wie sie es aussprach, das gab ihrer Aussprache etwas Hüpfendes, Leichtes.

Da habe ich doch tatsächlich Band zwei vor Band eins eingeordnet, sagte Hah, zog ein weiteres Buch aus dem Regal, reichte Béa beide Bücher. Sie nahm sie entgegen wie ein überraschendes Geschenk, mit dem man nichts anzufangen weiß.

Ich leih sie dir aus, sagte Hah. Und wenn du sie gelesen hast, kommst du mal wieder vorbei und wir reden darüber.

Es war kein Zeichen, aber es bedeutete, dass Hah sie ernst nahm, in ihr mehr sah als einfach nur irgendeine neun Jahre jüngere Freundin ihres Bruders, es bedeutete, dass sie sich vorstellen konnte, sie wiederzusehen und mit ihr zu diskutieren. Béa fühlte, wie Dankbarkeit in ihr aufstieg. Hah machte es ihr einfach, sie würden Freundinnen werden, Freundschaft war sowieso besser als Liebe, und was hieß hier Liebe, Liebe war eine Schimäre, Liebe war ein Konstrukt, Liebe war bürgerlich. Sie kannte sich nicht aus, wie das ging mit zwei Frauen, sie hätte sich nur blamiert. Sie würde Simone de Beauvoir lesen, sie würde ihr gesamtes Französisch und ein Wörterbuch mobilisieren, um die Bücher lesen zu können, und dann würden Hah und sie reden, würden Freundinnen werden und wer weiß was noch.

Sollte das »H.« vorne im Buch wirklich ein Kürzel für Hah sein und die unterstrichenen Passagen von ihr stammen? In dem Fall wäre ich tatsächlich bei Clogs zu Hause gewesen und hätte seine Schwester getroffen. Und die Bücher hätte ich nie zurückgegeben, weil ich überstürzt nach England gegangen bin und der Kontakt zu Clogs, und deshalb auch zu Hah, abgebrochen ist. Den zweiten Band habe ich später verliehen und meinerseits nicht zurückbekommen. Ich habe bis heute weder den ersten noch den zweiten Band gelesen, weil ich sie aus völlig irrationalen Gründen nicht in der Übersetzung lesen will, sondern im Original. Mir die deutsche Übersetzung zu besorgen, wäre eine Kapitulation vor dem längst Offensichtlichen, dass meine Beziehung zu Frankreich rein emotionaler Art ist und zu einer Mutter führt, die nie Französisch mit mir gesprochen hat und, als ich achtzehn war, aus meinem Leben verschwunden ist.

Ich ordne meine Regale alphabetisch, nicht besonders genau, aber doch nach den Anfangsbuchstaben. Wenn ich den Karton mit dem »B« finde, finde ich das Buch. Ich wollte erst die Regale aufbauen, bevor ich die Bücher auspacke, aber mir fehlt gerade der Mut, eine Bohrmaschine in die Hand zu nehmen, mir fehlt der Mut für Löcher, Dübel, Schrauben, Staub. Ich kann die Bücher ja in einer Ecke stapeln. Oder sie zurückpacken in die Kartons. Ich hätte systematischer sein und die Kisten statt einfach mit »Bücher« mit A–C, D, E–F usw. beschriften sollen. Ich lüpfe aufs Geratewohl die Flügel eines Kartons. Feinberg, Fink, Firestone, falscher Karton, Thelen, Tzara, Nemirowski, das habe ich wohl im letzten Moment in den falschen Karton gesteckt, weil es noch bei den ungelesenen Büchern lag. Ich lüpfe Flügel um Flügel und lande nach ein paar Versuchen bei Badinter, Barnes, Bolaño, das ist die richtige Kiste, ich beginne, ein Buch nach dem anderen aus der Kiste zu räumen. Am Ende ist die Kiste leer, um mich herum Stapel, die bei Castillo enden. Aber ich bin mir sicher, ich hatte das Buch beim Einpacken in der Hand. Habe ich es beiseitegelegt, um noch einmal hineinzuschauen, und es dann in einen x-beliebigen Karton geräumt? Aber dann müsste es oben liegen und beim ersten Flügellüpfen sichtbar sein, es kann sich also nicht in den bereits geöffneten Kartons befinden. Ich gehe von Karton zu Karton, öffne jeden einzelnen, gehe hinunter zu den Bücherkisten in den Salon, aber das Buch bleibt verschwunden. Mir bleibt nichts übrig, als zu warten, bis es auftaucht, irgendwo, die Zigaretten steckten schließlich auch in einer Bücherkiste, warum sollte ein Buch nicht beim Geschirr oder zwischen Kleidern gelandet sein?

Wieder erfasst mich Trägheit, ja, ich müsste Regale aufbauen, Kartons ausleeren, Entscheidungen treffen, aber ich will jetzt keine Entscheidungen treffen, die einzige Entscheidung, die mir leichtfällt, weil ich keine Wahl habe, sondern weiterkommen muss, sind meine Interviews.

Ich bin nicht wirklich typisch für Franzosen meiner Generation. Wenn ich mit zwölf, dreizehn von der Schule nach Hause kam, war ich allein und hab mir Filme angeschaut, Fassbinder und dann eben auch Margarethe von Trotta, Die bleierne Zeit. *Ich wusste nicht, wer die RAF war, was sie getan hatten, wahrscheinlich nicht einmal, dass sie getötet hatten, aber für mich waren sie dieser Film. Ich dachte, das sind Revolutionäre, da hat Deutschland mal was Gutes hervorgebracht. Und da muss Deutschland durch, um sich vom Nationalsozialismus zu befreien. Im Grunde eine total romantische Sichtweise. Aber der Film hat mich auch fasziniert, weil es ein Frauenfilm war. Für mich waren diese Terroristen mit starken Frauen assoziiert, die für eine Idee gekämpft haben und sogar bereit waren, ihre Kinder dafür zu verlassen.* Deutschland im Herbst *von Fassbinder, das habe ich erst später gesehen. Für mich ist* Die Bleierne Zeit *bis heute die Matrix geblieben, auf der meine Vorstellungen beruhen, ich habe keine Ahnung, wie Gudrun Ensslin aussah, oder Ulrike Meinhof, für mich wird die RAF durch diese Frau in diesem Film repräsentiert, wie sie ihre Zigarette hält und den Rauch ausbläst, diese Haltung.*

*[Magali, *1975]*

Diesmal höre ich das Gartentor quietschen, höre Schritte auf dem Kiesweg. Alexander, denke ich und freue mich. Ich springe auf, will hinunterrennen, der Klingel zuvorkommen, aber ist heute nicht Samstag? Er wollte am Montag kommen, oder vielleicht am Sonntag, aber auf keinen Fall am Samstag, ich kann mir nicht vorstellen, dass Alexander einen Tag früher als abgemacht vorbeikommt, dazu ist er zu höflich. Der Briefträger? Es klingelt, und ich erschrecke, ich muss die Klingelanlage wirklich austauschen. Ich stelle mir vor, dass Alexanders Großmutter sie hat installieren lassen, als sie nicht mehr gut hörte und es nicht mehr um Klang, nur noch um Lautstärke ging. Ich könnte die Klingel durch einen Türklopfer ersetzen, wozu brauche ich auf dem Dorf eine Klingel, der Briefträger wird mich bald kennen und Pakete notfalls in den Schuppen stellen, Melanie Baumann wird wissen, wie sie mich erreicht, wenn ich den Türklopfer nicht höre, und Besuch aus der Stadt kündigt sich an, bevor er kommt.

Ich schleiche mich ans Ende des Flurs zu dem kleinen Fenster über dem Vestibül, vielleicht kann ich von da aus sehen, wer vor der Tür steht. Ich stelle mich in einem möglichst günstigen Winkel auf die Zehenspitzen, aber das wäre gar nicht nötig, denn am Fenster ist ein Beobachtungsspiegel angebracht, den ich noch nicht bemerkt hatte. Es ist der Seitenspiegel eines Autos oder eines Mopeds älteren Datums, mit abblätterndem, versilbertem Rand. Hat hier Alexanders Großmutter gestanden und beobachtet, wer vor der Tür steht, oder stammt der Spiegel sogar noch aus der Zeit, als Hah hier wohnte? Die junge Familie hat den Spiegel bestimmt nicht angebracht, heute würde man eine Kamera einbauen, wenn man den Eingang überwachen möchte.

Unten steht ein Mann, er klopft sich die Hände rechts und links an den Hosenbeinen ab, als hätte er gerade gearbeitet und wolle sichergehen, dass kein Schmutz hängen geblieben ist, bevor er mir die Hand schüttelt. Zu seinen Füßen eine elektrische Handsäge, das ist bestimmt Herr Baumann, der wie erwartet heute schon vorbeikommt, um bei mir im Garten die Obstbäume zu schneiden, habe ich nicht vorhin eine elektrische Säge gehört? Wenn es Herr Baumann ist, der vor meiner Tür steht, dann ist heute tatsächlich Samstag, Samstag ist der Tag für Gartenarbeit, für Arbeit am Haus, daran erinnere ich mich, an das Geräusch ferner Rasenmäher, Kreissägen, Bohrmaschinen, welches die Stille tags drauf, am Sonntag, noch lastender, lähmender wirken ließ. Der Mann dort unten, der aller Wahrscheinlichkeit Herr Baumann ist, schaut an der Fassade hoch, im letzten Moment springe ich zur Seite, aus dem Sichtwinkel des Spiegels heraus.

Er geht die Treppe wieder hinunter, ich höre seine Schritte auf dem Kies, höre, wie er das Haus umrundet, höre ihn rufen. Auf Zehenspitzen steuere ich das Schlafzimmerfenster an, schaue vorsichtig hinunter, sehe, wie mein Nachbar an die Schuppentür klopft, hineinschaut, den Kopf wie auf eine an sich selbst gestellte Frage hin schüttelt. Er geht wieder ums Haus, noch einmal hallt der Dreiklang durch die Mühle. Jetzt wäre die Gelegenheit, hinunterzustürzen und die Tür aufzureißen, zu sagen, habe ich mich also doch nicht verhört, es hat geklingelt, kommen Sie doch herein. Er würde es wahrscheinlich ablehnen, auf seine Arbeitsschuhe deuten und sagen, dass er nur hergekommen sei, meine Obstbäume, wie mit seiner Frau abgesprochen, zu schneiden. Ich würde mit ihm hinausgehen, mir alles erklären lassen und unauffällige Fragen zur alten Dame, zu der Geschichte der Mühle, zu Hah stellen,

Ich bleibe mit angehaltenem Atem stehen, als könnte er meinen Atem hören, und rühre mich nicht. Ich will jetzt nicht mit dem Nachbarn sprechen, will keinen zielgerichteten Smalltalk, will gar keinen Smalltalk, das geht mir alles zu schnell, Alexander, die Nachbarn, kann man nicht einfach nur seine Ruhe haben, müssen sie alle für mich bereits einen Platz reserviert, eine Aufgabe vorgesehen haben,

Der Briefkasten klappert, offenbar hat mir mein Nachbar eine Nachricht hinterlassen, ich warte auf das Quietschen des Gartentors und noch ein paar Sekunden länger, bevor ich hinuntergehe und den Zettel vom Boden aufhebe. Ich falte ihn auseinander. *Schöne Grüße von Ihrem Nachbarn, wollte Ihnen anbieten, Ihre Obstbäume zu schneiden, bin noch bis 16 Uhr bei mir im Garten, kommen Sie gerne vorbei. B. Baumann.* Ein freundlicher Zettel, aber ich will zum aktuellen Zeitpunkt keine freundlichen Zettel von meinen Nachbarn, ich will selbst bestimmen, wann ich meine Obstbäume schneide, will ungestört arbeiten,

Das Telefon klingelt erneut. Ich stürze die Treppe hinunter, Nelly, denke ich, und hebe ab. Es ist Lise, mit der ich immer gerne rede, aber jetzt hätte ich, wenn schon, lieber Nelly am Telefon gehabt. Ich reiße mich zusammen, um die Enttäuschung in meiner Stimme nicht durchscheinen zu lassen. Ich ärgere mich, dass ich den Anrufbeantworter nicht abgewartet habe.

»Béatrice, du bist da! Schön, deine Stimme zu hören. Wie geht es dir? Ich dachte, ich rufe einfach mal an, ich hoffe, ich störe nicht?«

Sie erzählt von der Agentur, von einem Empfang, auf dem sie sich gelangweilt hat, und dass sie wahrscheinlich eine Nachfolgerin für mich gefunden haben. »Ist das überhaupt okay, wenn ich dir das erzähle?«, fragt sie erschrocken.

Natürlich ist es okay, ich fühle keinen Stich, keine Wehmut, das alles ist schon von mir weggerückt. Ich mochte meine Arbeit, ich mochte sie sogar sehr, aber ich habe sie stehen lassen wie einen Koffer mit nicht mehr benötigten Sachen, ich vermisse nichts, ich vermisse niemanden, die Verwicklungen, Gerüchte, Geschichten interessieren mich nicht mehr. Ich versuche, interessiert zu klingen, zu antworten, aber ihre Stimme gleitet immer weiter weg, wird Hintergrund. Dann herrscht Stille am anderen Ende der Leitung, offenbar erwartet Lise eine Antwort. »Kannst du die Frage wiederholen?«, sage ich, »die Katze ist gerade auf den Tisch gesprungen, ich war abgelenkt.«

»Wie, du hast jetzt eine Katze? Ich dachte, du magst keine Haustiere?«

»Mag ich auch nicht. War ein Wurf der Nachbarskatze, und sie suchten noch jemand für ein Kätzchen. Es war winzig. Und rot getigert. Da habe selbst ich nicht widerstehen können. Ist ja auch ganz gut, wegen der Mäuse und so. Und nette Gesellschaft.«

»Ha, dir fehlt es an Gesellschaft. Wusste ich's doch!« Lise hat mir prophezeit, dass ich innerhalb eines Jahres zurück sein werde. Keiner meiner Freundinnen und Freunde hat meinen Schritt verstanden, *wer sein Verhalten nicht erklären kann, steht auf verlorenem Posten*. Dabei ziehen viele aufs Land oder in die Berliner Randgebiete, offenbar gibt es in meinem Freundeskreis keine Überschneidung mit dieser Gruppe von Menschen.

»Na, ich werde die Mieze ja kennenlernen, wenn ich dich

mal besuchen komme. Warum ich aber eigentlich anrufe …« Lise zögert, bevor sie fortfährt. »Wir haben uns gedacht … Du wirst ja im April fünfzig, und wir dachten, also Anne, Verena und ich, dass das eine gute Gelegenheit wäre, dich besuchen zu kommen und mit dir zu feiern. Hast du dir überlegt, was du machen willst?«

Nichts, will ich sagen, ich habe mir überlegt, dass ich nichts machen will. Aber ich habe nicht den Mut dazu. Lise ist nicht die Erste, die nachfragt. Wenn man aufs Land in ein Haus gezogen ist und fünfzig wird, erwarten alle, dass man eine Party macht. Eine rauschende Party im Garten. Ich kann mit Geburtstagspartys nichts anfangen, schon gar nicht mit solchen, die man an runden Geburtstagen feiert. Das hat nichts mit dem Alter oder dem Altern an sich zu tun, sondern weil ich nicht bereit bin, einer Zahl oder Erwartung wegen ein Fest zu feiern. Warum diese Festlegung auf Fünferschritte, warum nicht die Primzahlen feiern, oder die Zahlen, die aus der Multiplikation mit zwei gleichen entstehen? Und überhaupt verstehe ich nicht, warum man als Erwachsener seine Geburtstage feiern soll, warum man Geschenke erhält, obwohl man sich das meiste selbst kaufen könnte oder nichts braucht. Dass Kinder Geburtstage feiern wollen, verstehe ich, aber Erwachsene? Geht es ums Wollen oder um die Form?

»Lieb, dass du fragst, Lise. Aber ich kann gerade noch nichts planen. Ich muss erst mal das Buch fertig schreiben und mich hier eingerichtet haben, dann sehe ich weiter.«

»Ach, immer noch das Buch mit den Interviews? Hättest du es nicht längst abgeben müssen?«

»Ja, leider, immer noch das mit den Interviews. Und ich bin immer noch beim Transkribieren und muss Ende März abgeben. Und danach atme ich einmal tief durch und denke über die Geburtstagsfrage nach. Aber ihr könnt doch auch einfach so kommen, ohne Geburtstag. Das ist mir sowieso lieber. Ich habe zwar jetzt eine Katze, aber ich feiere immer noch ungerne meinen Geburtstag.«

Ich frage mich, wie ich aus der Geschichte mit der Katze wieder herauskomme. Sie kann weggelaufen sein. Oder sie wurde überfahren.

»Ja, aber der Fünfzigste ... Das ist doch nicht irgendeiner ...«

»Ich melde mich deswegen, okay? Übrigens, ich habe deinen Kalender aufgehängt. Ist alles noch so grau draußen. Da tut ein wenig Buntheit gut. Und mit fast fünfzig kann ich ja schon mal anfangen, kitschige Kalender aufzuhängen, oder?«

Ich habe nicht einmal ein schlechtes Gewissen wegen meiner Lügen. Ich frage mich nur, warum ich Lise nicht einfach nach dem heutigen Wochentag gefragt habe. Weil ich mir fast sicher bin, dass Samstag ist, jetzt, wo der Nachbar da war. Und weil ich nicht will, dass sie denkt, ich drehe durch, auf dem Land. Besorge mir eine Katze zur Gesellschaft und vergesse die Zeit.

10

Bureau

Dass ich noch kein einziges Mal in meinem Arbeitszimmer gearbeitet habe, seit ich eingezogen bin, wäre für Nelly ein weiterer Hinweis, dass mit mir etwas nicht stimmt. Ich sitze am liebsten an einem PC mit großem Bildschirm an einem Schreibtisch, die mobile Bohème ist nichts für mich, das Laptopformat, die Öffentlichkeit, ich kann mich nicht konzentrieren. Auch vor der Existenz eines Computers in meinem Leben habe ich in Cafés und Zügen, im Park oder an anderen öffentlichen Plätzen Briefe geschrieben oder gelesen, aber selten gearbeitet. PC, Bildschirm, Tastatur, Maus stehen auf dem Schreibtisch, weisen in unterschiedliche Richtungen, wirken ratlos. Ich müsste sie nur anordnen, ein paar Kabel einstecken, die paar Gegenstände aus einer Kiste kramen, die eine Holzplatte in einen Schreibtisch verwandeln. Büroklammerspender, Bleistiftanspitzer, Registraturlocher, Stifteköcher: Wörter, die ein eigenes Bürokratieuniversum abstecken und tatsächlich so in den Büromaterialkatalogen standen, die wir in der Agentur regelmäßig zugeschickt bekamen. In der geräumigen Altbauwohnung riefen wir uns von Zimmer zu Zimmer zu: »Schatz, möchtest du lieber einen Aktengully oder eine Hängemattenregistratur?« Plötzlich vermisse ich meine Kolleginnen, Lise, Anne und Verena, vermisse sie als Freundinnen, bereue es, Lise die Geschichte mit der Katze erzählt zu haben, und nehme mir vor, sie zurückzurufen, sobald sich die Geschichte mit Alexander geklärt habe. Dann werde ich ihr sagen, dass es keine Katze gibt, dass ich keinen Geburtstag feiern will, dass ich ein wenig durcheinander war, als sie angerufen hat, und dass sie mich unbedingt bald mit Anne und Verena besuchen kommen soll,

Warum scheue ich mich so vor dem Einrichten? Weil ich denke, dass es dann kein Zurück mehr gibt, dass ich auf ewig in der Mühle bleiben muss? Oder weil ich gar nichts richten will, nichts Krummes geradebiegen, keine Richtung einschlagen möchte, die Ratlosigkeit der Dinge als Spiegel für meine eigene Ratlosigkeit brauche? Ich öffne halbherzig einen mit »Arbeitszimmer« beschrifteten Karton. Greife hinein, hole einen Packen Papier, Briefumschläge heraus. Setze mich auf den Drehstuhl, schaue mich um. Hier werde ich mein Buch fertig schreiben, vielleicht weitere Kinderbücher verfassen, Bücher über das Leben einer Städterin auf dem Land, genau, in allen erdenklichen Varianten, das ist gefragt, das kommt gut an, davon werde ich leben können. Und warum nicht eines mit dem Titel, *die Städterin zieht aufs Land und denkt darüber nach, warum sie keine Terroristin wurde*? Genau das ist der Abstand, den ich wieder brauche, meine Interviews sind meine Interviews, und Alexanders Geschichte ist nicht meine Geschichte. Ich messe ihr viel zu viel Gewicht bei. In Wirklichkeit ist da nichts als ein junger Mann, der etwas über seine Mutter wissen will, die ich nicht kenne. Ein Satz fasst alles zusammen. Warum gelingt es mir nicht, Abstand zu halten? *Lassen Sie sich beim Einziehen nicht in etwas hineinziehen*. Ich gebe meinem Drehstuhl einen Stoß, wirble einmal um meine Achse. Rundumschau im Raum, die Wände sind kahl, die Farbe direkt aufgetragen, sodass sich die Unregelmäßigkeiten des Putzes darunter abzeichnen, bis auf ein Viereck auf halber Höhe mit Tapete aus den Siebzigern, wo lange ein Schränkchen gehangen haben muss, das auch die letzten Mieter erst entfernten, als sie auszogen. Breite beige, orangefarbene und sienabraune Wellen, *one of those sprawling flamboyant patterns committing every artistic sin*, ich werde eine Glasscheibe davor anbringen, ein in die Wand eingelassenes Gemälde daraus machen. Es steht also schon einiges fest, die unverrückbaren Küchenmöbel, der Standort des Sofas, das Tapetengemälde. Ich strecke die Hand aus, fahre mit dem Finger die Muster nach, streiche mit der flachen Hand über die leicht speckige Fläche und frage mich, ob ich mich vielleicht an die Tapete erinnere, mich gleich beim ersten Mal an sie erinnert habe, unbewusst. Ich kenne diese Tapete, diese oder eine andere. In den Kinderzimmern meiner Schulkameradinnen gab es solche Tapeten und Vorhänge in diesen Farben, und zunehmend findet man sie auch in Secondhandgeschäften in Berlin. Die siebziger Jahre sind beliebt, ich könnte das Muster auch in Berlin gesehen haben, dieses oder ein ähnliches. Und sollte ich schon einmal in diesem Zimmer gewesen sein, so hing sicherlich das Schränkchen noch da, und ich hätte die Tapete gar nicht sehen können. Genau, Nelson hat das Zimmer gestrichen und hat das Schränkchen nicht entfernt, weil es hätte kaputtgehen können oder weil er keine Lust hatte, es zu entfernen und wieder zu befestigen. Dann wäre mein Bureau das Zimmer seiner Mutter, Alexanders Großmutter, gewesen. Daneben, das Schlafzimmer, Nelsons Zimmer. Nein, Nelson hat im kleinsten Zimmer geschlafen, im Zimmer ohne Namen, während Hah in meinem Schlafzimmer gewohnt hat mit dem Kind. Für das Kind ist ansonsten kein Zimmer übrig, es muss bei seiner Mutter im Zimmer geschlafen haben. Nur dass es sich nicht um dieses Haus gehandelt haben kann und diese Überlegungen rein theoretischer Natur sind.

Ich stelle den PC auf den Boden, rücke Bildschirm, Tastatur, Maus zur Seite, hole den Laptop und rücke den Bürostuhl an den Schreibtisch heran. Vom Schreibtisch aus überblickt man den vorderen Garten und hat einen Blick hinüber zum See. Hier werde ich sitzen und arbeiten und mich an den See gewöhnen. Ich werde beobachten, wie der Schilfgürtel grün wird (werden Schilfgürtel grün?), die Bäume, das Gras, wie Vögel ihn bevölkern, wie die Obstbäume blühen und sich belauben (oder umgekehrt?), wie die Wiese blüht und, sofern ich etwas pflanze, Gemüse und Blumen Form annehmen. Und irgendwann, ohne dass ich sagen könnte, wann die Verwandlung stattgefunden hat, werde ich mich als Teil des Bildes fühlen, als Bewohnerin einer Mühle mit Garten an einem See, in einem Dorf in einer Gegend, die mir nicht mehr fremd sein wird,

Ich kann beobachten, wer den Pfad am See entlang in meine Richtung kommt. Sollte Alexander wider Erwarten doch noch heute vorbeischauen, werde ich ihn rechtzeitig bemerken und werde vorbereitet sein.

Von der ganzen Entwicklung, also nach dem Kaufhausbrand bis zum »Höhepunkt«, habe ich nicht wirklich etwas mitbekommen, oder ich kann mich nicht erinnern. Ich war berufstätig und hatte zwei kleine Kinder, ich war zu beschäftigt dafür. Ich habe ja an einer Privatschule unterrichtet, ich wüsste nicht, dass da Plakate von Terroristen gehangen hätten. Und Baader-Meinhof und alles, was dazugehörte, das war ein Thema, darüber sprach man nicht mit jedem. Man hätte viel zu leicht als Sympathisant abgestempelt werden und Probleme bekommen können, gerade als Lehrer, mit den Berufsverboten und alldem. Das war ja eine reale Gefahr, dass man es mit dem Verfassungsschutz zu tun bekommt, weil man sich, sagen wir, als Lehrer gegen Atomkraft geäußert hatte, oder später dann, weil man in der Friedensbewegung aktiv war. Das reichte ja schon. Aber was ich noch weiß, ist, dass man damals alles sehr schnell mit Terrorismus in Verbindung gebracht hat. Zum Beispiel haben mein Mann und ich einmal zwei Tramperinnen mitgenommen, die uns klarmachten, sie seien Finninnen und würden kein Deutsch sprechen, und im Nachhinein haben wir gedacht, die haben sich komisch benommen, wer weiß, vielleicht war das ja alles Tarnung. Oder der schwarze Porsche mit Stuttgarter Nummer, der uns bei einem Spaziergang auf einem Wirtschaftsweg begegnet ist und nach Gamsheim ins Elsass wollte. Hier geht es nach Gamshurst, hat mein Mann gesagt, und sie sind umgedreht. Gamsheim, Gamshurst, das kann man schon mal verwechseln, aber was sucht ein schwarzer Porsche auf einem Wirtschaftsweg, wenn der Weg ins Elsass von der Autobahn kommend ausgeschildert ist und man bequem die Landstraße nehmen könnte? Da hat man sich schon so seine Gedanken gemacht. Erst recht, als Schleyer dann kurz darauf in Mulhouse, also sozusagen um die Ecke, aufgefunden wurde. Wir haben ja an der Grenze auch französisches Radio empfangen können und haben das zuerst aus den französischen Nachrichten erfahren, dass sie in Mulhouse das Auto mit Schleyer im Kofferraum gefunden haben, gleich frühmorgens sagten sie, man vermutete, es handele sich um die Leiche von Schleyer. In den deutschen Nachrichten: nichts. Mein Mann hat beim Südwestfunk angerufen, und dort bestätigten sie, ja, sie hätten davon gehört, wüssten aber noch nichts Näheres. Später am Tag kam es dann auch in den deutschen Nachrichten. Kann sein, hier in Deutschland geht man vorsichtiger mit Nachrichten um, wartet, bis es ganz sicher ist. Das ist heute auch oft noch so, dass in den einen Nachrichten bereits Fakt ist, was in den anderen noch mutmaßt wird … Jedenfalls, als ich dann von den Selbstmorden in

Stammheim erfahren habe, habe ich keine Minute an die Selbstmordversion geglaubt. Die gesamte französische Presse glaubte dieser Version nicht, ich erinnere mich an Karikaturen, das war im Canard enchaîné, *glaube ich, aber auch in anderen Zeitungen. Sie haben sich darüber lustig gemacht, ja, ja, klar, Selbstmord, ha, ha. Wenn ich an diese Zeit zurückdenke, merke ich allerdings, dass sich teilweise die »Vigipirate«-Bilder darübergelegt haben, obwohl das erst später war. Aber dieses Taschendurchsuchen, die Präsenz von Staatsgewalt an öffentlichen Plätzen, das erinnerte und erinnert an die Siebziger in Deutschland.*

*[Monique, *1943]*

Wenn meine Mutter noch am Leben wäre, hätte ich sie interviewt. Was hat sie von der politischen Entwicklung in der ersten Hälfte der Siebziger noch an sich herangelassen? Die wenigen Kommentare, an die ich mich erinnere, bezogen sich auf das Dorf, das sie hasste und verachtete, und das Dorf stand stellvertretend für das, was sie an Deutschland nicht ausstehen konnte. Die Spießigkeit, das Anti-Intellektuelle. Das Reaktionäre. Das vergisst man heute leicht. Dass es wirklich so war. Und wenn der Linken vorgeworfen wird, sie hätte nicht eindeutig genug gegen die RAF Position bezogen, dann vergisst man, dass diejenigen, die zu den Trauermärschen für Ponto und Schleyer gingen, auch oft der Meinung waren, der Staat müsse härter durchgreifen, »damals« im Dritten Reich hätte es so etwas nicht gegeben, und man müsse jetzt endlich einen Schlussstrich ziehen. Wie hätte man sich auf die Seite dieser Leute schlagen können?

Aus dem Augenwinkel nehme ich eine Bewegung wahr. Ich blicke auf, merke, dass ich angespannt bin, dass ich darauf warte, Alexander auftauchen zu sehen. Doch da sind nur Vögel, die auffliegen, eine Katze, die durchs Gras streift, wahrscheinlich hat mich die Bewegung der Katze abgelenkt.

Ich bin oft in Deutschland gewesen, ich hatte hier Freunde, die ich besuchte. Und es war interessant zu sehen, wie unterschiedlich die Berichterstattung in beiden Ländern war, schon über die Studentenunruhen und alles, was damit zusammenhing. In Deutschland waren das randalierende Studenten und Chaoten, in der französischen Presse hat die deutsche Jugend gegen die Nazivergangenheit ihrer Eltern revoltiert. Der Blick auf Deutschland ist ja in Frankreich in erster Linie durch die NS-Vergangenheit bestimmt gewesen, wohingegen man das in Deutschland möglichst ausblenden wollte. Später dann, als sich das hochschaukelte mit Baader-Meinhof, hab ich es manchmal nicht mehr verstanden, was da passierte. Irgendwie hatte ich das Gefühl, die gesamte Gesellschaft ist komplett verstrickt, ist verrückt, und zwar alle Seiten, auch der Staat. Ich habe viel mit meinen Freunden diskutiert, aber es kam immer ein Punkt, wo ich es nicht mehr verstanden habe. Wo es mir wie Wahnsinn vorkam. Hysterisch. Das hat mich ziemlich traurig gemacht. Alle fühlten sich irgendwie als Opfer. Die Linken. Das »Volk«. Der Staat. Von den Opfern 35 Jahre zuvor, von denen sprach man nicht. Selbstverständlich hatte die Heftigkeit und Unnachgiebigkeit mit dem Nazismus zu tun, mit dem Holocaust, klar, alles hat bis heute damit zu tun, und es war absurd zu glauben, dass Deutschland, oder in dem Fall die Bundesrepublik, nach so einer Geschichte reibungslos zu einer braven, demokratischen Konsumgesellschaft übergehen könnte. Irgendwann musste es knallen. Und dann eine so junge Demokratie, die auf einem immensen Vergessen fußte und in der ja an den zentralen Stellen auch wirklich noch jede Menge Nazis saßen, die hatte nicht viel Selbstbewusstsein und hat sich sofort angegriffen gefühlt. Jeder, der die Erfolgsgeschichte, die Erzählung des Wirtschaftswunders, infrage stellte, war eine Bedrohung. Aus der zeitlichen Distanz und von der anderen Seite der Grenze aus betrachtet, würde ich sagen, die Gefahr, die für den Staat bestanden hat, wurde ganz schön hochgespielt. Von beiden Seiten wurde hoch gepokert. Das klingt jetzt merkwürdig, weil, für die Opfer, die entführt und umgebracht wurden, ist es immer schlimm, aber ich meine, der Staat war ja nie wirklich in Gefahr, die große Mehrheit seiner Bürger stand aufseiten des Staates. Die größte Gefahr war, dass er sich selbst demontierte, und genau das war ja, was die RAF-Leute wollten, und da hat der Staat schön mitgemacht, wie gesagt, es war eine ziemliche Verstrickung. Ich meine, ich will das auch nicht herunterspielen, aber man muss das doch mal ins Verhältnis setzen, was in anderen Ländern passiert ist, zum Beispiel in Frankreich fünfzehn Jahre früher, während des Algerienkrieges, mit putschenden Generälen, Anschlägen der FNL und der AOS und alles. Da stand für den Staat schon mehr auf dem Spiel. Wenn man mal nur in Europa schaut, die rechtsextremistischen Attentate, die antisemitischen Attentate, und jetzt die Islamisten, da ist Deutschland mit der RAF noch ganz gut weggekommen.

*[Joël, *1948]*

Und wenn meine Mühle gar nicht die Mühle aus Alexanders Geschichte wäre? Ich also nicht die falsche Person bin, sondern das Haus das falsche Haus – und Alexander die Geschichte mit der Franzosenmühle erfunden hätte? Aber das würde ja bedeuten, Alexander wäre nicht Alexander, oder Alexander wäre Alexander der Betrüger,

Sie sah Hah dabei zu, wie sie den Brei für das Kind anrührte, beobachtete das Kind, das sich sichtlich freute, und empfand, je länger sie hinsah, das zappelige Wesen im Hochstuhl als befremdlich. So war sie auch einmal gewesen, so waren alle hier im Raum einmal gewesen, wulstig, zappelig, ohne Sprache, es kam ihr unwahrscheinlich und absurd vor. Noch absurder schien es ihr, dass das Kind einmal in Hahs Bauch gewesen und von ihr zwischen ihren Beinen in die Welt gepresst worden war, nicht anders als das Lamm, als jedes beliebige Säugetier. Es war eine abstoßende und zugleich faszinierende Vorstellung. Dass, wo vorher nichts gewesen war, plötzlich ein Lebewesen war, eines, das einmal so etwas Abstraktes wie eine Sprache erlernen würde und in der Lage wäre, kleine, fliegenähnliche Zeichen auf einem Papier im Kopf in eine Geschichte zu verwandeln, die es nur in der Vorstellung gab, die also nicht existierte, oder nur, solange das Kind selbst, solange irgendjemand existierte, der sie sich vorstellte,

Manchmal kommt es mir vor, als wäre das gar nicht ich, die füttert, Windeln wechselt, ins Bett bringt, sagte Hah, als habe sie Béas Gedanken erraten. Da habe ich plötzlich ein Kind und bin mit Dingen beschäftigt, die mich bis vor Kurzem noch gar nicht interessiert haben. Ich stehe dann manchmal neben mir und schaue mir dabei zu, als wäre ich jemand anderes, der mir völlig fremd ist. Ich meine, ich hab mich dafür entschieden, es zu bekommen, und ich bereue es nicht – sie zwickte das Kind vorsichtig in die Nase, und es quietschte begeistert, als wäre dies ein bekanntes und erwartetes Spiel –, aber manchmal denke ich … Na ja, die Beauvoir hat schon recht, Mutterschaft ist ein Kompromiss aus Narzissmus, Altruismus, Traum, Ehrlichkeit, schlechtem Willen, Aufopferung und Zynismus, so oder ähnlich schreibt sie es. Wirst du ja sehen, wenn du es liest.

Hah wies mit dem Kopf auf die zwei Bände von Beauvoir, die vor Béa auf dem Tisch lagen.

Sie hat mit einfach allem recht. Bis ich sie gelesen habe, dachte ich, Feminismus sei Nabelschau, würde Frauen davon abhalten, gegen die eigentlichen Probleme zu kämpfen, Ausbeutung, Hunger, Krieg. Nebenwiderspruch, klar, löst sich auf, wenn alles andere gelöst ist, das hab ich auch immer gesagt.

Béa war sich nicht sicher, ob Hah erwartete, dass sie etwas erwiderte, und wenn, dann wollte sie unbedingt etwas Intelligentes beitragen, aber sie war nicht besonders gut im Ausformulieren dessen, was ihr durch den Kopf ging oder beim Lesen einleuchtend vorkam, das hatte sie an der Uni gemerkt, in der Gruppe, in der sie gemeinsam Texte lasen. Marx, Adorno, Marcuse, Bloch, sie hatte den Eindruck, dass alle außer ihr begriffen, was sie lasen, und dass sie als Einzige vor dem Rätsel der Sätze stand und vergeblich versuchte, sie zueinander in Bezug zu setzen und ihnen einen Sinn zu verleihen, der etwas mit ihrem eigenen Leben zu tun hätte. Wenn einmal etwas aufblitzte, ein Gedanke ihr logisch und nachvollziehbar und begeisternd erschien und sie versuchte, ihn in Worte zu fassen, so kamen ihr ihre Sätze hölzern vor, nachgeplappert, wie eine schlechte Kopie des Originals. Und so schwieg sie meistens, obwohl der Sinn der Gruppe ja gerade das Reden über die Texte war. Am Ende des Semesters hatte ein Typ Firestone vorgeschlagen, wir lesen immer nur Männer, hatte er gesagt, aber sie war noch nicht dazu gekommen, das Buch zu lesen. Jetzt bereute sie es, sie hätte Hah damit beeindrucken können.

Diskutiert ihr schon vor dem Frühstück über Frauenbefreiung?

Nelson kam herein, die Katze auf dem Arm. Er ließ sie herunter, und sie schmiegte sich an Béas Füße, Katzen hatten so etwas, dass sie sich gerne an ihr rieben, sich auf ihren Schoß setzten. Sie war sich nicht sicher, ob Nelson seine Bemerkung tatsächlich so lässig meinte oder ob sie eine Spitze Eifersucht heraushörte, aber warum hätte das so sein sollen, es gab keinen Grund dafür, sie war gut darin, ihre Gefühle zu verbergen, und außerdem gab es nichts zu verbergen.

Später beim Frühstück fühlte sie sich aufgehoben, während sie den Unterhaltungen zwischen Bruder und Schwester lauschte, ohne wirklich beteiligt zu sein, hatte das Gefühl, nichts darstellen zu müssen, es war okay, hier mit Nelson zu sein und für Hah zu schwärmen, es war okay, nichts zur Unterhaltung beizutragen, und es war vielleicht doch eine Verbindung möglich zwischen Drinnen und Draußen, zwischen der Welt ihrer Familie und der Welt ihrer Freunde, die sich an kleinen Dingen festmachte, an der Maronenmarmelade vor ihr auf dem Tisch, an ein paar Büchern, an einem Namen wie Alexandre, und einen Moment dachte sie, dass das hier, in dieser Küche, dem, was sie sich als das eigentliche Leben ausmalte, ziemlich nahekam.

Wenn ich mir vorstelle, wie es gewesen sein könnte, als ich Clogs und Hah besucht habe, sehe ich den Küchentisch und die Küchenmöbel aus meiner heutigen Küche vor mir, sogar mein Kühlschrank ist im Bild, dabei ist er keine drei Jahre alt. Bei Clogs und Hah gab es vielleicht gar keinen Kühlschrank, sondern nur die Speisekammer, das ist gut möglich, es waren die Anfänge des einfachen Lebens, des Antikonsums. Nenne ich Alexander jetzt dauerhaft Alexandre? »Heißen Sie in Wirklichkeit Alexandre? Wie lautet Ihr Name in Ihrer Geburtsurkunde?« Ich würde mich lächerlich machen mit so einer Frage. Zumal Geburtsurkunden von Menschen ausgestellt werden, die sich verschreiben und schon mal einen Buchstaben unter den Tisch fallen lassen oder aus einem David einen Daniel und erst recht aus einem Alexandre einen Alexander machen. Und was sagt das Internet dazu? Ich sichere meine Datei und gebe Alexandre Vogler in die Suchmaschine ein. Ich erwarte, so wenig fündig zu werden wie zuvor, halte inne, nein, doch, es gibt ihn! Er ist Brasilianer. Ein brasilianischer Künstler, der bereits beim Institut für Auslandsbeziehungen ausgestellt hat, bei mir um die Ecke. Um meine vormalige Ecke. Mein Herz klopft, nun verknüpfen sich die losen Enden, Brasilien, Berlin, Kunst, jetzt habe ich ihn, jetzt werde ich feststellen, dass ich Teil einer Installation bin, einer Kunstaktion, für die ich ausgesucht wurde, weil wir uns in meiner Straße über den Weg gelaufen sind, nur dass ich es nicht gemerkt habe, während umgekehrt ich Alexandre aufgefallen bin, so sehr aufgefallen bin, dass er beschlossen hat, mich ins Zentrum seiner Kunst zu stellen,

Ich drehe durch. Ich drehe wirklich durch. Ich kann nicht allein auf dem Land wohnen bleiben, Nelly hat recht. Ich klicke auf ein YouTube-Interview und bin erleichtert, dass die Person, die Alexandre Vogler heißt, ein kräftiger, bärtiger Mann ist, also ganz klar erkennbar nicht Alexander Vogler.

Für uns hier auf der anderen Seite der Grenze war dieser Deutsche Herbst in erster Linie mit Unannehmlichkeiten verbunden. Ich arbeitete in Deutschland und stand jeden Morgen eine Stunde in der Schlange an der Grenze. Ich habe überlegt, ob ich nicht drüben übernachten soll und nur am Wochenende nach Hause komme. Man hatte schon Sympathien für Baader und die anderen, obwohl man sah, dass das alles an die Wand fahren würde, dass das nicht der richtige Weg war. Aber geweint hat hier niemand. Das waren Industrielle, die in Gefahr waren, das hatte mit uns nichts zu tun. In Paris, als ich noch zur Schule ging, führte mein Schulweg an einem Wohnhaus vorbei, da hatte eine Familie gewohnt, die für die Unabhängigkeit Algeriens war. Es gab einen Anschlag, eine Bombe, mit der Post, glaube ich, und sie waren alle tot. Da war auch ein zwölfjähriger Junge dabei. Da jeden Tag daran vorbeizugehen, das war hart, das ist mir nahegegangen. Und wenn man heute sieht, New York, Madrid, London, Beslan gehört ja auch dazu, oder jetzt gerade Mumbai, wie viele Leute da umgekommen sind, und völlig wahllos, das steht doch in keinem Verhältnis.

*[Victor, *1946]*

Diesmal habe ich mir die Bewegung nicht eingebildet. Am Seeufer unterhalb der Terrasse steht ein Kind. Gummistiefel, Bommelmütze, Stock in der Hand, es stochert im Wasser herum, beugt sich hinunter, um Steine aufzusammeln, und wenn es die Steine nicht mehr mit einer Hand halten kann, stapelt es sie sorgfältig auf einen Haufen. Eine Steinburg, denke ich, Kinder bauen Burgen, aus Sand, Lehm oder Stein, Hauptsache Burgen. Manchmal springt das Kind ins flache Wasser, dass es spritzt, und findet es lustig. Sein selbstversunkenes Hin und Her hat etwas Insektenhaftes, eine Biene, die ihrem Tagwerk nachgeht, ein Schmetterling. Ich öffne vorsichtig das Fenster.

»Manuel?«, frage ich gerade laut genug, dass er es hören kann. Ich bin mir nicht mehr sicher, ob das der Name ist, den Melanie Baumann erwähnt hat.

Das Kind blickt sich überrascht um.

»Bist du Manuel?«

Das Kind nickt. Ich frage mich, warum ich Manuel bei seinem Spiel störe. Beim Stromern. Weil ich mir erhoffe, etwas von ihm zu erfahren? Das ist absurd, Manuel war noch klein, als Alexanders Großmutter gestorben ist.

»Ich heiße Béa.«

Das Kind nickt wieder. Es scheint auf etwas zu warten. Dass ich ihm erkläre, dass es in meinem Garten nichts zu suchen hat, vermutlich.

»Spielst du öfters hier am See?«

Manuel zögert, dann nickt er erneut. »In dem See gibt es Fische«, sagt er.

»Echt? Die hab ich noch nicht gesehen. Was für Fische?«

»Stichlinge, Rotaugen, Flussbarsche, aber die leben trotzdem im See, und Steinbeißer, aber die heißen bloß so, Steine kann man ja nicht kauen. Und dann gibt es auch Aale und Hechte, aber die hab ich noch nicht gesehen. Die anderen haben mir die Angler gezeigt. Aber ich kann auch schon angeln. Und zu Weihnachten hab ich eine echte Angel bekommen. Wenn es wärmer wird, angele ich in den Buchten.«

Er weist mit dem Kopf zum anderen Ufer. So wie er das Wort »Buchten« ausgesprochen hat, kommt es mir vor, als hätte er es gerade gelernt und probiere es noch aus, schiebe es im Mund herum wie ein Bonbon, dessen Geschmacksnuancen man ergründet. Jetzt weiß ich, wo die Angler sitzen werden.

»Eine echte Angel? Toll, du hast ja Glück.«

»Wenn du willst, angle ich dir auch mal einen Fisch.«

»Na, da hab ich dann wiederum Glück.«

Manuel nickt beflissen.

»Hör mal«, sage ich, »du passt aber schön auf, dass du nur an den flachen Stellen reinspringst, ja?«

Ich komme mir überängstlich vor, aber bei der Vorstellung, dem Kind könnte auf meinem Grundstück etwas passieren, wird mir flau im Magen. »Ja, klar«, antwortet Manuel mit dem leicht überheblichen Ton, den Kinder anschlagen, wenn sie endlich einmal etwas besser wissen als die Erwachsenen. »Außerdem kann ich schwimmen.«

»Na, dann ist ja gut.«

Manuel dreht sich wieder um, stochert im Wasser, sammelt Steine auf, summt vor sich hin. Jedes Mal, wenn er gezielt und etwas fester nach etwas stochert, stößt er einen lauteren, entschiedenen Ton aus, verfällt dann wieder in sein monotones Summen. Ohne den Kopf zu heben, sodass ich mir nicht sicher bin, ob er wirklich mit mir spricht, sagt er: »In diesem Haus wohnen immer nur nette Leute.«

»In welchem? Du meinst in meinem?«

Er nickt, schaut nun doch zu mir hoch.

»Die davor hatten Kinder, aber sie sind nicht so lange geblieben. Hast du Kinder?«

»Eine Tochter, aber die ist schon groß.«

»Wie groß?«

»Schon richtig erwachsen. Neunundzwanzig Jahre alt.«

Manuel reißt die Augen auf.

»Ganz schön alt.«

Ich muss lachen. »Und davor, wer hat davor in der Mühle gewohnt?«

Ich kann es nicht lassen.

»Das ist doch keine Mühle! Die hat doch keine Flügel, und auch kein Wasserrad!«

»Da hast du natürlich recht. Aber ich denke, sie hatte mal ein Wasserrad. An dem kleinen Bach.«

Manuel überlegt.

»Kann sein. An dem kleinen Bach wohnen Frösche, aber nicht im Winter. Da halten sie Winterschlaf.«

»Und weißt du noch, wer davor in der Mühle gewohnt hat? Also vor der Familie mit den Kindern?«

Er zieht die Augenbrauen zusammen, als empörte ihn meine Frage.

»Klar weiß ich das, das war die alte Frau. Die hat mir immer Bonbons geschenkt. Und auch ein paar coole Matchboxautos, die noch gar nicht kaputt waren. Von ihrem Enkel, hat sie gesagt, der auch schon groß ist. Wie deine Tochter. Oder älter.«

»Gibt es auch Nachbarn, die nicht nett sind?«

Manuel wiegt den Kopf, als wüsste er nicht recht, wie er sich ausdrücken soll.

»Die Nachbarn in die andere Richtung haben einen Hund. Der ist nicht nett. Der bellt und knurrt immer, wenn wir vorbeikommen. Dabei müsste er uns doch kennen. Und der ist ganz schön groß.«

Von Weitem höre ich Manuels Namen rufen.

»Meine Mutter«, sagt er, »ich muss jetzt rein. Aber wir können das nächste Mal, wenn ich wieder am See bin, noch mehr reden. Und dann zeige ich dir die Fische!«

Er dreht sich um und rennt davon. Seine Gummistiefel sind hüpfende gelbe Bälle. Die Samstagnachmittagsgeräusche sind verstummt. Keine Kettensägen, Rasenmäher, Mopeds, die auf Vordermann gebracht oder frisiert werden, kein Kindergeschrei. Eine erschöpfte Samstagnachmittagsstille, man duscht, ruht sich aus, setzt sich an den Abendbrottisch, Brot, Wurst, Butter, Bier, überlegt, was man mit dem Abend anfängt. Die Kinder dürfen einen Abendkinderfilm anschauen und müssen dann ins Bett. Im Sommer dürfen sie länger draußen bleiben, und die Erwachsenen sitzen auf den Terrassen, man hört Stimmen und Gelächter herüberwehen, Kinderlachen,

Es ist viel zu still, allein in einem so großen Haus. In der

Stille gibt es nichts, was sich den Gedanken in den Weg stellt, sie galoppieren ungebremst auf dem einmal eingeschlagenen Weg vorwärts, als hätten sie, als hätten meine Ängste, Wünsche, Hoffnungen nur darauf gewartet, in einem stillen Haus mit mir allein zu sein und mir zu zeigen, zu welcher Ausdehnung sie fähig sind, ohne Kind, ohne Beziehung, ohne alltäglichen Kitt. Es ist verrückt, dass ich allein hierhergezogen bin. So eine Mühle braucht Kinderstimmen, die aus dem Garten heraufschallen, Stimmen, die im Haus mal näher, mal weiter entfernt klingen, leise Radiomusik aus einem nicht bestimmbaren Raum, in so eine Mühle zieht man mit Freunden, mit Familie, oder man bekommt Besuch von einer Schar Enkel, Cousinen und Cousins, die hier ihre Ferien verbringen, den ganzen Tag draußen spielen, abends schmutzig und hungrig zurückkommen,

On y va?

Sie fühlte sich überrumpelt, auch wenn Hah vorhin schon auf Französisch vorgelesen hatte, aber Vorlesen war nicht Reden, man erwartete keine Antwort, hier hätte sie auf Französisch antworten müssen, was lächerlich gewesen wäre. Es wäre lächerlich gewesen, mit jemandem, dessen Muttersprache Deutsch war, Schulfranzösisch zu sprechen, so weit ging das Verschmelzen der Welten nicht, sie nickte nur und hoffte, Hah werde ihr nicht übel nehmen, dass sie nicht auf Französisch antwortete.

Unten am See schlüpfte sie in die Ballerina-Schlittschuhe, sie war sich nicht sicher, ob die Tatsache, dass sie eine geübte Rollschuhläuferin war, ihr beim Schlittschuhlaufen wirklich hilfreich sein würde. Aber als sie aufstand und ein paar Schritte lief, war es ganz einfach, ein wenig seltsam, auf der

Wasseroberfläche zu stehen, ein wenig beängstigend, wie konnte man wissen, dass das Eis hielt, sie machte größere Schritte, ließ sich zwischen jedem Schritt gleiten, genoss die kalte Luft im Gesicht, lief schneller, um Hah und Nelson einzuholen. Tak tak tak klopften die Schlittschuhe auf das Eis, tak tak tak, es war ein Rausch, das Klopfen Knirschen Gleiten, Klopfen Knirschen Gleiten, und als sie aufsah, stand Hah vor ihr und reichte ihr die Hand, sie nahm sie im Vorbeigleiten und zog Hah mit, und dann liefen sie nebeneinander, sagten nichts, sahen sich nur ab und zu an, und ihre behandschuhten Hände, die sich hielten, kamen Béa vor wie ein eigener kleiner Körper außerhalb ihrer beider Körper, auf geheimnisvolle Art verbunden mit ihrem Puls, ihren Blutgefäßen, ihrem puckernden Herzen, es war wunderbar, es war fast nicht auszuhalten, es war zu viel. Sie hielt unvermittelt an und wurde von Hah, die weiterglitt, bis ihre Arme ganz gestreckt waren, weitergezogen und an Hah vorbei, so bewegten sie sich im Zickzack, anhalten weitergleiten anhalten weitergleiten, sie lachten, halb albern, halb, weil sie das Risiko, zu fallen und sich wehzutun, auf sich nahmen und weil das Risiko Teil der Erregung war, und schließlich war es Hah, die hinfiel und Béa mitriss, ein Knäuel von Armen und Beinen, es war ein Wunder, dass keine sich verletzte, und dann war Hahs Gesicht ganz nah an Béas, und sie sah die Sommersprossen auf Hahs Nase und Wangen, die ihr nicht aufgefallen waren, winzige Sprenkel, die im Sommer sicherlich deutlicher würden, sie sah Hahs vor Anstrengung halb offenen Mund, aus dem Atemwölkchen traten, spürte ihr Herz rasen, sah ein Flackern in Hahs Augen, ein Zögern, ein Sich-Nähern – dann war das Gesicht weg, Hah stützte sich ab, stand auf und klopfte sich den Raureif von den Hosenbeinen.

Und jetzt machen wir noch Fotos, sagte sie.

Das ist jetzt wirklich die letzte Gelegenheit, vor dem Fest Fotos zu machen. Danach wird es dunkel, danach kommen die Gäste, danach ist das Fest, und dann ist schon nach dem Fest. Ich kann mich aber an kein Fotografieren erinnern, an keinen Garten, in dem ich gehockt haben soll, an keine Katze. Obwohl die Katze nur eine Vermutung ist, sie ist auf dem Polaroid nicht zu sehen. Sie könnte genauso gut ein Kaninchen sein. Oder nichts. Aber ist nicht die Tatsache, dass ich mich nicht an das Aufnehmen des Fotos erinnere, ein Hinweis darauf, dass es das Aufnehmen gegeben haben könnte? Es gibt keine nahtlose Erinnerung, die Erinnerung ist ein löchriges Laken, noch löchriger als die Gegenwart. Nähmen wir alles wahr und erinnerten uns an alles, wir würden wahnsinnig und hätten keine Zeit mehr für die Gegenwart. Die Vergangenheit existiert nicht, aber wir verbringen unsere Zeit damit, Lücken zu schließen und Widersprüche auszubügeln. Wir wollen eine Erzählung, wollen Sinn. Kann schon sein, dass wir damals Fotos aufgenommen haben und dass die Fotos das Loch im Laken sind.

Zu Béas Erleichterung versuchte Hah nicht noch einmal, mit ihr Französisch zu reden, auch nicht, als sie draußen das Holz aus dem Auto räumten, und sie erwähnte auch die Platte von Ferré nicht mehr, als sie wieder hineingingen und beschlossen, Möbel zu rücken. Stattdessen legte sie Bob Dylan auf, Joni Mitchell und ein paar Sachen, die Béa nicht kannte. Bei Patti Smith fingen sie an zu tanzen, schoben tanzend das Sofa an die Wand, hüpften laut mitsingend kreuz und quer durch den Raum, versuchten sich, mit der Stimme gegenseitig zu übertreffen, und Béa war erstaunt, dass sie sich traute, sich gehen ließ, nicht fürchtete, beim Tanzen aus dem Rhythmus zu kommen und sich zu blamieren. Als das Lied zu Ende war, ließen sie sich außer Atem aufs Sofa sinken, Béa in der Mitte zwischen Hah und Nelson, sie spürte die Wärme der beiden rechts und links von sich, und der Gedanke streifte sie, dass es leicht wäre, sich der Wärme der beiden hinzugeben, die Arme in beide Richtungen auszustrecken, in einem undefinierbaren Knäuel von Körpern zu versinken,

Mir ist warm, sagte Hah und zog ihren Pullover über den Kopf, in einer unendlich langsamen Bewegung, wie es Béa schien, darunter kam Hahs Hals zum Vorschein, ein ärmelloses Shirt, eine bloße Schulter, Hah lehnte sich wieder zurück, ihre Schulter fünf Zentimeter von Béas Gesicht, Béa musste nur den Kopf ein wenig bewegen, um Hahs Haut mit den Lippen zu berühren,

Die Klingel hallte durchs Haus, Hah erstarrte, legte den Zeigefinger auf die Lippen, sprang auf und schlich die Treppe ins obere Stockwerk hinauf. Nelson tat es ihr nach, und Béa folgte den beiden auf Zehenspitzen, weil sie nicht wusste, was von ihr erwartet wurde. Sollten sie sich alle oben verstecken und tun, als hätten sie das Klingeln nicht gehört? Oder wusste Hah, wer vor der Tür stand, und wollte sich einen Scherz erlauben? Sie stand oben am Flurfenster und schaute in einem merkwürdigen Winkel, als wollte sie nicht gesehen werden, hinaus. Sie bedeutete Béa und Nelson, stehen zu bleiben, leise zu sein, und so standen sie mit angehaltenem Atem in der Stille des Hauses, in der nur ab und zu ein Knacken zu hören war, ein Ächzen der Balken. Dann hörte man Schritte auf der Außentreppe, hörte das Gartentor ins Schloss fallen und die Spannung löste sich in Hahs Körper. Es war, als wäre sie das Zentrum eines Gewebes, das sich mit ihrem Erstarren gestrafft hatte und nun in einer Wellenbewegung wieder abschlaffte. Erst die Luft um sie herum, dann war die Welle bei Béa und Nelson, die ausatmeten, und schließlich rollte sie bis zu Alexandre, der bei angelehnter Tür in Hahs Zimmer geschlafen oder, von der Spannung erfasst, still wachgelegen hatte und nun zu singen begann, zu brabbeln. Es war, als wäre der Film, in dem sie spielten, kurz angehalten worden und liefe jetzt weiter.

Das war einer aus dem Dorf mit einem, den ich nicht kenne, sagte Hah. Bestimmt wollten sie sich wieder beschweren, irgendetwas gibt es immer, das Auto ist falsch geparkt, die Wiese am Wegrand nicht gemäht, das Laub nicht gerecht. Sie hassen uns, sie wollen uns weghaben, sie wollen niemanden, der anders denkt als sie, anders lebt. Sie wünschen sich die Lager wieder her für uns. Wenn sie wüssten, dass wir hier heute Abend feiern, würden sie unseren Freunden und Helfern Bescheid sagen, wie letzten Sommer, als Gabriele und Juliane und die anderen abgehauen waren, da hatten wir das volle Programm, mit Hausdurchsuchung und allem. Es hätten »ortsfremde« Autos vor dem Haus gestanden, und sie haben mal wieder gemeint, jemanden von einem der Plakate erkannt zu haben. Die können sich einfach das Denunzieren nicht abgewöhnen, haben wohl gehofft, sie könnten Kopfgeld kassieren und ins Fernsehen kommen. Sie haben uns auch ein paarmal anonyme Zettel unter der Tür durchgeschoben. Beim letzten Mal stand drauf *geh doch nach drübe*, genau so. Schreiben können sie nicht, aber feige sind sie wie eh und je.

Der zornige Ausdruck, der Béa auf dem Foto so fasziniert hatte, blitzte in Hahs Augen auf, sie ging an Béa und Nelson vorbei ins Zimmer, in dem Alexandre lag, und fing an, leise mit ihm zu sprechen. Béa schloss die Augen und lauschte dem Singsang, der so im Gegensatz zu Hahs Wut von eben stand und von dem sie kein Wort verstand, sie wäre in diesem Moment gern Alexandre gewesen und Hah hätte zu ihr gesprochen, mit dieser Wärme in der Stimme, dieser Sanftheit und Nähe.

Ich setze die Kopfhörer ab und gehe nach unten, um mir ein Glas Wasser zu holen. Noch auf der Treppe sehe ich, dass der AB blinkt. Ich habe offensichtlich das Klingeln überhört, weil ich die Kopfhörer aufhatte und die Bureautür geschlossen war. Ich zögere und drücke dann doch auf den Knopf. »Sie haben drei neue Nachrichten.« Die erste Nachricht ist vom Makler, der um Rückruf bittet, die zwei anderen von Nelly. Auf der ersten plappert sie drauflos, will mir dringend etwas erzählen, bittet um Rückruf. Auf der zweiten ist ihre Stimme dringlicher. »Ich dachte, du müsstest doch da sein, ist alles okay bei dir?« Mein erster Impuls ist zurückzurufen, doch mein Finger bleibt auf halber Strecke in der Luft hängen, was erzähle ich ihr? Werde ich sie davon überzeugen können, dass alles in Ordnung ist? Wird sie sich nicht noch mehr Sorgen machen, wenn ich zugebe, dass ich bei unserem letzten Gespräch nicht die Wahrheit gesagt habe, dass ich noch nicht zum Auspacken gekommen bin, weil ich Zeitdruck habe, sie wird mir nicht glauben, ich kenne sie, sie hat einen siebten Sinn, sie wird bohren, bis ich mit der Sprache herausrücke. Und was würde ich sagen, wenn ich mit der Sprache herausrückte? Ich lasse die Hand sinken. Ich werde sie später am Abend anrufen. Werde sagen, dass ich das Telefon überhört habe, weil ich auf dem Dachboden war. Nein, weil ich gearbeitet habe und die Tür zu war. Weil ich gearbeitet habe, Punkt. Dachboden ist allerdings eine gute Idee. Vielleicht haben die Umzugsleute die fehlende Kiste versehentlich auf den Dachboden gebracht. Aber zuerst will ich noch eine Zigarette auf der Terrasse rauchen.

Draußen beginnt die Dämmerung. Der See hält das verbleibende Licht, als wollte er die Nacht noch hinauszögern, es geht ein Leuchten von ihm aus, das aus seinem Inneren zu kommen scheint. Ich schaue zum Himmel, die Wolkendecke hat sich aufgelöst, der Himmel ist wie Transparentpapier über den Wald gespannt, über den See. Etwas Zartes, Erwartungsvolles liegt in der Luft, ein einzelner Vogel fiept, zetert, erhält eine Antwort, eine Amsel singt, oder eine Drossel, eine Nachtigall, ich werde mir ein Vogelbuch anschaffen, eines mit einer CD mit den Vogelstimmen, ein Pflanzenbuch, um mich nicht mehr fremd zu fühlen inmitten der unbekannten Dinge und Wesen. Wenn ich ihnen einen Namen geben kann, fällt es mir leichter zu glauben, dass es mich gibt in meinem neuen Leben, in einer Mühle, am See.

11

Dachboden

Dachböden wird es bald nicht mehr geben. Sie werden zu nützlichen *Wohneinheiten* ausgebaut, zu *Dachgeschosswohnungen*, hell, begehrt, teuer. Das Haus, in dem ich in Berlin lebte, hatte vor seiner Sanierung noch einen Dachboden, auf dem ich einen abgeschabten Sessel deponiert hatte, den ich irgendwann neu beziehen lassen wollte, eine Kiste mit Nellys Spielsachen, die Bilder meiner Mutter. Dort standen diese Dinge jahrelang neben anderen Dingen gegenwärtiger und vormaliger Hausbewohner, ein Inventar aus Resten, die von der Geschichte des Hauses zeugten, wie die Fahrräder im Hof, die niemandem mehr gehörten und erst platt, dann rostig wurden. Was auf dem Dachboden landet, das braucht man nicht mehr, will es aber noch nicht wahrhaben. Man glaubt an einen zukünftigen Gebrauch, an eine plötzliche Notwendigkeit, doch wenn man auszieht und einsieht, dass es diesen Gebrauch, diese Notwendigkeit nicht geben wird, vergisst man die Dinge getrost. Denn man weiß, der Dachboden ist den Dingen gewogen, er überzieht sie zart mit einer Schicht Staub, bewahrt sie davor, Gerümpel zu sein für den Müll. Wer einen Dachboden hat, darf an Sesshaftigkeit glaubend weggehen. Hat schon einmal jemand eine Ode auf den Dachboden geschrieben, eine Dachbodenode, einen Abgesang? Wo bleiben heute all die nicht mehr gebrauchten Gegenstände, an denen das Herz hängt, wo bleibt heute der nutzlos nützliche Raum?

Auf meinen Mühlenspeicher gelangt man über eine schmale Stiege, ähnlich der, die zu meiner Kammer führte, und er riecht holzig, staubig, trocken, wie alle Dachböden. Nichts stapelt sich dort, außer meinen Sachen in einer Ecke, in die kaum das Licht der Glühbirne reicht. Augenblicklich bin ich entmutigt, ich sollte morgen früh wiederkommen, bei Tageslicht suchen. Wenn ich mich recht erinnere, gibt es eine Luke, genau, Nelson hat die Schlittschuhe aus der Luke gestreckt. Unter der Luke, ganz hinten, im Winkel zwischen Dach und Boden, schimmert etwas Weißes. Schlittschuhe, ein paar weiße Schlittschuhe mit Pelzborte, aber warum liegen sie da und nicht in einer der Kisten dort drüben in der Ecke, mit den anderen Dingen, die ich nicht mehr benutze, von denen ich mich aber nicht trennen kann? Die Schlittschuhe von Alexanders Großmutter, die er übersehen hat, eine Spur, wie die Galoschen? Beim Näherkommen sehe ich zwei zusammengeknüllte Laken, sie fassen sich steif an, wie präpariert, haben wohl dazu gedient, eine Oberfläche mit Lack zu behandeln.

Bilde ich es mir ein, oder klingelt das Telefon? Nein, ich bilde es mir nicht ein. Mit den weißen Knäueln in der Hand stürze ich zur Tür, die Stiegen hinunter und bis zur Treppe ins Wohnzimmer. Ich halte inne. Das Klingeln hat aufgehört.

Das Haus war voller Leute, sie standen, saßen, lagen, rauchten, unterhielten sich, küssten sich, waren mit sich selbst beschäftigt, lauschten mit geschlossenen Augen der Musik und wippten mit dem Fuß oder bewegten den Oberkörper zum Rhythmus der Stücke. Die Luft war warm und roch nach Gras, nach Bier, nach Schweiß. Es kam ihr vor, als hätte sie den Moment verpasst, in dem sich das Haus gefüllt hatte, sich verwandelt hatte von einem Haus, das sie mit Hah, Nelson und dem Kind teilte und in dem sie Teil von etwas war, in diesen lauten, wabernden Kokon, zu dem ihr der Zugang fehlte. Nelson war nicht zu sehen, und Hah unterhielt sich in einer Ecke mit einem Typen. Sie war ganz in ihr Sprechen vertieft, hielt die Zigarette zwischen Zeige- und Mittelfinger in der Hand, mit der sie das Gesagte unterstrich, bedächtig, nachdrücklich. Das Gespräch schien ernst und wichtig. Wenn Hah zuhörte, zog sie an ihrer Zigarette und blies den Rauch nachdenklich in den Raum, drückte die Zigarette in einem Aschenbecher zwischen sich und ihrem Gesprächspartner auf dem Boden aus, mit einer sorgfältigen, fast zärtlichen Geste. Ihre ganze Aufmerksamkeit schien der Zigarette zu gelten, aber in Wirklichkeit bündelte sich genau in dieser Konzentration auf das Ding, in dieser Abfolge von Gesten außerhalb des Gesprächs alle Aufmerksamkeit für die Worte ihres Gegenübers. Béa starrte fasziniert und wehmütig zu den beiden hinüber und merkte, dass sie eifersüchtig war, sie wäre gerne diejenige gewesen, der Hah in diesem Moment ihre Aufmerksamkeit gewidmet hätte.

Sie schenkte sich ein Glas Wein ein, trank es in einem Zug, merkte, wie der Alkohol ihr in den Kopf stieg. Sie fragte einen Typen, der sich neben ihr durch die Tür schob, ob er eine Zigarette für sie hätte.

Klar, warte, ich hab auch noch Feuer für dich. Bist du mit Nelson befreundet?

Sah sie so jung aus, dass er ihr nicht zutraute, eine Freundin von Hah zu sein? Sie nickte.

Wir kennen uns vom Studium. Beziehungsweise, nein, von der Mensa, wir studieren nicht zusammen.

Schon verhaspelte sie sich in Bedeutungslosigkeiten. Es interessierte diesen Typen nicht, ob sie mit Nelson zusammen studierte oder in der Mensa zu Mittag aß, das war klar, er warf immer wieder Blicke über ihre Schulter, weil sich dort vermutlich jemand befand, mit dem er sich viel lieber unterhalten hätte, vermutlich eine lässige, selbstbewusste Frau, die sich ohne Probleme in ein interessantes, intelligentes Gespräch verwickeln ließ. Zugleich war Béa ihm dankbar, weil er sich die Mühe machte, Interesse vorzutäuschen und ihr zumindest die Möglichkeit gab, daran zu glauben. Sie zog an der Zigarette und bekam einen Hustenanfall, der Typ klopfte ihr erschrocken auf den Rücken, alles okay? Sie nickte wieder und versuchte, den Husten zu unterdrücken, aber der ließ sich nicht unterdrücken, im Gegenteil, er wurde immer heftiger, und plötzlich stand Hah neben ihr, fasste sie an beiden Schultern, schüttelte sie und schaute ihr ins Gesicht, hey, was ist los?

Sie wich Hahs Blick aus.

Hab mich am Rauch verschluckt, würgte sie hervor, alles in Ordnung.

In ihrem Kopf war Unordnung, Panik, Sehnsucht, Scham. Sie wollte sich in Hahs Armen zusammenkauern und weinen, weil sie traurig war und schüchtern und nicht in der Lage, sich einfach so mit fremden Leuten zu unterhalten, sie wollte sich gar nicht mit fremden Leuten unterhalten, sondern mit Hah, sie war verliebt, genau, sie war in Hah verliebt, wollte sie küssen, wollte davonrennen, anderswo sein, sie hätte nicht zu diesem Fest kommen sollen, hätte nach Hause fahren sollen, auch wenn sie nicht wusste, wo das gerade war, alles war besser, als diesen Abend hier zu verbringen,

Hah ließ eine Hand auf ihrer Schulter liegen.

Geht's jetzt? Ich muss noch was besprechen, und dann kümmere ich mich um dich, okay?

Wie um ihr Mut zu machen, strich sie ihr, bevor sie sich umdrehte und sich wieder zu dem Typen setzte, über die Wange.

Sie wollte nicht, dass sich jemand um sie kümmerte, sie wollte nicht, dass sie den Eindruck erweckte, dass man sich um sie kümmern musste, dass man ihr über die Wange streichen musste wie einem Kind,

Wenn Alexander morgen kommt, werde ich ihm gleich beim Öffnen der Tür sagen: Sie hatten recht. Ich kenne die Mühle, ich kenne Ihre Mutter und der Zufall ist kein Zufall. Kommen Sie rein, ja, genau, in die Küche, wie beim ersten Mal, ich hab seitdem immer noch nichts ausgepackt, aber ich spüle Ihnen die gelbe Tasse aus, die Sie schon kennen, gelb wie die Clogs Ihres Onkels, das wussten Sie nicht, dass er deshalb Clogs genannt wurde, stimmt's? Ich koche Ihnen einen Kaffee, schwarz und ohne Zucker, und dann beginnen wir unsere kurze Beziehung noch einmal von vorne, aber was sage ich, unsere Beziehung ist nicht kurz, ich habe Sie schon einmal getroffen, als Säugling, und es war, wie auf dem Foto vermerkt, ein Fest, zu dem ich eingeladen war, weil ich Ihren Onkel von der Uni kannte. Wir sind am Nachmittag Schlittschuh gelaufen, wir haben zusammen die Vorbereitungen für das Fest getroffen und dann kamen die Gäste und mir schwirrte der Kopf von den vielen Leuten, und wo Sie waren, ja, das ist eine gute Frage, wo waren eigentlich Sie, sofern man einen Säugling siezen kann, aber habe ich Ihnen nicht neulich das Du angeboten?

Sie wollte nicht, dass ihr Hah über die Wange strich wie einem Kind, aber sie fasste an die Stelle, an der eben noch Hahs Hand über ihre Haut gefahren war, ließ ihre Hand dort liegen, als könnte sie so verhindern, dass sich die Erinnerung an die Berührung verflüchtigte. Es sollte nicht aussehen, als wartete sie auf Hah, also ging sie auf die Suche nach Nelson. In der Küche saßen Gäste eng um den Tisch gedrängt und diskutierten, es schien um Überwachung zu gehen, um einen Atomforscher, der vom Verfassungsschutz abgehört worden war, um Leute, die man kannte, die Probleme bekommen hatten, weil man ihnen vorwarf, Sympathisanten zu sein.

Und wer ist denn auf das Wort gekommen, sagte eine Frau und ihre Stimme überschlug sich vor Erregung. Nur weil man für etwas Sympathie empfindet, kann man hier in den Knast kommen. Das muss man sich mal vorstellen. Das ist doch echt Faschismus.

Lex RAF, sagte einer und wiegte bedeutungsvoll den Kopf.

Der Zigarettenrauch waberte im Licht der Lampe über dem Tisch zwischen ihnen wie ein Atompilz, und sie überlegte, ob sie sich zwischen die anderen zwängen, in das Gespräch schlüpfen sollte wie in eine schützende Hülle. Sie würde zuhören und hinter dem Geflecht aus Sätzen der anderen langsam verschwinden, sie wäre unsichtbar und doch ein Teil des Geflechts, das die anderen zusammenschweißte, es war verlockend und beängstigend, *se fondre dans la masse*, das war es, was sie wünschte und fürchtete,

Sie trank noch ein Glas Wein und verließ die Küche. Im Flur saßen weitere Gäste an die Wand gelehnt am Boden, auch hier Rauchschwaden, der süßlich herbe Geruch von Gras. Wo war nur Nelson, er hatte immer etwas zu rauchen, sie wollte mit ihm rauchen, die peinliche Situation von eben vergessen, vergessen, dass sie nicht mutig genug gewesen war, Hah auf dem Eis zu küssen, dass ihre Mutter in wenigen Tagen in einer Lücke im Kalender verschwinden würde, dass ihr schwindelig war von dem Wein, vielleicht war er oben, in seinem Zimmer?

Obwohl auch das obere Stockwerk verraucht war, hatte sie das Gefühl, freier atmen zu können, als hätte unten nicht der

Rauch, sondern die Dichte der menschlichen Beziehungen, in denen sie sich verhedderte, die Lungen zusammengepresst. Sie hörte leise Stimmen aus Nelsons Zimmer und klopfte, die Stimmen verstummten, sie schob die Tür auf. Auf dem Bett saßen drei Frauen und lächelten ihr zu, Béa merkte, wie sie errötete, ich suche Nelson, sagte sie entschuldigend, ich dachte, er sei vielleicht hier. Die Frauen zuckten mit fragendem Blick mit den Schultern, und sie begriff, dass sie sie nicht verstanden hatten. Sie überlegte, ob sie es auf Französisch versuchen sollte, bekam Herzklopfen bei dem Gedanken, sagte, egal, und zog die Tür wieder zu.

Die Tür zu Hahs Zimmer war angelehnt, sie blieb davor stehen und lauschte. Es schien niemand in dem Zimmer zu sein, und sie betrat den Raum mit angehaltenem Atem, als täte sie etwas Verbotenes, überträte ohne Hahs Wissen eine intime Grenze. In einer Ecke verbreitete eine kleine Lampe schummeriges Licht. Das Zimmer war spärlich möbliert, eine Matratze lag am Boden und war sorgfältig mit einer Tagesdecke überzogen, es war die Decke, unter der sie am Morgen am See zusammen gekauert hatten. Ein kleiner, sehr aufgeräumter Schreibtisch, darüber ein Plakat, ein Siebdruck, der ein Fabrikgebäude darstellte, aus dessen Kamin eine Faust ragte, und in das Fabrikgebäude eingeschrieben, weiß auf schwarz, *La lutte continue*. Ein Kleiderschrank. Eine Wickelkommode. Es war die Aufgeräumtheit, die sie irritierte, oder die Abwesenheit, die auf den Dingen lag, sich in den Dingen potenzierte, die Hah zuvor angefasst, verschoben, aufgeräumt hatte und die unter dem Blick der Voyeurin zerbrechlich wirkten, nackt,

Eine Abwesenheit, die sich zu einer Anwesenheit in der Wiege in einer Ecke des Zimmers zuspitzte, in der das Kind lag und atmete, seitlich und mit leicht nach hinten angewinkeltem

Nacken. Sie betrachtete es, dachte, es ist Hahs Kind, wiederholte den Satz im Kopf und versuchte, ihm einen Sinn zu verleihen, versuchte, die Worte mit dem Wesen aus Fleisch und Blut in Übereinstimmung zu bringen, das da lag und schlief, doch da war immer ein Abstand zwischen dem Wort und dem Wesen, das Begreifen reichte nicht von einem zum anderen. Sie konnte die Augen nicht von dem Kind lösen, als sähe sie zum ersten Mal jemanden schlafen, nähme zum ersten Mal das kaum wahrnehmbare Heben und Senken der Brust wahr, das Schmatzen der Lippen im Schlaf, und die Verletzbarkeit faszinierte und verstörte sie, sie wollte das Kind wecken, sagen, so kannst du nicht da liegen, jeder könnte dir etwas antun, am besten schläfst du gar nicht, wenn niemand da ist, um dich zu beschützen. Sollte sie sich aufs Bett setzen und den Rest der Nacht mit Blick auf das Kind verbringen? Aber wer sagte, dass sie nicht selbst die Wehrlosigkeit des schlafenden Kindes ausnützen, es wachrütteln, ihm wehtun würde? Sie schämte sich für diesen Gedanken, sie war grotesk und grausam, andere brachen beim Anblick von kleinen Kindern in Entzücken aus. Es tut mir leid, sagte sie im Geiste zu dem Kind, es tut mir leid, natürlich tue ich dir nichts an, keine Ahnung, woher solche Gedanken kommen. Sie hörte jemanden die Treppe hochkommen und schlüpfte durch die angelehnte Tür ins angrenzende Zimmer.

Ich habe dich betrachtet, werde ich zu Alexandre sagen, ich glaube, du warst das erste Kind, das ich so sehr betrachtet habe. Ich war keins von den Mädchen, die bei Babys in Entzücken ausbrechen, im Gegenteil, ich verstand nicht, was andere an Babys hübsch fanden, an diesen runden Gesichtern, diesem launischen, diktatorischen Verhalten. Sie waren langweilig, man konnte nichts mit ihnen anfangen, nicht reden, nicht spielen. Auch dich fand ich nicht besonders hübsch, tut mir leid, wenn ich das so direkt sage, du warst interessant, weil du Hahs Kind warst, ein ganz und gar unbegreifliches Stück von ihr, an sie kam ich nicht heran, aber an dich, in diesem Moment,

Genau, ich war in deine Mutter verliebt, sofern deine Mutter Hah war, aber nehmen wir einfach an, dass sie es war, dass Nelson Clogs war und die Mühle das Haus ist, wo Clogs und Hah lebten, nehmen wir an, dass ich auf einem Fest war, vor einem Fest, obwohl es unwahrscheinlich ist, dass ich mich nicht schon früher daran erinnert habe, als ich mein Comingout hatte und meine Vergangenheit unter neuen Vorzeichen betrachtete, verstand, wie oft ich in Frauen verliebt gewesen war, ohne es zu erkennen, in die Freundin meiner Mutter zum Beispiel, Hanne Vogt, das war die erste,

Aber auf Wahrscheinlichkeit kommt es in diesem Moment nicht an, sonst müsste ich auch überprüfen, wann das mit diesem Wissenschaftler war, wie hieß er noch mal? Traube, genau, Klaus Traube, ich müsste recherchieren, wann das mit Klaus Traube herauskam, müsste die Daten mit denen in Hahs Kalender vergleichen, oder sehe ich die Szene um den Tisch herum so deutlich vor mir, weil sie möglich gewesen wäre? Weil es möglich sein könnte, dass ich in Hah verliebt gewesen bin?

Der Raum roch nach Farbe, sie war in dem Zimmer gelandet, das Nelson gestrichen hatte. Sie mochte den Geruch von frischer Farbe, den leichten Kopf, den sie davon bekam, die Lust zu kichern. Die Schritte waren oben an der Treppe angekommen, kamen den Flur entlang, blieben vor Hahs Zimmer stehen. Jemand schob die Tür auf, wahrscheinlich Hah, die nach dem Kind schaute, jetzt hörte man ein Murmeln, als spräche jemand zu sich selbst. Sie hielt die Luft an und hoffte, Hah oder wer auch immer werde nicht ins Nebenzimmer kommen, doch die Person verließ den Raum wieder, die Schritte entfernten sich, betraten, so hörte es sich an, das Zimmer, wo die Französinnen saßen. Sie nutzte die Gelegenheit, um das Zimmer zu verlassen, und ging wieder nach unten. Nelson lag jetzt in einer Ecke des Wohnzimmers und war nicht ansprechbar, sie fragte sich, ob sie ihn vorhin übersehen hatte oder wie er in diesem Zustand von irgendwoher bis zu dieser Ecke hatte gelangen können.

Die Luft war noch dichter geworden, die Gespräche waren noch lauter, jemand drehte die Musik auf, einige begannen zu tanzen. Sie wippte mit dem Fuß, traute sich jedoch nicht, ihren Körper inmitten der anderen zu bewegen, dachte sehnsüchtig an den Moment am Nachmittag, als Hah und Nelson begonnen hatten zu tanzen und sie ohne nachzudenken mitgetanzt hatte. Sie hielt Ausschau nach dem Typen, von dem sie sich die Zigarette geschnorrt hatte, aber er war nicht zu sehen. Sie verließ das Wohnzimmer, ging vor die Tür. Die Kälte griff ihr ins Gesicht, an die Hände, fuhr unter den Pullover und in die Hosenbeine, sie dachte plötzlich an ihren Vater und ihren Bruder, bei denen sie hätte sein sollen, fühlte sich elend und nutzlos, hatte wieder Lust zu weinen und fragte sich, ab welcher Temperatur unter null Tränen auf der Haut gefroren. Aber die Tränen blieben stecken, im Hals, in den Schläfen, im Hinterkopf. Was hatte sie hier noch zu suchen, am besten, sie ging jetzt, verließ das Fest, holte ihren Rucksack aus Nelsons Zimmer, das wäre immerhin ein guter Vorwand gewesen, um Hah noch einmal zu sehen, die dort sicherlich in ein Gespräch mit den Französinnen vertieft war. Aber was sollte sie sagen, ich hol nur meine Sachen, ich geh jetzt los? Natürlich würde Hah versuchen, sie aufzuhalten, und sie wollte nichts lieber, als von Hah aufgehalten zu werden, aber genau das würde Hah durchschauen, dass die Sache mit dem Aufbruch inszeniert war, um die Aufmerksamkeit auf sich zu ziehen, nein, sie wollte auf keinen Fall bedürftig wirken, sie würde einfach nur ihren Parka holen und sagen, sie wolle ein wenig Luft schnappen, alles sei okay, aber sie brauche Luft,

Die Musik war jetzt unerträglich laut, Stimmen versuchten, den Lärmpegel zu übertönen, und poppten immer wieder aus der Musik heraus, hysterische Kontrapunkte, einzelne Wörter, die wie Bälle durch den Raum hüpften, ohne Zusammenhang. In Nelsons Zimmer war niemand mehr, sie war erleichtert und enttäuscht, schnappte sich ihren Mantel. Sie glaubte, das Kind nebenan weinen zu hören, öffnete vorsichtig die Tür zu Hahs Zimmer und zog sie hinter sich zu. Das Kind saß in seinem Bett und sah sie an, aber sie war nicht die erwartete Person, es begann erneut zu weinen. Sie blieb ratlos stehen, sollte sie es aus der Wiege holen, ihm etwas vorsingen? Aber würde es nicht anfangen zu brüllen, wenn sie es anfasste? Sie tat ein paar Schritte auf das Kind zu und redete leise auf es ein, es verstummte und schaute sie, wie ihr schien, genauso ratlos an wie sie das Kind.

Sie holte es aus der Wiege, legte es mit dem Kopf an ihre Schulter, schuckelte, summte. Das Kind ließ es sich gefallen, atmete tief, sie schnupperte an ihm, an seinem Kopf, war überrascht über den Duft, der sie ein wenig schwindelig machte, süßlich, würzig und nach leicht ranziger Milch. Hast du Hunger, fragte sie, soll ich Hah holen? Sie lief mit ihm auf dem Arm im Zimmer herum, immer im Kreis, immer ein wenig schuckelnd, dann legte sie es vorsichtig zurück in die Wiege. Kaum war sie an der Tür, weinte das Kind wieder los. Ich bin gleich zurück, ich hole nur Hah, sagte sie, als könnte sie das Kind damit beruhigen. Aber Hah war unauffindbar, Béa traute sich sogar, Gespräche zu unterbrechen und nach ihr zu fragen, doch keiner hatte sie gesehen. Sie ging wieder hoch, lauschte an der Tür, das Kind schien wieder eingeschlafen zu sein. Trotzdem wollte sie Hah finden und ihr sagen, dass es wach gewesen war, das war ein legitimer Grund, nach ihr zu suchen, sie schaute noch einmal in Nelsons Zimmer, doch das war immer noch leer, dann in das nach Farbe riechende Zimmer der Mutter, schließlich nahm sie die Treppe zum Dachboden, vielleicht war Helga dort oben.

Möchtest du ein Glas Vacqueyras, werde ich Alexandre fragen, ein Geschenk meiner Tochter, zum Glück habe ich den Korkenzieher erst gestern gefunden, sonst hätte ich den Wein längst getrunken und könnte ihn dir nicht anbieten. Ich habe ein Buch gesucht, das mir deine Mutter ausgeliehen hat, das hätte ich dir gerne gezeigt, aber stattdessen habe ich den Korkenzieher gefunden in einem Küchenkarton auf dem Dachboden. Ich frage mich, ob Umzugsleute nicht lesen können oder aus Prinzip bei jedem Umzug Kartons falsch abstellen, um uns zu zeigen, dass sie auf uns pfeifen. Wenn schon, dann hätten sie doch wenigstens den richtigen Karton falsch abstellen können, dann hätte ich das Buch gefunden, das sich in Luft aufgelöst hat, irgendwo muss es doch sein, ich bin mir sicher, ich hatte es beim Einpacken in der Hand,

Am unteren Rand der geschlossenen Dachbodentür sah sie Licht, den Schatten von Füßen, die sich im Raum bewegten. Sie überlegte, ob sie klopfen sollte, aber die Tür war nicht angelehnt, sondern geschlossen, Hah, oder wer auch immer sich dahinter befand, wollte nicht gestört werden. Im Schlüsselloch steckte ein Schlüssel von innen, aber durch eine feine Spalte in der Tür konnte sie hineinspähen. Hah stand mit dem Rücken zu ihr und war über etwas gebeugt, das auf einem Tisch vor ihr lag, das Béa aber nicht erkennen konnte, ein heller Lumpen, in den etwas gewickelt war, aber sicher war sie sich nicht. Auch der Mann ihr gegenüber schien das, was auf dem Tisch lag, zu begutachten, und als er aufsah, kam er Béa bekannt vor, auch wenn sie sich nicht erinnern konnte, ihn unten gesehen zu haben. Er fragte leise etwas, und Helga schüttelte den Kopf, erwiderte ebenso leise etwas, dann stritten sie sich, halblaut, sodass Béa nicht verstehen konnte, um was es ging, nur dass es den beiden ernst war, das konnte sie an der Miene des Mannes, der Körperhaltung von Hah erkennen. Unvermittelt, aus dem Streit heraus, wie es ihr schien, küsste Hah den Mann, und er erwiderte ihren Kuss. Béa zuckte zusammen, erstarrte, versuchte, das, was sie sah, einzuordnen, irgendetwas lief hier falsch, das konnte nicht sein, dass Hah auf einem Dachboden heimlich diesen fremden Mann küsste, statt wie versprochen nach ihr zu sehen, hatte sie Hah völlig missverstanden, das Sitzen am See, das Schlittschuhlaufen, die Stelle, die sie ihr aus dem Buch vorgelesen hatte, die bloße Schulter neben ihr auf dem Sofa? Sie konnte ihren Blick nicht lösen von den sich umschlingenden Körpern, den sich küssenden Mündern, den Händen, die wie panische Tiere über den Körper des anderen huschten. Sie fühlte sich erregt und verraten, sann nach Rache, wusste, dass sie kein Recht dazu hatte, es gab keine Versprechen, und alle waren frei zu küssen, wen sie wollten, doch je mehr sie versuchte, vernünftig zu sein, desto stärker wurde das Gefühl, verraten worden zu sein und sich rächen zu wollen, sie ließ ihm schließlich freien Lauf, es war beängstigend, es war gut,

Die Lippen lösten sich, die Körper lösten sich, die Hände zogen sich zurück, Béa hätte gerne Hahs erhitztes Gesicht angefasst, ihr die Haare aus dem Gesicht gestrichen, sie stand noch immer an den Türrahmen gepresst, und erst als Hah auf der anderen Seite der Tür ganz nah vor ihr stand und das Licht an dem Schalter neben der Tür löschte, drückte sie sich an die Wand neben der Tür. Der Schlüssel drehte sich im Schloss, die Tür öffnete sich, zu ihrer Erleichterung in die richtige Richtung, Hah und der Mann kamen heraus und gingen hinunter. Béa wartete, bis sich ihr rasendes Herz beruhigt hatte, und betrat den Dachboden. Sie wollte wissen, was die beiden so aufmerksam betrachtet hatten, was sie dazu bewogen hatte, sich zu streiten, sich zu küssen. Etwas Geheimes, so viel war klar, womöglich etwas Illegales, warum sonst hatten die beiden sich auf den Dachboden zurückgezogen, hatten die Tür hinter sich abgesperrt? Hatte Hah nicht angedeutet, Leute aus dem Untergrund zu kennen? Anderseits sprachen alle von den Leuten im Untergrund oder den politischen Gefangenen mit Vornamen und deuteten eine Zugehörigkeit, eine Intimität an, die sie immer wieder verwirrte, das musste nichts bedeuten, aber was war mit den Besuchern vom Vorabend, warum hatte Hah den Blick in das Zimmer versperrt, warum hatte sie am Morgen gemeint, sich rechtfertigen zu müssen für das frühe Abfahren ihrer Gäste? Hatten sie irgendetwas bei Hah deponiert, irgendwelche Unterlagen oder eine Waffe?

Sie tastete nach dem Lichtschalter, machte Licht, doch der Tisch war leer. Sie war enttäuscht, sie hatten das Tuch und was auch immer in dem Tuch eingewickelt gewesen war mitgenommen, was hatte sie erwartet? Auf einmal war sie müde, sehnte sich nach Ruhe, nach Übersichtlichkeit. Am besten, sie vergaß das alles mit Hah, am besten, sie tat, was sie vorgehabt hatte, nämlich nach Hause zu gehen, und zwar zu Fuß, zu Fuß gehen war gut gegen Verwirrung, und irgendjemand würde sie schon mitnehmen in die Stadt, wenn sie den Daumen heraushielt, spätestens, wenn es hell wäre,

Sie schlich die Dachbodenstiege wieder hinunter und holte den Parka aus Nelsons Zimmer, den Rucksack mit den Büchern. Kurz zögerte sie, ob sie die Bücher demonstrativ liegen lassen sollte, aber dann kam ihr die Geste zu dramatisch vor. Als sie an Hahs Zimmer vorbeikam, drückte sie den Türgriff herunter und schlüpfte hinein. Sie fragte sich, warum sie das tat, und fand keine Antwort, jedenfalls keine klare, oder keine, über die sie weiter nachdenken wollte. Sie zog die Tür hinter sich zu und lehnte sich von innen daran, schloss die Augen, atmete den Geruch des Zimmers ein, Hah vermischt mit Kinderduft, nein, sie würde doch noch nicht weggehen, würde noch bis morgen bleiben. So eine Party, wo alle bekifft und betrunken und sonst wie zugedröhnt waren, war nicht der richtige Ort für eine Entscheidung, wenigstens morgen wollte sie Hah noch einmal sehen, morgen stellte sich vielleicht heraus, dass das alles ein Missverständnis gewesen war, dass sie doch nicht so falsch gelegen hatte, dass es noch etwas werden konnte mit Hah, man musste ja nichts überstürzen,

Als sie die Augen wieder öffnete, blickte das Kind sie an. Es saß in der Wiege, nuckelte an der Ecke einer Windel und summte und brabbelte, als unterhielte es sich mit einem imaginären Gesprächspartner.

Tut mir leid, sagte sie, aber deine Mutter ist gerade beschäftigt. Und ich wollte eigentlich gehen, ich hab hier nichts mehr zu suchen, aber jetzt hab ich mir's anders überlegt. Ich geh mit dir ein bisschen spazieren, bestimmt langweilst du dich so allein, während die da unten Party machen. Was hältst du davon?

Wir könnten um den See spazieren, und keine Sorge, ich zieh dich warm an. Ich hab gesehen, dass unten im Kinderwagen ein Schafsfell liegt. Frische Luft ist gut, dann wirst du müde und schläfst besser ein.

Das Kind zog die Windel aus dem Mundwinkel und brabbelte.

War das ein Ja? Das war bestimmt ein Ja, bestimmt hast du Lust auf einen Spaziergang.

Sie näherte sich vorsichtig der Wiege, weil sie fürchtete, eine zu brüske Bewegung könne das Kind erschrecken und Gebrüll auslösen, sie hob es aus der Wiege und legte es an ihre Schulter, es quietschte, klang vergnügt.

Okay, wo sind deine Klamotten?

Sie schaute sich um, auf der Wickelkommode lagen sorgfältig zusammengelegt und gestapelt Kinderkleider. Mit der freien Hand hob sie die Schichten an, fand eine Strickjacke, eine Strumpfhose, die sie beide über den Strampelanzug zog, setzte das Kind auf den Wickeltisch. Ihr Herz klopfte. Was sie tat, war nicht richtig, sie kannte sich nicht aus mit Kindern. Was, wenn sie etwas falsch machte oder das Kind herunterfiel, draußen erfror oder sich eine Lungenentzündung holte, aber sie würde es möglichst warm anziehen, und sie wollte ja nicht ewig um den See laufen, einfach nur kurz hinaus, das würde dem Kind guttun, sie könnte ja unten Hah noch Bescheid sagen. Sie würde Hah nicht Bescheid sagen, hoffte inständig, dass sie nicht hereinkäme ins Zimmer, wie würde sie ihr erklären, dass sie das Kind aus dem Bett geholt hatte? Ich wollte es nur wickeln, es hat geschrien und ich habe dich nirgendwo gefunden. Was konnte sie dafür, dass Hah nicht auffindbar war oder auf Dachböden irgendwelche Männer küsste und geheime Transaktionen durchführte, sie jedenfalls hatte Bescheid geben wollen, dass das Kind geweint hatte, sie hatte es sogar beruhigt, was, wenn sie nicht da gewesen wäre, es hätte gebrüllt und gebrüllt und keiner hätte es gehört, da war es doch besser, wenn sie sich kümmerte, wenn sie mit ihm spazieren ging,

Das Kind schien nichts Merkwürdiges an ihrem Tun zu finden, es konnte also nicht falsch sein, was sie tat, er gluckste, summte, nuckelte weiter an seiner Windel, die sie mitnahm, so viel wusste sie von Kindern, dass sie Lieblingswindeln haben, an denen sie nuckeln. Jetzt musste sie nur noch zur Haustür gelangen, ohne dass jemand Fragen stellte, anderseits waren alle sowieso völlig dicht, allzu große Sorgen brauchte sie sich deswegen nicht zu machen. Sie wunderte sich, dass der Flur leer war, aber dann hörte sie Gelächter aus dem Wohnzimmer, ein Korken knallte, jemand rief Happy Birthday, andere stimmten ein, begannen zu singen. Sie steckte das Kind in den Kinderwagen, die Füße ins Fell, setzte ihm die Mütze auf, die im Kinderwagen lag, wickelte es in die Decke, die von heute Morgen am See, die sie im letzten Moment von oben mit nach unten gebracht hatte. So konnte nichts passieren, das Kind würde es warm haben. Sie stopfte ihren Rucksack in das Fach des Kinderwagens, öffnete die Tür, schob den Wagen auf der Rampe aus Brettern, die auf der Treppe zu diesem Zweck lagen, hinunter. Dort, wo das Licht aus den Fenstern nicht hinreichte, war es finster, eine Dunkelheit, die alles aufsaugte, was ihr zu nahe kam. Sie nahm den Weg in Richtung See, am Schilf entlang, das den Bach vor dem Haus säumte und sie vor Blicken schützte. Am See wurde der Weg zu einem Pfad aus gefrorenem Schlamm, der Kinderwagen stockte. Daran hatte sie nicht gedacht, sie hoffte, das Holpern und Stocken würde das Kind einschläfern. Das Schieben war mühsam, ihr wurde warm. Drüben leuchtete das Haus, als hätte es jemand dort mitten in der Finsternis abgesetzt, ein paar Gestalten waren auf der Terrasse, jemand stand am Ufer des Sees, dessen Eis ein heller Fleck war. Sie hoffte, dass sie von dort aus nicht zu sehen war, auf ihrer Seite jedenfalls war es dunkel, wurde es immer dunkler, ein Nichts, in das sie hineinlief, sie ganz allein mit Hahs Kind, mit einem Stück von Hah, wenn sie Hah selbst schon nicht haben konnte. Sie spürte Panik am Rand ihres Bewusstseins aufkommen, dann kippte die Panik in Glück, in reines, pures Glück, und als der Pfad unvermittelt in einen geteerten Weg überging, rannte sie los, jauchzte, und das Kind jauchzte nach einem kurzen Moment der Überraschung mit, sie rannte und rannte und wollte nicht, dass es aufhörte, es gab nur noch das Rennen, das Kind und sie selbst, alles andere hatte die Dunkelheit verschluckt, das Haus, das Fest, Hah,

Als der Wagen wieder zu ruckeln anfing, weil der geteerte Weg aufhörte, begann das Kind zu weinen. Sie hielt an, außer Atem. In dieser Biegung war das Haus nicht mehr zu sehen, sie schaute nach oben und sah keine Sterne, der Himmel musste sich zugezogen haben. Sie wünschte sich, dass Sterne sichtbar wären, eine tröstliche Anwesenheit irgendwo da draußen, eine Verbindung von ihr zum schimmernden Universum, dann hätte sie sich nicht so allein gefühlt mit dem weinenden Kind, das sich auch nicht beruhigen ließ, als sie sich neben es kniete, ihm gut zuredete, erklärte, dass die Sterne bestimmt wieder auftauchen würden, dass es nicht wegen der Sterne zu weinen bräuchte, und überhaupt, sie würden jetzt umkehren und wären bald zu Hause, in der Wärme, bei Hah, es würde etwas zu essen bekommen, müsse sich nur noch ein wenig gedulden,

Sie dachte an den Weg, den sie würden zurücklegen müssen, und war entmutigt. Sie wollte Licht, sie wollte Wärme, sie hatte mit einem Mal die Vorstellung, dass das Haus dunkel und unbewohnt wäre, wenn sie zurückkämen, oder nicht mehr da wäre, nie existiert hätte, wie in einem Albtraum, der kein Traum war. Aber uns gibt es, sagte sie zu dem Kind, das immer noch weinte, nein, brüllte, sie war ratlos, sollte sie es aus dem Wagen holen, aber dann würde es sich erkälten, außerdem würde sie das Kind wohl kaum den ganzen Weg zurücktragen können, was, wenn sie es fallen ließ, das war viel zu riskant. Sie hielt sich die Ohren zu und sah auf den See, sah einen blauen Schein, der in Richtung des Hauses in den Himmel zuckte. Sie suchen uns, dachte sie, sie haben bemerkt, dass das Kind weg ist, und haben die Polizei gerufen, ich hätte Bescheid geben sollen, was mache ich jetzt. Vielleicht sollte ich über den See zurücklaufen, über den See geht es schneller und auf dem Eis lässt sich der Kinderwagen leichter schieben als auf dem zerfurchten Pfad. Das Eis hat uns heute Nachmittag getragen, dann wird es auch jetzt tragen. Du wirst sehen, wir sind gleich zu Hause, sagte sie zu dem Kind, ich schnalle Kufen unter den Kinderwagen und dann ist das so etwas Ähnliches wie eine Schlittenfahrt, bist du schon einmal Schlitten gefahren?, fragte sie das Kind, aber dem Kind war das egal, es brüllte weiter, es wollte keine Schlittenfahrt. Der See kam hier ganz nah an den Pfad heran, auf zwei Meter vielleicht, sie rollte hinunter, hob die Vorderräder des Kinderwagens an, machte eine Vierteldrehung, schob vorsichtig die Räder aufs Eis.

Es knirschte vertraut, wie wenn sie im Schnee Fahrrad fuhr. Das Kind war jetzt still, sie hörte nicht einmal mehr seinen Atem. Erschrocken beugte sie sich vor, doch das Kind lebte, sah sie mit großen Augen an. Sie wollte es noch einmal an die Schulter nehmen, seinen warmen Körper spüren, seinen Duft einatmen, sie hob das Kind nun doch mit der Decke aus dem Wagen, es schaute sie interessiert an. Gleich sehen wir das

Haus, murmelte sie an das Ohr unter der Mütze, und dann noch ein kleines Stück und wir sind da. Sie haben die Polizei gerufen wegen dir, wegen uns, kannst du dir das vorstellen, ich hätte ja Bescheid gesagt, aber sie waren alle mit Feiern beschäftigt oder haben sich auf Dachböden zurückgezogen, und um dich hat sich niemand gekümmert, irgendwer musste sich ja um dich kümmern. Sie wollte das Kind wieder in den Wagen legen, weil das Ziehen mit der einen, das Tragen mit der anderen Hand zu anstrengend war, da hörte sie einen Knall. Ein Feuerwerk, das war kein Blaulicht gewesen, das sie gesehen hatte, das war der Schein eines Feuerwerks, das gezündet wurde zu Hahs Ehren, gleich würden bunte Raketen in den Himmel steigen. Das Geräusch veränderte sich, klang, als blätterte jemand eine riesige Seite aus Glanzpapier um, oder wie das Ploppen eines gigantischen Gummibands, das zerreißt und auseinanderschnellt, irgendetwas Merkwürdiges musste drüben im Haus vor sich gehen, aber sie konnte die Geräusche mit Ausnahme dessen, was sie für ein Feuerwerk hielt, keinen vorstellbaren Vorgängen zuordnen, ein Buch, ein Gummiband, das ergab keinen Sinn. Sie machte noch einen Schritt nach vorne, irgendwo knallte es wieder, aber diesmal aus der entgegengesetzten Richtung, und plötzlich verstand sie, woher die Geräusche kamen. Dass ihr warm geworden war, lag nicht nur an der Anstrengung. Die Temperatur war angestiegen, und das Eis begann zu reißen, das Eis, warum war sie nicht gleich darauf gekommen, und sie mit Hahs Kind im Arm auf dem See. Sie war erstaunt, dass sie keine Panik verspürte, eher Verwunderung, Neugier. Wie fühlte es sich an, einzubrechen, war da zuerst eine Schräge oder gleich ein Ruck, gleich die Kälte, die sich durch die Kleider fraß, durch die Haut, verlor man das Bewusstsein wegen der Kälte, oder bemerkte man noch, dass man fror, sie würde das Kind ganz fest an sich pressen und es so lang wie möglich vor der Kälte bewahren,

Etwas platzte in ihrem Kopf, was tat sie hier mitten auf dem gefrorenen See mit dem Kind, war sie wahnsinnig geworden, sie musste zurück, heil ans Ufer gelangen, wie lange dauert es, bis Eis bricht, nur noch aus Rissen besteht, aus Schollen? Schscht, sagte sie zu dem stillen Kind, um sich selbst zu beruhigen, wir schaffen das, ich kann im Dunkeln sehen wie die Tiere, ich sehe jeden Riss, jede Schwachstelle, ich trete nicht daneben, ich schwebe über das Eis. Sollte sie den Kinderwagen einfach stehen lassen, aber falls sie es rechtzeitig an Land schaffte, müsste sie erklären, warum der Kinderwagen im Eis eingebrochen war, und falls sie es nicht schaffte, war es sowieso egal, sie fasste den Kinderwagen mit der einen Hand am Griff und zog ihn hinter sich her, nur nicht ruckeln, dachte sie, nur nicht das Eis herausfordern. Mit der anderen drückte sie das Kind noch fester an sich, das immer noch still hielt, dann war Gras unter ihren Füßen, Hang, sie zerrte den Kinderwagen hinter sich hoch, draußen krachte und knirschte und ploppte es, sie steckte das Kind wieder ins Schafsfell, und es fing an zu brüllen. Sie schob den Kinderwagen über Grasbüschel, gleich würde die geteerte Passage kommen, dann ginge es leichter, dann würde sie rennen, um schneller ans Ziel zu gelangen, bestimmt hatte das Kind Hunger oder eine volle Windel oder beides, und was würde sie Hah sagen, was den Beamten, die ihr sicher gleich mit Schäferhunden entgegenkommen würden, wie lange war es her, dass sie das Haus verlassen hatte, eine Stunde oder zwei, es fühlte sich jedenfalls lang an, viel länger, als sie vorgehabt hatte wegzubleiben, ich wollte das Kind nicht entführen, würde sie sagen, nein, natürlich nicht, nur eine Viertelstunde raus, einmal Luft schnappen und das Kind beruhigen,

Kurz bevor sie die geteerte Passage erreichte, schlief das Kind ein, zumindest schrie es nicht mehr, sie konnte im Dunkeln nicht erkennen, ob seine Augen offen waren, wollte aber auch keine Zeit verlieren mit Anhalten, Schauen, Gutzureden. Sie rannte nicht, fühlte jetzt Erschöpfung, lief zügig, mechanisch, sammelte alle Kraft für das letzte Stück Pfad, dann kam das Haus, hell erleuchtet, heller erleuchtet als vorher, wie ihr schien, weniger Autos, die ersten Gäste mussten bereits gegangen sein, und keine Polizei, es war wohl doch ein Feuerwerk gewesen oder Wetterleuchten, ja, bestimmt war es Wetterleuchten gewesen, so stellte sie sich Wetterleuchten vor, ein blauer, zuckender Schein am Himmel. Dann hatten sie vielleicht doch noch nicht bemerkt, dass das Kind weg war, oder sie hatten es bemerkt und waren jetzt in Panik, deshalb war alles so hell erleuchtet, sie beschleunigte den Schritt, ächzte wegen des Gewichts des Kinderwagens, fragte sich, ob Kinder beim Schlafen schwerer wurden,

Endlich das Haus, ihr kam es vor, als mündete sie nach einem komplizierten Exkurs, bei dem nicht sicher gewesen war, ob sie wieder am Ausgangspunkt ankäme, wieder in die eigentliche Geschichte ein, die ihr plötzlich einfach vorkam, traut, tröstlich, sie würde hineingehen, würde sich Hahs Wut stellen, würde ihr alles erklären, dass das Kind geweint hatte, dass sie sie gesucht, aber nicht gefunden hatte, dass sie nur das Kind hatte beruhigen wollen, und sie würde ihr erzählen, wie es um sie stand, ihre Mutter, ihre Verwirrtheit, ihr Verliebtsein. Das mit dem Dachboden würde sie vorerst für sich behalten, so wie sie es sich vorgenommen hatte, so wie es sich für konspirative Dinge gehörte, und erst recht das mit dem Eis, das würde Hah nur beunruhigen, außerdem war ja nichts passiert, und warum sollte man jemanden beunruhigen mit etwas, das nicht passiert war, aber alles andere schon, alles andere würde sie ihr erzählen,

Endlich die Eingangstreppe mit den Brettern, die merkwürdig verschoben waren, als hätte jemand sie mehr schlecht als recht auf die Treppe gelegt, die Tür öffnete sich und Nelson stand oben an der Treppe. Er starrte sie an, als wäre sie die Letzte, die er am Fuße der Treppe erwartete, er starrte auf den Kinderwagen, in dem das Kind jetzt schlief, wo kommst du her, fragte er, erst matt, dann noch einmal laut, wo kommst du her? Wieso ist Alexandre bei dir? Und wo ist Hah?

Sie öffnete den Mund und schloss ihn wieder. Mit Nelson hatte sie nicht gerechnet, sie hatte sich Sätze für Hah zurechtgelegt, nicht für Nelson.

Ich war am See, krächzte sie und ihre Stimme klang, als gehörte sie jemand anderem. Keiner hat sich um das Kind gekümmert, deshalb war ich mit ihm am See.

Ist Hah bei dir?

Was war das für eine Frage, wäre Hah bei ihr gewesen, wäre sie nicht mit dem Kind an den See gegangen.

Wieso? Nein, ich habe Hah gesucht, wirklich, ich wollte ihr vorher Bescheid sagen, aber ich hab sie nicht gefunden.

Nelson blickte sie verständnislos an.

Aber wo ist sie dann?

Sie zuckte mit den Schultern.

Ich sage doch, ich weiß es nicht. Keine Ahnung, vielleicht spazieren, Luft schnappen, was weiß ich. Ich habe sie jedenfalls nicht getroffen, hier draußen.

Béa beugte sich hinunter und rückte die Bretter wieder zusammen. Nelson schaute ihr dabei zu, aber er schien nicht wahrzunehmen, was sie tat, jedenfalls machte er keine Anstalten, ihr zu helfen. Erst als sie versuchte, den Kinderwagen hochzuschieben, erwachte er aus seiner Starre und kam ihr zur Hilfe.

Spazieren gegangen? Du hast nicht mitbekommen, was hier los war, oder?

Sie war sich nicht sicher, was er meinte, hatte es etwas mit dem Feuerwerk zu tun, oder war es doch Blaulicht gewesen, was sie gesehen hatte, aber ihr war niemand entgegengekommen, niemand hatte sie gesucht, sie schaute Nelson fragend an.

Du hast das alles nicht mitbekommen, hast du das echt nicht mitbekommen?, wiederholte er und schüttelte ungläubig den Kopf.

Nelson holte Alexandre aus dem Kinderwagen, lehnte das Kind an seine Schulter, und das Vertrauen, das von dem kleinen, schlafenden Körper ausging, war kaum auszuhalten, schnell fragte Béa: Was meinst du mit »mitbekommen«?

Sie nahm ihren Rucksack, lief hinter Nelson ins Haus, hinter ihm die Treppe hoch. Aus dem Wohnzimmer drangen aufgeregte Stimmen, und im Flur lag alles drunter und drüber, aber das war am Ende eines solchen Festes wahrscheinlich normal. Nur, dass es sich im oberen Stockwerk fortsetzte, sie war sich sicher, dass es, bevor sie losgegangen war, im Haus noch nicht so ausgesehen hatte. Sie folgte Nelson in Hahs Zimmer und kam sich vor wie ein Hündchen. Hahs zuvor so penibel aufgeräumtes Zimmer sah aus, als hätte jemand mit einer zornigen Geste die Dinge vom Schreibtisch gefegt, Schubladen entleert, Kleider aus dem Schrank gerissen.

Was mitbekommen, wiederholte sie. Und was habt ihr gemacht, dass es hier so aussieht?

Nelson legte Alexandre in seine Wiege, deckte ihn zu, löschte das Licht. Sie folgte ihm mechanisch auf den Flur, in sein Zimmer, das genauso verwüstet aussah wie Hahs, stellte sich neben ihn ans Fenster, als wäre ihr Körper etwas von ihr Losgelöstes, wäre nicht mehr fähig zu etwas anderem, als hinterherzulaufen.

Hier sieht es aus, sagte Nelson, wie es aussieht, wenn die Bullen mitten in der Nacht vor der Tür stehen und ein Haus stürmen, in voller Montur. Ein kleines Geburtstagsgeschenk unserer Nachbarn, schätze ich. Die Bullen sind einfach rein und durch das gesamte Haus, haben alles auf den Kopf gestellt. Haben Personalien aufgenommen, all den Scheiß, haben einen Typen mitgenommen, einen anderen offenbar gesucht, aber der war nicht da oder nicht mehr da. Und Hah war auch nicht aufzufinden. Sie hat ja auch nicht mit uns auf ihren Geburtstag angestoßen, aber das fanden wir sogar lustig, so dicht, wie wir alle waren, ohne sie anzustoßen. Du warst auch nicht da, fällt mir gerade auf, oder? Wart ihr irgendwie zusammen weg?

Béa schüttelte den Kopf, nickte, schüttelte den Kopf.

Nein, natürlich nicht.

Nelson schaute sie prüfend an.

Béa schüttelte noch einmal den Kopf, dachte, dass sie viel lieber *irgendwie* mit Hah weg gewesen wäre als mit dem Kind.

Na, jedenfalls sind sie durch alle Zimmer, aber Hah war weg, und Alexandre auch. Deshalb hab ich irgendwas erfunden, hab gesagt, dass das Kind hohes Fieber bekommen hat und sie mit ihm zum Arzt gefahren ist. Hab ihnen sogar den Namen von unserem Kinderarzt genannt, der wird sich bedanken. Aber dann hab ich gesehen, dass unser Auto noch dasteht, und hab gar nichts mehr verstanden. Warum geht sie mitten in der Nacht mit Alexandre aus dem Haus und sagt nicht Bescheid? Aber wenn Alexandre bei dir war … Was hast du überhaupt draußen am See mit ihm gemacht, spinnst du? Hast du Hah Bescheid gegeben, dass du mit Alexandre rausgehst?

Nein, habe ich nicht, das hab ich dir doch gesagt. Ich hab sie überall gesucht. Aber ich hab sie nicht gefunden.

Ich verstehe das alles nicht, sagte Nelson. Wieso sollte sie Alexandre alleine lassen? Sie kann nicht weit weg sein. Ja, vielleicht wollte sie tatsächlich wie du nur Luft schnappen, und dann hat sie das Blaulicht gesehen und hat es vorgezogen, zu warten, bis der Spuk vorbei ist. In dem Fall wird sie gleich zurück sein. Spätestens morgen ist sie wieder da, und dann klärt sich alles.

Wie er es sagte, klang es, als wollte er vor allem sich selbst überzeugen. Béa dachte an die Szene auf dem Dachboden und schwieg. Vielleicht hatte sie recht mit allem, was sie sich vorgestellt hatte. Obwohl sie nichts lieber wollte, als Nelsons Worten zu glauben. Alles war erklärbar, alles würde sich morgen, wenn Hah zurückkäme, auflösen. Sie würden zusammen das Haus aufräumen, und Béa würde Hah alles erzählen. Die Sätze warteten vorbereitet in ihrem Kopf.

Sie standen nebeneinander im Dunkeln und schauten aus dem Fenster. Dann war Nelsons Hand auf ihrem Haar, sie lehnte den Kopf an seine Hand, fühlte, wie die Taubheit aus ihrem Körper wich, in Lust umschlug, die in ihrem Schritt zusammenfloss, aus ihr herausfloss, alles würde aus ihr herausfließen, der Moment mit Hah auf dem Eis am Nachmittag, das Fest, das Bersten des Eises, ihre Mutter, ihr Vater und ihr Bruder, die sie allein gelassen hatte, alles würde sich lösen, auflösen, sie würde Hah sagen, dass sie verliebt war, würde sie küssen, mit ihr schlafen, sie zog Nelson zu sich heran, um sie herum nur noch das Rascheln von Stoff, Atem,

12

See

Am nächsten Morgen brauchte ich ein paar Augenblicke, bis ich verstand, wo ich war. Und dass das Gefühl, schlecht geträumt zu haben, sich nicht verflüchtigen würde. Nelson lag neben mir und schlief, hinter dem Fenster trieben Wolken durch den Himmel, als hätten sie ein Ziel. Ich tastete mich durch mein Bewusstsein, rückte die Dinge an die Stelle, an die sie im Zeitablauf gehörten. Vorgestern, gestern Morgen, gestern Nachmittag, gestern Abend, heute Nacht. Eine Welle der Scham stieg in mir auf, pochte in den Schläfen, war das wirklich ich gewesen, mit dem Kind auf dem Eis? Ich wollte weg, diesen Ort verlassen, noch bevor Nelson wach war, noch bevor Hah zurückkam. Die vorbereiteten Sätze würden nichts nützen, fransten schon aus, sie gehörten zum gestrigen Abend, an dem es ausgesehen hatte, als wäre alles an seinem Platz, als könnte sich alles auflösen, aber es gab nichts aufzulösen, es gab nur die Scham und die Flucht vor der Scham,

Als ich vor die Tür trat, wehte ein föhnartiger Wind, man konnte das Tauen riechen, matschige Erde, nasse Halme, faulendes Laub. Ich meinte zu hören, wie auf dem See hinter dem Haus Wasser über den Rand des Eises schwappte, meinte, ein Plätschern, ein Gluckern zu hören. Nelson hatte erwähnt, es gäbe einen Bus, morgens, am Sonntag, der aber zu einer Zeit führe, in der alle in der Kirche seien oder schliefen, er sei sich nicht sicher, ob er nicht schon abgeschafft worden sei. Mit ein wenig Glück gab es ihn noch, mit ein wenig Glück war ich noch nicht zu spät dran, ansonsten würde ich zu Fuß gehen, den Straßenschildern folgen, trampen, ich würde mich in meinem Zimmer verkriechen, arbeiten, niemandem aufmachen, vielleicht doch noch zu meinem Vater, meinem Bruder fahren. Auf der Straße vor dem Haus kam mir die Katze entgegen. Als sie mich sah, fing sie an zu traben, reckte den Schwanz in die Höhe, miaute.

Geh weg, sagte ich, ich mag keine Tiere, aber sie rieb sich wie am Vortag an meinen Beinen, schnurrte. Ich nahm all meinen Mut zusammen und setzte mich ruckartig in Bewegung, die Katze sprang erschrocken zur Seite, schaute mir nach.

Heute werde ich nicht tippen. Heute werde ich nichts einräumen. Heute werde ich alle Bücherkisten leeren, bis ich das Buch finde. Ich muss es finden. Es ist das einzig wirkliche Beweisstück, das die Zweifel, die ich noch habe, ausräumen wird. Ich werde es Alexandre zeigen, und wenn er darin die Schrift seiner Mutter erkennt, ist Hah Helga und nicht Hedda. Man kann sich in der Erinnerung an Namen und Himmelsrichtungen irren. Es genügt, wie mit jeder Erinnerung, sich lang genug an eine Version zu erinnern, und schon wird sie zur gültigen Version, an die man selbst glaubt. Ich darf Alexandre nur nicht verpassen. Auf den Knien und mit schräg gelegtem Kopf gehe ich im Zimmer ohne Namen noch einmal die Buchrücken der bereits herausgeholten Bücher durch. Dann leere ich einen weiteren Karton, und noch einen, stelle die Bücher stapelweise neben mich auf den Boden, gehe Buchrücken um Buchrücken durch. Ich muss systematisch vorgehen, darf nichts übersehen. Bald bin ich umgeben von Wolkenkratzern in Zimmerformat, ich krieche zwischen den wackeligen Installationen hindurch zum nächsten Karton, packe aus. Nichts. Ich werde unten weitermachen, im Wohnzimmer. Beim Aufstehen streife ich einen Stapel. Er fällt um, reißt den nächsten mit, ein satter Knall, die Bücher ergießen sich in einer dominoartigen Auffächerung über den Boden, schon kippt der nächste Turm, ich stehe im Tosen der umfallenden Bücher. Als es vorbei ist, ist der Boden mit Büchern übersät, ein paar Stapel, die stehen geblieben waren, kippen um, als ich mir mit dem Fuß einen Weg bahne. An der Tür blicke ich zurück. Mich überkommt Verzweiflung, weil ich all diese Bücher erst wieder aus dem Weg werde räumen müssen, bevor ich sie in den Regalen aufbauen kann. Gleichzeitig breitet sich eine kindliche Zufriedenheit in mir aus, als hätte ich es der Ordnung in mir, der Ordnung der Welt gründlich gezeigt,

Auch in den Kartons im Wohnzimmer findet sich das Buch nicht. Habe ich mir eingebildet, es in der Hand gehalten zu haben? Aber wieso sollte ich mir ein Buch einbilden, das aus einer Geschichte stammt, an die ich erst später erinnert wurde? Habe ich es aussortiert? Nelly zum Lesen gegeben? Das wird es sein, ich habe es Nelly zum Lesen gegeben. Nelly, die ich heute wirklich anrufen muss, ich bin mir sicher, dass sie es war, die gestern Abend noch versucht hat, mich zu erreichen. Mein Mobiltelefon ist bereits mehrere Tage ausgeschaltet, sie muss sich wahnsinnige Sorgen machen. Wenn ich sie später, nach Alexandres Besuch, anrufe, werde ich sie fragen, ob sie das Buch hat. Sie soll mir die Seite mit der Eintragung und eventuell kommentierte Seiten einscannen und zumailen.

Habe ich wirklich das gesamte Alphabet durchgesehen? Fehlt nicht ein Karton? Das Vestibül. Der Karton im Vestibül. Auf den ich mich gesetzt habe, nachdem Alexandre hier aufgetaucht war. Sollte es der falsch abgestellte richtige Karton sein?

Ich stürze ins Vestibül, lüpfe den Flügel, und da liegt das gesuchte Buch über anderen Büchern, ganz obenauf, Simone de Beauvoir, *Le deuxième sexe I*, ich streiche über seinen Umschlag, bevor ich es heraushole, vorsichtig, als könnte es sich im letzten Moment in Luft auflösen. Ich schlage es auf, eine leere Seite, dann eine, auf der steht *collection folio/essais*, dann endlich der Titel und das Kürzel rechts oben in der Ecke. *D.* Das kann nicht sein. Ich blättere weiter, stand das »H« weiter hinten? Aber dort beginnt der Text, beginnen die Unterstreichungen. Wie schon vor ein paar Tagen lasse ich mich auf den Karton sinken. Warum steht da auf einmal ein D.? Wer soll das sein? Ich kenne keine D., die mir das Buch ausgeliehen haben könnte. Meine Mutter hätte P. hineingeschrieben. Oder hatte sie eine Freundin, deren Name mit »D« anfing? Und warum bin ich mir so sicher, H. gelesen zu haben?

Ich stehe auf, öffne die Haustür. Die Sonne scheint, der Himmel ist blau, es riecht nach Frühling. Vom Dorf schallt Glockengeläute herüber. Sonntagsgottesdienst. Dann habe ich das Buch eben doch nicht von Hah ausgeliehen bekommen. Oder ich habe es von ihr ausgeliehen bekommen, aber es gehörte jemand anderem, Privateigentum war damals verpönt. Was würde es ändern? In einer oder zwei Stunden wird Alexandre hier auftauchen und mir den Taschenkalender zeigen. Sofern wir Sonntag und nicht Montag abgemacht haben. Sollte ich ihm entgegengehen? Einen Spaziergang machen bei dem schönen Wetter? Nein, ich warte noch eine Weile, ich will nicht, dass wir uns verpassen. *Dann will ich ihn lieber beim Warten verfehlen.* Aber ich sollte die Zimmertür schließen und die Tür zum Wohnzimmer, er muss das Buchdurcheinander nicht mitbekommen. Mein persönliches Buchdurcheinander geht ihn nichts an.

Kurz bevor ich die ersten Häuser des Dorfs erreichte, fingen die Glocken an zu läuten. Das immer gleiche Schlagen klang, als klopfte sich jemand in Trance, wolle sich selbst mit der immer gleichen Tonfolge besänftigen oder in Rage bringen. Es war wie ein Sog, der die Gläubigen in den Gottesdienst zog, sie kamen aus den Häusern, strömten alle in dieselbe Richtung. Es war ein Dröhnen, das mich umfasste, tröstlich in seiner Monotonie. Ich wollte mich dem Strom der Kirchgänger anschließen, neben ihnen auf der Kirchenbank knien, nicht um zu beten, sondern um mich von der monotonen Stimme eines Priesters, dem Gemurmel der Betenden wiegen zu lassen,

Ich hatte eine Viertelstunde, bevor der Bus fuhr. Niemand außer mir wartete an der Bushaltestelle. Es war jetzt wieder ruhig im Dorf, gespenstisch ruhig, alle vom Kirchenschiff verschluckt, und später würden sie vom Kirchenschiff wieder ausgespuckt, die Männer würden auf einen Schoppen in die Kneipe, die Frauen nach Hause gehen, das Mittagessen zubereiten, und die Kinder dürften noch einmal kurz vor die Tür, sofern sie sich nicht entfernten, sofern sie ihre Sonntagskleidung nicht schmutzig machten. Sonntag war lastende Stille, Sonntag war Langeweile, war Einsamkeit, weil es keine Kinder zum Spielen gab, am Sonntag rückten die Welt der Dorfkinder und meine Welt endgültig auseinander,

Der Bus fuhr heran, und für einen Augenblick fürchtete ich, Hah könnte aussteigen, könnte nichts ahnend auf mich zukommen, sagen, aber du kannst doch noch nicht gehen, bleib noch ein paar Tage, doch niemand stieg aus. Bis auf zwei alte Frauen war der Bus leer, ich setzte mich in die Mitte, auf den Sitz hinter der rückwärtigen Tür, drückte die Stirn ans Fenster. Ich ließ die vorbeiziehende Landschaft vor meinen Augen verschwimmen, sah plötzlich meine Mutter vor mir, wie sie in ihrer Atelierecke malte und sang, und wollte nach Hause. Ich lehnte mich zurück in den Sitz und schloss die Augen, versuchte, die Tränen, die aufstiegen, zu unterdrücken, und so saß ich, während der Bus durch die Landschaft fuhr, fühlte die Vibration der Räder unter mir, das Brummen, das mich durchdrang, und schlief ein.

Der Busfahrer weckte mich im Busdepot. »Fräulein«, sagte er und fasste mich an der Schulter. »Fräulein, wir sind da. Ich würde Sie ja gerne weiterschlafen lassen, aber es geht nicht weiter. Sie müssen aussteigen.« Ich stand auf, noch benommen vom Schlaf, und taumelte nach vorne. Erst da bemerkte ich das Fahndungsplakat, das an der Scheibe hinter dem Busfahrer hing. Im Vorbeigehen meinte ich, den Mann vom Dachboden auf dem Plakat zu erkennen. Ich blieb stehen, schaute genauer hin, aber der Eindruck hatte sich bereits verflüchtigt. Ich hatte die Bilder oft studiert. Sie waren vage genug, dass man sie in jedem wiedererkennen konnte. Es ist leichter, Menschen, die man kennt, auf Fotos zu erkennen, als Menschen, die man nicht kennt, aber auf Fotos gesehen hat, in der Realität. Die Menschen auf den Fotos, die Terroristen: Das hätte jeder sein können.

Ich bin nicht durch die Altstadt nach Hause gegangen, weil ich fürchtete, ich könne dort jemandem begegnen, den ich kannte, sondern auf wenig benutzten Wegen, am Fluss entlang, durch den Tunnel, und wieder habe ich Kirchenglocken schlagen hören und mir ist klar geworden, dass meine Mutter an einem Sonntag in ihr Auto gestiegen, an einem Sonntag vor einem Jahr vielleicht ebenfalls den Kirchgängern begegnet war, oder dem einzigen Bus, der auch bei uns im Dorf fuhr. Ich habe gemerkt, dass ich Fieber bekomme, dass das Fieber rasch steigt, und zu Hause angekommen habe ich meinen Vater angerufen. Er hat sich ins Auto gesetzt, hat die zwei Stunden Wegstrecke auf sich genommen und mich abgeholt. Er ist vorsichtig gefahren, seit dem Unfall meiner Mutter ist er immer vorsichtig gefahren, an der untersten Geschwindigkeitsgrenze des Erlaubten. Er hat mich in eine mitgebrachte Decke auf den Rücksitz gebettet. Ich habe die ganze Fahrt vor mich hin gedämmert, habe mich daran erinnert, wie wir als Kinder auf dem Weg nach Frankreich zu meinen Großeltern auf der Rückbank geschlafen haben, und mich vom Motorengeräusch und dem Gefühl, noch ein Kind zu sein, wiegen lassen.

Den Job in der Fabrik habe ich abgesagt und den Rest der Semesterferien bei meinem Vater und meinem Bruder verbracht. Von Nelson oder Hah habe ich nichts mehr gehört und habe mich auch nicht darum bemüht, sie noch einmal zu treffen. Als gegen Ende der Semesterferien ein Freund meines Vaters angerufen hat, der in England lebte und ein Au-pair suchte, habe ich zugesagt.

Die Tür zum Wohnzimmer schließe ich, aber die Küche räume ich auf. Ich spüle die Kaffeetasse aus und krame nach einer weiteren Tasse, nach drei Untertassen. Ich tausche die gelbe unter den Hyazinthen aus, stelle die gelbe Tasse darauf. Ich habe ein Bedürfnis nach Ordnung, nach Symmetrie, will es schön haben für Alexandre, ein Zeichen setzen, dass jetzt etwas Neues beginnt. Ein Blumenstrauß auf dem Küchentisch wäre schön, aber die Hyazinthe muss genügen. Mit einem Untersetzer sieht das viereckige, dunkelgraue Plastiktöpfchen nicht ganz so desolat aus. Habe ich nicht doch noch eine Packung Kekse in der Speisekammer? Nein, aber den Vacqueyras, stimmt, ich wollte Nellys Vacqueyras für Alexandre öffnen. Aber nicht um fünfzehn Uhr, das wäre dann für abends, falls er länger bleibt, es gibt ja einiges zu erzählen. Sollte ich in diesem Fall nicht etwas kochen? Reis und den Lauch aus dem Garten, aber ich mache mich lächerlich, wenn ich für einen Koch koche, und dazu noch mit den beschränkten Mitteln, die ich hier habe, solange ich noch nicht eingerichtet bin. Und passt Rotwein zu Reis und Lauch? Wie viel Uhr ist es? Elf Uhr dreißig, noch dreieinhalb Stunden. Sollte ich die Zeit nutzen und doch noch ein weiteres Interview eintippen? Wenigstens den Anfang? Oder meine Mails beantworten, die ich seit ein paar Tagen vernachlässigt habe? Das alles wäre vernünftig, aber ich will jetzt nicht vernünftig sein, will nicht tippen, keine Mails abrufen, keine Webseiten aufrufen, Schlagzeilen lesen, ich will keinen Kontakt mit der Außenwelt, außer mit Alexandre. Und Nelly rufe ich heute Abend an.

Ich gehe zur Balkontür, blicke auf den See. Ich werde in dem Restaurant am See zu Mittag essen. Werde vorher etwas Luft schnappen. Mir die Beine am See entlang vertreten. Und wenn Alexandre fertig mit der Arbeit ist, gehen wir zusammen am Seeufer zurück, und ich werde ihm alles erzählen, oder fast. Dass ich mit ihm auf diesem Weg spazieren war, dass es währenddessen die Razzia gab, dass einiges darauf hindeutet, dass seine Mutter untergetaucht ist. Dass es aber genauso gut eine andere Erklärung für ihr Verschwinden geben könnte. Dass die Personen ganz andere gewesen sein könnten, Clogs und Hedda, und dass Hedda am anderen Morgen vielleicht zurückgekommen ist. Ich habe von Clogs oder Nelson nie wieder etwas gehört. Habe nicht versucht, ihn oder seine Schwester wiederzufinden. Ich bin nicht mehr in die Universitätsstadt zurückgekehrt, habe später anderswo studiert. Eine ähnliche Universitätsstadt, Altstadt, Mittelalter, ehrwürdig, übersichtlich, und dann bin ich nach Berlin gezogen.

Und wenn Alexandres Mutter untergetaucht wäre, warum wäre sie nach drei Jahren wieder zurückgekommen? Weil sie die Gefahr, die ihr persönlich drohte, überschätzt hatte? Genau, werde ich sagen, statt dir den Kopf zu zerbrechen, warum sie weggegangen ist, solltest du darüber nachdenken, warum sie zurückgekommen ist, oder? Wenn Sie zurückgekommen ist, so doch wegen dir, reicht das nicht?

Ich kann mich nicht erinnern, ob ein Stück des Weges geteert war, als ich vor ein paar Monaten mit Nelly um den See herumspaziert bin. Aber abwesender Teer erklärt nichts, ist weder ein Beweis noch ein Gegenbeweis. Es ist sogar wahrscheinlich, dass der Asphalt im Zuge der Renaturierung entfernt wurde. Und wenn die asphaltierte Passage existiert, habe ich sie vielleicht in meine Erinnerung eingebaut, weil ich mit Nelly dort entlanggelaufen bin.

Es liegt eine Erregung in der Luft, ein erstes Rühren, Bewegung, noch nicht sichtbar, nur zu erahnen, eine Andeutung von Frühling. Der See ist wie aus Aluminiumpapier, knistert, blinkt. Ein Wind kommt auf, schraffiert das Wasser, wie Funken stieben die Lichtpunkte auf den winzigen Wellen. Ich bleibe stehen, blinzele. Ein Wasservogelruf aus dem Schilfgürtel der gegenüberliegenden Seite. Weit entfernt Enten, die in einem lang gezogenen Bogen ihren Kurs ändern, auf mich zugeschwommen kommen und einen dunklen Pfeil auf der hellen Oberfläche hinter sich herziehen. Ein Rascheln im Gebüsch neben mir.

Mir wird bewusst, dass ich dem See seit meiner Ankunft in der Mühle ausgewichen bin. Ich habe ihn mit Seitenblicken bedacht oder verschwimmen lassen. War nicht ein einziges Mal an seinem Ufer. Kein Spaziergang. Würde ich das Nelly erzählen, es wäre ein weiterer Anlass für sie, sich Sorgen zu machen: Aber du liebst doch das Wasser! Deshalb bist du doch hierhergezogen, würde sie sagen und mich fragend ansehen.

Bin ich wirklich auf diesem See Schlittschuh gelaufen? Bin ich mit dem Kinderwagen und Alexandre auf seine gefrorene Oberfläche hinaus? Erhalte ich eine Antwort, wenn ich nur lange und genau genug ins Grelle blicke?

Der Pfad ist matschig, meine Schuhe hinterlassen Rillen. Die sich auf andere Rillen drücken, der Pfad scheint häufig benutzt zu werden, außer einem Spaziergänger mit Hund und Alexandre habe ich niemanden am See gesehen.

Keine geteerte Passage, es sei denn weiter hinten. Ein Mann mit Hund kommt mir entgegen. Der Hund zieht an der Leine, als er mich sieht, hechelt, ich presse mich an den Rand des Pfads. Hunde in dieser Größe machen mir Angst. Ist das der Hund, von dem Manuel sprach? Muss ich mich dem Hundebesitzer vorstellen? Grüßen, das schon, ich nicke und lächle, der Mann mit dem Hund nickt und lächelt nicht, mit einer heftigen, an ein Reißen erinnernden Bewegung holt er den Hund zu sich heran, ich halte die Luft an, als wir uns aneinander vorbeischieben, zehn Zentimeter zwischen mir und der Hundeschnauze. Atme wieder aus, erleichtert, dass der Hundebesitzer offensichtlich kein Interesse an einem Gespräch hat. Obwohl ich ihn hätte fragen können, ob hier einmal ein Stück Pfad geteert war. Aber wie hoch ist in der heutigen Zeit die Wahrscheinlichkeit, dass jemand seit seiner Geburt oder zumindest Kindheit in einem mitteleuropäischen Dorf lebt und mir in meinem Fall Auskunft erteilen könnte?

Das Restaurant taucht auf, sieht, zumindest von Weitem, genauso geschlossen aus wie letzten Herbst. An einem Sonntagmittag muss es doch aufhaben, oder ist heute doch Montag und ich hätte mich verrechnet, hätte einen Tag verpasst? Nein, ich habe heute Morgen Glocken gehört, also ist Sonntag. Ich laufe schneller, verlangsame meinen Schritt. Je näher ich komme, desto geschlossener sieht das Lokal aus. Es sieht sogar ziemlich heruntergekommen aus. Das war mir im Herbst nicht aufgefallen, vielleicht weil ich mit Nelly ins Gespräch vertieft war. Oder ist es das falsche Lokal? Aber Alexandre sprach davon, dass man von der Terrasse einen Blick auf den See hätte. Von der Terrasse dieses Lokals aus hat man einen Blick auf den See. Gibt es weiter hinten noch einen See? Hat die Besitzerin nur noch keine Gelegenheit gehabt, das Lokal renovieren zu lassen? Nein, nein, wenn ich gleich näher komme, werde ich sehen, dass Menschen im Restaurant sitzen, nur wenige, deshalb wirkt es so leer, es ist ja nicht Sommer, man sitzt nicht auf der Terrasse. Nicht so einfach, das Saisongeschäft.

Ein Riss im Fundament der Terrasse, Gras zwischen den Platten. In meinen Ohren ein Rauschen, ein Wabern im Kopf, Watte, Winter, es ist Winter, es war sehr kalt im Dezember, von daher der Riss, die Besitzerin wird sich erst im Frühling um die Terrasse kümmern, und in der Nebensaison macht das Restaurant erst abends auf, alles andere wird sich nicht rechnen. Schade, ich hatte mich auf mein Mittagessen mit Blick auf See gefreut. Ich gehe um das Gebäude herum, der Haupteingang, ein Schild im Fenster, Montag Ruhetag, genau wie Alexandre gesagt hat. Das Schild hängt leicht schief, ich drücke den Türgriff, die Tür ist verschlossen. Ich schirme mit der Hand über den Augen das Licht ab, schaue hinein: Tische, Stühle, Theke. Neben der Theke ein paar leere Kartons. Auf den Tischen Ständer mit Bierdeckeln, kleine Vasen mit Strohblumen, Aschenbecher. Kein Mensch zu sehen, aber wenn das Restaurant erst heute Abend aufmacht, ist das auch kein Wunder. Bestimmt haben die Mitarbeiter bis vor Kurzem neue Gläser aus den Kartons eingeräumt, und jetzt machen sie Mittagspause, bevor sie die Kartons wegräumen und alles für heute Abend vorbereiten. Dann wird Alexander nicht viel Zeit haben, aber das macht nichts, dann trinken wir den Vacqueyras ein anderes Mal. Da drüben ist das Gartenhaus, in dem er wohnt, da hängen Gardinen, na bitte, er hat nicht gelogen.

Ich klopfe an, niemand antwortet, ich drücke die Klinke. Erwarte, die Tür verschlossen zu finden, folge überrascht ihrem Öffnen, stehe im Raum. Ein Sessel, ein Regal, ein kleiner Tisch, auf dem wie im Haupthaus eine Vase mit Strohblumen steht. Auf dem Boden Einwickelpapier von Süßigkeiten. In einer Ecke ein kleiner Ball aus schmutzigem Plastik. Hier spielen Kinder. Hier wohnt niemand.

Wenn das Restaurant, dessen Webseite ich besucht habe, nicht mehr existiert, ist es kein Wunder, dass ich Alexandre nicht auf der Seite gefunden habe. Bilder der Terrasse und der Gasträume, das Menü, die Geschichte des Orts – das Internetarchiv der Welt wird bald voller sein als die Welt selbst. Alexandre muss einen anderen Ort gemeint haben, während ich von vorneherein diesen hier im Kopf hatte. Lag vielleicht darin unser Missverständnis begründet, von Anfang an? Sprechen wir von unterschiedlichen Seen, Mühlen, Menschen? Also noch einmal alles von vorne?

Ich muss schnellstmöglich zurück zur Mühle. Ich muss auf der Karte schauen, ob es noch einen anderen See in der Nähe gibt. Aber hätte ich den nicht bemerkt? War ich so sehr mit meiner Mühle beschäftigt? Und wie heißt der Ort, aus dem Melanie Baumann kommt? Neuenweiher? Ein Weiher ist ein kleiner See, auf jeden Fall ein Gewässer. Bestimmt befindet sich dort das Lokal, in dem Alexandre arbeitet, und dass er an meinem See entlang zu mir gekommen ist, liegt daran, dass er den

Weg von früher kennt. Er hat sein Auto auf dem Parkplatz der geschlossenen Gaststätte abgestellt und hat sich nach einem Tag in einer dampfigen Küche etwas freie Luft gegönnt. Und heute kommt er direkt mit dem Auto zur Mühle. Bestimmt haben wir uns verpasst. Ich hätte nicht so ungeduldig sein sollen. Hätte besser noch weitergetippt wie an den anderen Tagen auch, oder die Regale aufgebaut. Ich hätte gleich sagen sollen, ja, das bin ich auf dem Foto im Garten, und es gab ein Kaninchen, das streicheln wir gerade. Das hat dann später der Hund gerissen, der vom Nachbarn. Aber das kann ich nicht wissen, weil ich nie wieder hier gewesen bin. Weil ich nie hier war, nicht in dieser Mühle, nicht an diesem See,

Ganz sicher werde ich im Sommer im See baden. Und Manuel und die anderen Kinder vom Dorf werden unterhalb der Terrasse am Ufer planschen, weil es dort so schön flach ist. Ein wenig wird es sein, als wären es meine Enkelkinder, und ich werde ihnen Eis bringen, kleine bunte Löffel aus Plastik, Limonade,

Es gibt wirklich keine geteerte Passage, und ich erkenne die Stelle nicht, wo ich mit dem Kinderwagen auf den See hinausgegangen sein soll. Was logisch ist, denn ich war ja nie hier. Drüben die Terrasse ist leer, ein wenig hatte ich gehofft, dass dort Alexandre auf mich warten würde, auf einem der Gartenstühle, die er von neulich kennt, von früher, und er würde die linke Hand, die ich mir nicht eingebildet haben kann, zum Gruß erheben,

In der Einbuchtung für die Fischer steht ein unbekanntes Auto. Ich hatte recht. Alexandre ist heute direkt mit dem Auto hierhergefahren, um mehr Zeit zu haben. Was für ein Leichtsinn meinerseits. Ich hätte ihn wirklich verpassen können. Aber das Nummernschild irritiert mich. Ein »D«, welche Stadt hat

»D« als Kennzeichen, ich denke an das Kürzel im Buch, aber was soll das für ein Zusammenhang sein, hat Alexandre eine Stadt erwähnt, eine mit »D«?

Dann sehe ich Nelly auf der Treppe zum Eingang sitzen, bin verwirrt, verstehe, es ist Nellys Auto, das ich noch nicht kenne, weil es neu ist, das ist es, was sie mir so dringend erzählen wollte. Nelly sitzt da und hebt den Kopf, sie sieht mich, kommt die Treppe heruntergerannt und mir entgegen, fällt mir um den Hals.

»Ich hab mir solche Sorgen um dich gemacht, Mama, du warst so … anders, und dann hab ich dich nicht mehr erreicht, du hast auf meine Mails nicht geantwortet, nicht auf meine Anrufe und meinen Spruch auf den AB, und dein Handy war auch aus.«

Ihr Körper an meinen gepresst strahlt Hitze aus, wärmt mich, ich atme den Duft ihres Schals ein (sie ist größer als ich), ihres Haars, und ich meine, den schwindelerregenden Geruch des Babys, das sie einmal gewesen ist, wahrzunehmen.

»Und da wusste ich nicht, was ich tun soll. Ich meine, ich kenne hier ja niemanden, den ich hätte anrufen können, damit er nach dir schaut, und weil heute Sonntag ist, habe ich mich ins Auto gesetzt und bin losgefahren. Hab ich mir gekauft«, sagt sie stolz und präsentiert es mir wie einen neuen Freund. Dann drückt sie mich wieder an sich. »Ich bin so froh, dass du da bist.«

Sie weint.

Dank

Ich danke allen, die bereit waren, ihre Erinnerungen mit mir zu teilen. Für Zeit, Ratschläge, Gegenlesen und Gespräche danke ich Astrid Braun, Marianne Gareis, Axel Haase, Hans Harnack, Gabi Hift, Petra Titze, Karin Uttendörfer und Érica Zíngano. Für all das und darüber hinaus für viel Geduld und immerwährende Unterstützung danke ich Eva Stelzer. Und ich danke Günther Opitz, der wie immer mehr Vertrauen in mich hatte als ich selbst.

Bücher entstehen an Orten, in diesem Fall waren es viele:

Für den Aufenthalt im *Moolerhiisle* in Hausach danke ich der Neumayer-Stiftung, der Stadt Hausach und José Oliver; für den im *Stuttgarter Schriftstellerhaus* der Landeshauptstadt Stuttgart und Astrid Braun; für das schwimmende Haus im Bodden Caspar Gutsche und Christine Vogler; für die Rue du Ziegelwasser meinen Eltern Elvine und Ruthard Kennel; für das Rheinsberger Gartenhaus Marianne Gareis und Hans Hartnack.

Und dass ich auch zu Hause in Berlin Zeit zum Schreiben finden konnte, verdanke ich dem Literaturstipendium der Stiftung Preußische Seehandlung sowie dem Arbeitsstipendium Literatur der Senatsverwaltung für Kultur und Europa des Landes Berlin.

Zitate

Im Text verwendete Zitate in der Reihenfolge ihres Auftretens.
Wenn nicht anders vermerkt, stammt die Übersetzung von der Autorin.